U0541429

中国国际社会责任研究丛书

中国国际社会责任与缅甸个案研究

吴哥哥莱 李晨阳 主编

中国社会科学出版社

图书在版编目（CIP）数据

中国国际社会责任与缅甸个案研究/吴哥哥莱，李晨阳主编.—北京：中国社会科学出版社，2016.5

ISBN 978-7-5161-3711-6

Ⅰ.①中… Ⅱ.①吴…②李… Ⅲ.①对外政策—研究—中国②中外关系—研究—缅甸 Ⅳ.①D820②D822.333.7

中国版本图书馆 CIP 数据核字（2013）第 285906 号

出 版 人	赵剑英	
责任编辑	王 茵	
责任校对	胡新芳	
责任印制	王 超	

出　　版	中国社会科学出版社	
社　　址	北京鼓楼西大街甲 158 号	
邮　　编	100720	
网　　址	http://www.csspw.cn	
发 行 部	010-84083685	
门 市 部	010-84029450	
经　　销	新华书店及其他书店	
印　　刷	北京君升印刷有限公司	
装　　订	廊坊市广阳区广增装订厂	
版　　次	2016 年 5 月第 1 版	
印　　次	2016 年 5 月第 1 次印刷	
开　　本	710×1000　1/16	
印　　张	19	
插　　页	2	
字　　数	302 千字	
定　　价	46.00 元	

凡购买中国社会科学出版社图书，如有质量问题请与本社营销中心联系调换
电话：010-84083683
版权所有　侵权必究

丛书编委会

总 顾 问 段应碧 中国扶贫基金会会长
主　　任 林毅夫 国务院参事，全国工商联副主席
执行主任 王行最 中国扶贫基金会执行副会长

编　　委 邓国胜 清华大学公共管理学院创新与社会责任研究中心主任、教授
　　　　　　刘鸿武 浙江师范大学非洲研究院院长、教授
　　　　　　钟宏武 中国社会科学院企业社会责任研究中心主任
　　　　　　刘文奎 中国扶贫基金会秘书长

丛书评审专家

第一次评审专家 （按姓氏笔画排序）

  王逸舟 北京大学国际关系学院副院长
  包胜勇 中央财经大学中国海外发展研究中心主任
  汤　敏 国务院参事，友诚企业家扶贫基金会常务副理事长
  刘忠祥 国家民间组织管理局副局长
  肖凤怀 中国国际经济技术交流中心副主任
  杨　光 中国社会科学院西亚非洲研究所所长
  张　强 北京师范大学社会发展与公共政策学院副院长
  陆　波 世界未来基金会秘书长
  陶传进 北京师范大学社会发展与公共政策学院教授
  黄剑辉 国家开发银行研究院副院长
  翟　昆 中国现代国际关系研究院世界政治研究所所长

第二次评审专家 （按姓氏笔画排序）

  尤建华 中共中央对外联络部党群外事协调局局长，中国民间组织国际交流促进会秘书长
  包胜勇 中央财经大学中国海外发展研究中心主任
  汤　敏 国务院参事、友诚企业家扶贫基金会常务副理事长
  肖凤怀 中国国际经济技术交流中心副主任
  张　强 北京师范大学社会发展与公共政策学院副院长
  李安山 北京大学国际关系学院亚非研究所教授、非洲研究中心主任

何晓军　中国国际扶贫中心副主任
陆　波　世界未来基金会秘书长
耿志远　中缅友协副会长
陶传进　北京师范大学社会发展与公共政策学院教授
黄剑辉　国家开发银行研究院副院长
常红晓　财新网主编（政经）、财新传媒评论编辑
翟　昆　中国现代国际关系研究院世界政治研究所所长

总　序

中国自1978年十一届三中全会选择了"威权政府"+"市场经济"改革的道路和模式，经过三十五年的渐进性变革，经济发生了根本性的变化。人均GDP从不足200美元成长到6000美元，非农就业比重从14%上升到66%，城镇化率超过52%，居住到城里的人口从7000万上升到7.3亿。尽管从人均指标上看中国仍是发展中国家，至多是正在跻身中等发达国家，但从经济总量上看，中国已变为令世界瞩目的世界第二大经济体，成为世界舆论关注的焦点，引起世界的暇想、期待、忧虑与评说，譬如中国威胁论、中国殖民说、中国经济发展而政治外交落后说，中国在对外援助中援助官僚机器不援助当地人民等等。这是一国在现代化前进道路上成长的烦恼，我们应该调整心态，直面问题，开放思维，理性应对，调整我们在国际舞台上的角色意识和行为方式，继续扩大中华民族的国际影响力，反过来进一步促进中国的发展与现代文明演进。

"弱国无外交"。可是在毛泽东这老一代战略家和外交家手里，以一个贫穷落后的国家，照样通过倾国力帮助非洲修建坦赞铁路这样激荡风云的大手笔对外援助策划，史诗般地创立了第三世界弱国战略联盟，打破强国对中国的封锁与孤立，使中国重返联合国，成为五大常任理事国之一，成为发展中国家或弱国联盟在联合国的代表，从而在国际政治舞台上发挥着跟我们的国力极不相称的超级角色功能。为发展中国家的外交和国际政治立下了赫赫功勋和树立了榜样，为第三世界联盟所称道。

可是到了今天，由于中国经济和国力的变化，使得中国自身在国际上的需求发生变化，中国国民对世界的需求和心理在发生着变化，各世界强国对中国的需求与期待在发生着变化，各相邻国对中国的需求与心理位势在发生着变化，以非洲为代表的第三世界联盟成员国对中国的需求与心理期待在发生着变化。这些变化对中国国家的行为应对、理论诠释和角色调整与形象重塑提出了全新的要求和挑战。这种挑战既包括认识上的，也包括行动上的，还包括制度安排上的和组织方法上的，也包括研究、传播和人才培养上的，总而言之是全面性、系统性和纵深性的挑战。这是因为从经济上讲，中国过去是加工品出口和引入资本的国家，高峰时期每年引入外资投资 500 亿美元，现在是引进和对外投资并举，近几年对外投资超过引入外资，累计对外投资超过 2 万亿美元，在外设立公司超过 2 万家，这已无法像进出口贸易一样靠中介公司代理，必须深入到投资国，跟那里的政府、社会、民间、宗教、文化、社区全面打交道，因此需求和心理全面复杂化，跟世界的交往面和交往深度也迅速扩张。从消费的角度讲，过去国人没钱出境旅游，国人跟世界的交流触点很少，现在境外旅游日益高涨，2000 年以来增长近十倍，年超过 8000 万人次，加上移民人数成几何极数增长，国人跟世界的交往面空前扩张，交往深度空前纵深，交往触点大数量级增涨。从援助角度看，过去我们是受援国，接受过来自世界主要发达国家和各种国际组织的捐赠与援助，而今天，我们开始有条件也有责任对世界的苦难和不公可以不熟视无睹，可以有条件采取行动，可以通过有效的行动和倡导彰显中国人对国际社会的责任与价值观。而国际社会对中国及国人交往有冲突和矛盾，有担心和担忧，有喜欢与厌恶，有希望与期待，有利益与利害，有竞争与合作，复杂且迷惑。因此从广义的民族形象彰显的广义外交而言，那种简单明了的单线条的纯政府交往的平面外交时代已经结束，一个立体式的外交时代已经开启，一个全民式现代外交的时代正在呼唤我们。呼唤中华民族适应环境、开放心态、调整行为，促使国民和政府在对外交往和对外关系处理中形成既有中国特色而又具有现代文明共性的理念与行为方式，这既是摆在我们这一代人面前的难题，也是我们肩上的责任和胸中的使命。

但是当今世界风云变幻，国际政治、经济、宗教等问题相互纠缠，剪不断、理还乱。但总体上有三种诠释一国国际社会责任的理论体系，其一是单个国家利益互动的现实主义理论。即完全从国别利益的现实主义立场来诠释国际责任和对外援助，将对外援助理解为一国国家利益的外交上的交换行为。大多数国家的援助都明确地或暗含地或多或少的自觉不自觉地运用这种现实主义理论来行动或受这种理论的影响而行动。有些国家在对外援助的过程中不仅附有交换单个国家利益的条件，而且还附带推销自己的政治主张和政治价值观乃至国家治理模式，加剧了国际交往的复杂性和冲突性；其二是理想主义的国际社会责任理论，即认为单个国家之间或之上存在一种公共空间和公共利益，这种公共利益就是和平而非战乱、非冲突的国际和平环境营造，基于悲悯情怀的国际人道主义援助和减贫援助，文化传承和环境的国际主义保护，基于人权的国际公平与正义维护，如此等等超越单个国家利益之上的国际社会责任理想。这是基于20世纪两次世界大战人类惨痛教训而总结出的理论，并因此在实践上发展出两种组织形式：一种是多国之间和双边之间形成的官办非政府组织NGO，如联合国及其各分支机构——UNDP粮农组织、劳工组织、科教文卫组织、世界银行、国际金融公司、国际货币基金组织、欧派克、东盟、欧盟，等等，另一种是纯粹由民间个人自由结社形成的非政府组织NGO，如福特基金会、洛克菲勒基金会、索罗斯基金会、卡特中心、克林顿基金会、国际关注、国际计划、绿色和平组织、大自然保护协会、美慈组织、乐施会、慈济基金会、中国扶贫基金会，等等。这些组织绝大多数都秉承国际公共利益公共空间构造的理想主义援助理论，他们有一整套成熟系统的宗旨战略使命和行动准则，他们个人身上也许带有不同国别国民的现实主义烙印，但他们在日益壮大的NGO、NPO大产业中常常具有超现实主义的理想主义情怀和国际理想主义援助的宗旨与精神，由于很多国家的政府不具备到援助国操作的能力及相应的政府理念，故很多国别援助也是通过委托NGO来实现的。因此在各国履行国际社会责任的实践中，除了政府对政府的直接援助拨款外，很多项目在操作中都委托NGO操作从而体现了现实主义和理想主义援助观的结合，而政府的直接援助常常受到经济学者、社会学者和文化人类学者的诟病，最大的诟病是这种援助帮助不了受援国的人民而常常助长了那里政府的腐败与低效，破坏了文化传承与环境；第三种国际责任理论是激进主义或极端批判性的国际援助观：譬如极端的"左"倾主义者和极端的民族主义者，批判市场经济国家和发达国家的国际援助是资本的附庸，援助为资本掠夺和剥削服务，因而援助是糖衣炮弹，其本质是对不发达国家和地区的欺骗、掠夺、剥削和压迫乃至对民族的灭绝，是霸权主义的工具和伎俩，因此要识破其阴谋、抵制其狼子野心甚至跟他们战斗，恐怖主义是在极端民族主义理论基础上加上宗教而进一步激进化的派别。极端的自由主义则宣扬非市场经济国家的援助是推广专制与霸权，与受援国的专制制度沆瀣一气，并助长那里的腐败与民不聊生，援助对受援国的人民毫无意义，因此要培植受援国的民间精英与NGO，让他们把基于国际责任的援助推到理想主义原教旨的高度。支持一些后发国家 NGO 推动和发起"颜色革命"以颠覆现政权的行动，是这种极端自由主义理论进一步的激进化的行动派别；如果有第四种理论存在的话，就是中国传统的"博爱精神"+"现实主义"还带些浪漫色彩的国际责任与援助观，坦赞铁路和万隆会议指导下的东南亚援助便是这种理论实践的真实写照。即平等互利的现实主义精神加不附带推广任何价值、模式和不计成本的浪漫主义博爱援助。

面对着如此纷繁复杂的国际和超国际的政治、经济、文化和社会生态环境，中国正在无可避免地从一个受援国逐渐转变为一个援助国，犹如一个首次进入富人俱乐部的新贵，中国对那里的文化、潜规则、深层理念、话语系统和着装乃至行为举止都不熟悉，更缺乏深度系统研究。因此出点笑料和尴尬乃至扔点冤枉钱都是正常的。但我们要让中华民族以一个现代化的理性形象走进国际舞台，扮演日益现代、理性而又日渐重要的角色，就要虚心学习、潜心研究、慎审设计、认真实践、勤于反思，既坚守我们中华民族一贯平等互利、和平、不附加条件的国际援助理念，又站在人类迄今一切文明成果的肩膀之上，反对和防止任何形式的极端主义理论与行动，利用新的手段和工具去探索既富理想主义又具现实主义的国际社会责任之道，譬如通过税收等政策鼓励海外中资企业成立企业社会责任部，通过与国际 NGO 的合作与公益捐赠履行社会责任，回报社会，寻求可持续发展。又譬如政府设立专门的国际援救和资助部门，通过竞争选择国内国际 NGO 并通过他们购买政府服务，为政府在国际社会的大舞台上有战略导向并有效地帮助履行中国的国际社会责任。通过这些制度安排和国际公民的培育，促使中华民族在广义外交上从平面的政治外交，转向既有政府主导又有大量民间NGO参与实践和行动的立体外交，再转向每一个中国人在日益增多的国际交往中都能既彰显我们的民族精神又能传播国际通用语言之公共利益精神的全民外交，这是我们这一代中国人不可推卸的责任和值得献身的使命。

为此，中国扶贫基金会基于多年来在印度尼西亚、巴基斯坦、缅甸、柬埔寨、苏丹、肯尼亚、索马里、几内亚、比绍等国家的援助实践，倡导并资助了"中国国际社会责任"的课题研究，来发起调查、研究、反思、讨论中国在新形势下的国际社会责任问题。这些研究包括：浙江师范大学非洲问题研究著名专家刘鸿武教授和厦门大学黄梅波教授负责的《中国对外援助与国际责任的战略研究》，这项研究从宏大的历史视角全面梳理了中国从1949年以来的对外援助历程，每一个阶段对外援助的规模和典型项目及特征，中国对外援助的指导思想以及这种指导思想跟西方国家主流思维的差异和独到之处，中国对外援助存在的问题以及在新形势下如何解决这些问题，并且进行了中国对非洲、对东南亚国家国别援助的案例分析。清华大学公益和NGO研究著名学者邓国胜教授负责的《中国民间组织国际化的战略与路径》，这项研究通过对中国民间组织走出去在国际上履行国际社会责任的调查研究，透视了中国NGO伴随着经济发展和中国国际角色变化主动走出国门去履行国际社会责任和改变中国人国际形象的艰辛尝试，以及这种尝试取得的经验和教训：现存的国家援助战略中因完全没有NGO角色带来的战略导向不清、援助效果不明、援助效率低下和国际不认同等问题，NGO走出国门所面临的战略和路径问题，政府、学界、媒体及社会各界的认识问题，以及如何破解这些难题以促使更多的NGO走出国门去独立但协助政府履行新时期的国际社会责任、树立中华民族现代型的国际形象、增强中华民族的国际影响力的思路。中国社会科学院著名企业社会责任研究专家钟宏武教授负责的《中国国际社会责任与中资企业角色》，该项研究通过对中资海外企业在不同国家投资运营过程中履行所提供的产品和服务品质、依法依情对待劳工、对环境友好负责等方面所履行社会责任的情况，特别是通过公益捐赠回馈社会履行社会责任以寻求与所在国社会良性互动和可持续发展的情况，揭示了中资海外企业因落后理念无明晰社会责任规划，或自我操作或拨款给当地政府引起的在援助中居高临下轻视民生的问题，因不利用NGO的专业能力自我摸索导致的项目瞄不准、假大空、重硬件轻软件、形象工程长荒草、花钱多收效低甚至无效从而当地社会不认可等等问题，并提出了解决这些问题以追求海外中资企业良性的社会互动与可持续发展方法。最后是缅甸资源与国际发展研究所所长吴哥莱莱和云南大学李晨阳教授共同负责的《中国国际社会责任和缅甸个案比较研究》，该项研究对英国、日本、欧盟、印度、美国、德国等在缅甸履行国际社会责任的情况进行了分析与比较研究，同时比较了中国在缅甸履行国际社会责任的方法，也从缅方学者、政府、社会的视角来观察中国在这个国际社会舞台上的角色分工、表演技巧与协同水平，为我们思考新历史条件下国际社会责任的新角色新形象提供了参照系与个案启迪。这些学者的研究，立题独立而布局成篇，设计缜密且调查深入，观察独到且思考系统，表达客观且逻辑严谨，是一套体现中缅学者独到水平的、具有破冰之旅之历史价值的中国国际社会责任研究的高质量丛书。除了对他们艰苦的远赴非洲缅甸等国的调查研究和夜以继日的辛勤劳动表示感谢之外，我们有足够的理由为这套破冰的丛书面世而欢欣鼓舞地击掌而歌，并期待它对中国在国际舞台上的形象升级起应有的叩门或天问作用。

中国扶贫基金会对这个研究项目极为重视，从项目立项，立题讨论，调研提纲讨论，许多学者都积极参与。初稿形成到终稿定稿前，还组织了两次专家论证会。参加这些论证和咨询的专家包括中国扶贫基金会会长段应碧、北京大学教授国务院参事林毅夫、国务院参事汤敏、北京大学国际关系学院副院长王逸舟、中国国际经济技术交流中心副主任肖凤怀、中国社会科学院西亚非洲研究所所长杨光、国家开发银行研究院副院长黄剑辉、国家民间组织管理局副局长刘忠祥、北京师范大学社会发展与公共政策学院副院长张强、北京师范大学社会发展与公共政策学院教授陶传进、中国现代国际关系研究院世界政治研究所所长翟崑、中央财经大学中国海外发展研究中心主任包胜勇、世界未来基金会秘书长陆波、中共中央对外联络部中促会秘书长尤建华、中缅友协副会长耿志远、北京大学国际关系学院亚非研究所教授李安山、中国国际扶贫中心副主任何晓军、财新网主编（政经）、财新传媒评论编辑常红晓、中国扶贫基金会执行会长何道峰、副会长王行最、秘书长刘文奎及秘书长助理李利等等。这些专家学者和行动领袖为此课题贡献了他们的时间和智慧，很多见地都被吸收进了这套丛书之中。因此我们要对他们的奉献表示衷心的感谢。我们也因此看到这套丛书的诞生过程是中国人在国际社会角色转型中精英先驱们探寻合作与突破的过程。历史会记住这些中国国际社会责任探索破冰之旅的中国公民的脚印和心路历程。

最后我要感谢我的同仁刘文奎、李利、伍鹏、秦茹、林媛和吴淑君，还要感谢出版社的同志。没有他们的辛勤劳动与夜以继日的工作，这套丛书的如期面世几乎是不可能的。因此让我们记住他们为中国国际社会责任探索所不吝付出的汗水、心血和奉献。

何道峰

2013 年 11 月 25 日

目 录

上篇 中欧美日在缅履行国际社会责任对比研究

第一章 绪论 …………………………………………………………（3）

第二章 历史背景 ……………………………………………………（6）

第三章 基于政府组织及其对应部门的企业社会责任 ……………（12）

第四章 官方开发援助计划诸项目和软贷款下的企业社会责任 …（41）

第五章 非政府组织、国际非政府组织和其他援助机构在当地的社会责任 ……………………………………………………（52）

第六章 CRS 活动和对民众的责任 …………………………………（95）

第七章 四家公司之间的对比 ………………………………………（98）

第八章 结论和建议 …………………………………………………（102）

下篇 中国在缅甸履行国际责任的模式与路径设计研究

第一章 改革开放以来中国履行国际责任的经验与教训 …………（109）

第二章 中国在缅甸开展履行国际责任试点工作的必要性

  和紧迫性 …………………………………………………（127）
第三章　当前世界主要国家在缅甸履行国际责任的主要做法 ……（141）
第四章　中国在缅甸履行国际责任的模式设计 ………………………（204）
附　录 ……………………………………………………………………（236）
后　记 ……………………………………………………………………（287）

上 篇

中欧美日在缅履行国际社会责任对比研究

尽管世界上许多机构对企业社会责任问题进行了大量研究，但人们对缅甸的企业社会责任活动了解甚少。缅甸是中国的重要邻国，而在缅甸开展项目的中国投资者目前正面临着新的挑战，那就是怎样更好地履行企业社会责任，以赢得当地的支持。中国已经意识到这些问题，决定对自身和其他国家在缅甸开展的项目进行全面深入的调查分析，并对调查分析的结果进行比较，以便向中国企业提出意见和建议，使其企业行为得到当地的认可。因此，我们对欧洲、日本、美国和中国在缅甸开展的企业社会责任活动进行了分析和比较，旨在寻求新的活动方式，使企业在缅甸的工作更有成效，更能造福于当地和有关各方。过去，企业不得不依靠与军政府拉关系开展项目，现任民选政府自2010年大选以来始终奉行欢迎外资的政策，并且随着过渡时期民主意识的觉醒，着手对各项目在企业社会责任方面的表现重新进行更为认真的评估，以便将投资者纳入自由市场体制下更具有竞争性的环境。在这种新的市场环境下，当地、媒体和利益集团将共同承担监督企业社会责任活动的责任。缅甸现已成为亚太和东盟地区的经济热点，在缅甸开展项目的企业面临着日趋激烈的竞争，它们开展企业社会责任活动的方式有可能是决定其成败的关键。在不久的将来，履行社会责任方面表现良好的企业将在当地市场有更大的影响，更能赢得当地人士的偏爱。为此，我们尽可能收集了从纳尔吉斯风暴期间直到目前上述四个国家和地区有关的企业社会责任活动方面的信息，包括国际和当地非政府组织项目。本书在深入分析这些信息的基础上对上述四个国家和地区的企业社会责任活动进行了比较，给出了新的见解、意见和建议，以帮助有关各方改善自己的行为，为当地和在当地开展项目的企业提供能够为其所接受并具有可持续性的发展环境。

第一章

绪 论

直到 2011 年以吴登盛为总统的新政府诞生,缅甸才在 23 年的时间里首次实现从军事政权向人民政权的转变。尽管缅甸对中国在缅投资的大部分项目持反对态度,但是中国对缅投资依然保持增长态势。自新政府成立以来,缅甸全国出现一片质疑之声,如"中国是缅甸的友好邻邦吗?""在缅华人是真心对待缅甸人民的吗?""中国在缅投资的项目是不是忽视了缅甸的可持续发展?"等等。随着抗议活动的日趋增多,缅甸国内对中国项目的反对之声也逐渐增大。从表面上看,这种抗议和反对是出于环境方面的原因,但其深层次原因则在于缅甸对中国这个邻邦日益强大的经济、政治和军事实力而感到忧心忡忡。对此,最为明显的事件就是,吴登盛总统于 2011 年下令终止了由中国投资、价值高达 37 亿美元的密松水电站项目,以此来回应当地人的不满情绪。当然,这一举动也给中缅两国关系蒙上了一层阴影。该项目原本拟在建成之后向中国输送电力,但缅甸国内的反对浪潮却让中国不得不绕道而行。

2004—2010 年间,中国在缅投资额大幅增长(见表 1—1)。

表 1—1　　　中国对缅直接投资存量增长率(2004—2010 年)

年份	投资流量(万美元)	较上年增长的百分比(%)
2004	409	—
2005	1154	182.15
2006	1264	9.53
2007	9231	630.30

续表

年份	投资流量（万美元）	较上年增长的百分比（%）
2008	23253	151.90
2009	37670	62.00
2010	87561	132.44

资料来源：中国商务部2010年中国对外直接投资统计公报。

自从2011年新政府上台以来，中缅两国之间关系便趋于紧张，而中国在缅投资额也因此急剧下降。与此同时，东南亚其他国家的投资者对缅投资热情却异常高涨。据缅方报道，中国企业在截至2013年3月31日的本财政年度中，在缅投资额分别从上两个财政年度的82.7亿美元和43.5亿美元锐减到4.07亿美元。在此期间，中国投资者在缅甸的投资额度占缅甸吸引外资总额的29%。

鉴于在缅新增投资受挫，中国目前正准备彻底结束在缅甸的最后一个大型投资项目——输油管道项目的建设。该项目于2013年7月将孟加拉湾出产的石油和天然气由缅甸境内输送至中国南方。不管怎样，对缅投资的下降意味着中国需要对其在缅项目和企业社会责任规划如何发生作用进行重新审视。

（一）研究目的

- 深入理解中国在缅甸的国际社会责任现状；
- 深入认识缅甸人民如何看待中国；
- 理清缅甸人民对中国履行社会责任的期望；
- 研究其他国家和地区（欧洲、日本和美国）如何对待缅甸人民及其自身的社会责任；
- 分析欧洲、日本、美国及中国在缅投资项目，并比较它们对缅环境、社会和经济的不同影响。

（二）研究理由

中国是缅甸的主要投资者之一，其资本在缅甸电力、采矿以及石油和天然气领域的发展中均占有重要地位。中国在缅甸的社会责任主要以政府对政府的方式体现。

但是，由于缺乏透明度和缅甸人民的参与，如今中国和在缅项目所在地居民之间的关系与合作正面临风险，而这又将导致中缅两国人民之间的互不信任。

（三）研究方法

本书主要采取了三种研究方法：案例研究法、资料归纳法以及数据和信息分析法。

在编写本书的过程中，我们几乎找不到任何有关缅甸外商直接投资的研究和分析数据，在走访完相关政府部门之后依然无果。我们不得不费尽周折地请那些思想更开放、更通情达理的相关部门和组织提供研究所需数据和信息。但是，某些涉及安全和隐私问题的关键数据和信息，我们仍然无法得到。因此，本书中所用到的数据大部分是可从公开渠道获取的第二手资料以及互联网上所发布的消息和文章。不过，我们也运用了被国际组织和国际社会广泛认可的企业社会责任标准和价值观来认真分析我们所收集到的数据和信息。但是，最重要的衡量砝码仍然是项目所在地缅甸人民的需求和声音。

（四）研究范围

本书研究的对象为2008—2013年间欧洲、日本、美国及中国的企业和商业组织在缅甸境内所开展的项目和海外发展援助活动。实际上，许多跨国企业、国际非政府组织和当地的非政府组织都在常年从事相关研究，并且在企业社会责任方面也做得不错。但由于吴登盛政府在2011年3月才开始执政，以往的企业社会责任研究已经无法满足现实的需要。此外，也只是在政府体制转变的最近几年时间里，缅甸人民才开始意识到企业社会责任在项目运作中的重要性。

第二章

历史背景

（一）研究团队

本项研究由缅甸发展资源研究所（MDRI）下设的缅甸战略与国际问题研究中心（CSIS）承担，负责人为缅甸总统首席政治顾问吴哥哥莱，缅甸总统政治顾问吴奈辛拉及同事辛桑达乌女士、赞谭连先生和司徒翰先生共同完成。

（二）以往实践

过去，缅甸的外资来源国均是通过向缅甸政府提供海外发展援助（ODA）或企业社会责任活动预算来履行自己的社会责任。但是，由于缅方在利用这些援助和预算上缺乏透明度和问责制，所以这些援助往往也到不了目标受众那里；与此同时，缅甸人民则开始认为海外投资和跨国公司的所作所为是在掠夺缅甸的自然资源。此外，前政府在农民土地拆迁事情上的管理不善和对抗议者的强制打压，不但使缅甸政府和人民之间的关系更加恶化，也让缅甸人民对中国在缅投资项目充满了敌意。

（三）群众反应

在过渡期间，随着民主意识的觉醒，缅甸人民开始意识到企业社会责任对项目所在社区的重要性。他们对权利的追求也迅速扩及缅甸各地。在项目所在地区甚至还会爆发一些冲突。为避免这些地区出现不必要的危机，缅甸政府不得不随时参与到一些案件中来，以维护项目所在区域的和平与稳定，保护员工的生命和财产安全。尽管缅甸政府不愿干涉此类事情，但却别无选择。

（四）商业世界中企业社会责任的突起

2013年有研究表明，企业社会责任的作用和践行正在成为企业和项目的关键组成部分。事实上，企业在其各自项目领域内针对履行社会责任所制定的政策和对社会责任的履行度正在成为衡量和评估一个现代企业是否具备可持续发展能力的标准。2013年，孟加拉国一纺织工厂所在大楼的轰然倒塌为整个商界敲响了警钟，企业社会责任也越发受到了人们的关注。因此，企业社会责任已成为企业经营活动中的一个必备要素。一个不负责任的企业就是在拿自己的前途冒险。以往在透明度和问责制层面上对企业社会责任的忽视不仅削弱了项目效果，还使企业的商界声望大跌，并给企业和当地人之间的互信关系带来毁灭性打击，其结果必将导致危机和破坏。因此，在本书中，我们的研究团队将会列举出欧、日、美、中四方正在执行的企业社会责任活动，通过对比这些活动来找出因地制宜的办法，以减少企业和项目未来在缅甸所遇到的阻力和挑战。

（五）1962—2013年间的经济和政治背景

1. 第一阶段（1962—1988年）

从1958年9月到1960年1月，缅甸处于军人组成的看守政府统治下。在此期间，看守政府建立了法律与秩序，严格管理城市，放弃了不必要的政府项目，鼓励外国企业与缅甸政府合作创办合资企业。1960年2月6日举行了大选，前总理吴努再次当选为总理。由于政治形势复杂多变，军人于1962年3月2日再次接管了国家政权。

军人在发动政变后立即颁布了三个文件，即《缅甸社会主义纲领》《缅甸社会主义纲领党建设时期的组织章程》和《人与环境相互关系的理论》。这些文件的基本精神是执行缅甸特色的政策，建立集中统一的社会主义制度，依靠自我力量谋求内向型模式发展。许多行业实现了国有化。政府首先对外国公司、银行和外贸企业实行国有化，随后依次对本国批发和零售行业、林业、渔业、采矿业、医院和学校实行国有化。

表2—1显示了缅甸社会主义纲领党统治时期的总体经济情况。1988年缅甸经济形势急剧恶化，这是国有化、管理不善和不恰当的经济政策造成的恶果；而1987年废除货币的举措直接引发了1988年的政治动荡。

据研究人员观察，缅甸社会主义经济的破产和缅甸社会主义纲领党的垮台是多种因素长期作用的结果。自20世纪80年代中期以来，缅甸的基本情况是经济停滞，经济发展状况不佳。

表2—1　　　　GDP年均增长率以及投资和储蓄在GDP中
所占的百分比（1962—1988年）　　　　单位:%

年份	GDP年均增长率	投资所占百分比	国民储蓄所占百分比	投资与国民储蓄之间的缺口
1962—1965	4.9	13.5	15.4	-1.9
1966—1969	2.2	10.9	8.7	2.2
1970—1973	1.3	11.2	10.5	0.7
1974—1977	4.7	10.9	10	0.9
1978—1981	6.5	20.9	16.5	4.4
1982—1985	4.7	17.7	12.5	5.2
1986—1988	-1.7	12.5	9.7	2.8

资料来源：缅甸国民计划与经济发展部就1989/1990年财政、经济和社会情况向人民院提交的报告。

缅甸军人统治实行的命令式经济管理体制、自我孤立政策和"缅甸式社会主义道路"使缅甸经济在20世纪60年代和70年代出现持续恶化，在80年代后期成为缅甸独立以来经济状况最差的时期。

反政府示威后，缅甸社会主义纲领党26年的统治宣告终结，但新上台的军人政权"国家恢复法律与秩序委员会"控制了政治和经济权力。新政府上台后抛弃了"缅甸式社会主义道路"，采用"市场导向型"经济模式，以便把缅甸建设成为现代发达国家。在此背景下，联合国于1988年接受了缅甸政府于1987年向其提出的申请，准予缅甸享有最不发达国家待遇。

国家恢复法律与秩序委员会自1988年9月执政以来取消的对大米和其他八种主要农产品的采购和国内交易限制，由此开启了农业领域的经济改革。该委员会同时宣布实行市场导向型经济政策，并进行了多项经济改革。

2. 第二阶段（1989—2000年）

1989—2000年间，缅甸政府采取的直接影响宏观经济和外部行业的主要经济改革可概括如下：

• 通过《外商投资法》：旨在加强政府控制范围外的各领域技术和投资引进；

• 财政改革和税务改革：旨在改进税收和关税体制，简化税收环节和关税程序，使之符合市场导向型经济体制，同时解决财政赤字问题，对政府开支实行严格审查；

• 金融改革：旨在完善金融法规，并对金融行业进行重组，允许私营部门涉足银行和保险行业；

• 法律制度改革：恢复缅甸原有的但在1988年以前的25年间未予实行的普通法和民法体系，并加以必要的补充，同时废止《建立社会主义经济制度法》；

• 旅游业改革：允许私营部门涉足接待业和旅游业；

• 贸易业改革：实行国内贸易和对外贸易的自由化，允许私营部门进入以前由政府部门垄断的行业，恢复缅甸工商联合会，规范边境贸易；

• 边疆地区行政管理改革：促进边疆少数民族地区的和平与发展。

在上述改革的刺激下，缅甸经济有了一定程度的复苏（见表2—2）。

表2—2　　GDP年均增长率以及投资和储蓄在GDP中所占的百分比（1989—2000年）　　单位：%

年份	GDP年均增长率	投资所占百分比	国民储蓄所占百分比	投资和国民储蓄之间的缺口
1989—1991	3.1	11.3	10.5	0.8
1992—1994	7.7	12.9	12.7	0.2
1995—1997	6.3	13.3	12.9	0.4
1998—1999	5.6	11.1	10.6	0.5
2000	10.9	11	10.5	0.5

资料来源：缅甸国民计划与经济发展部就1989/1990年度的财政、经济和社会状况向人民院提交的报告。

1997年，国家法律与秩序重建委员会改组为国家和平与发展委员会，丹瑞大将任国家和平与发展委员会主席。丹瑞大将领导的政府一直执政到2011年。2011年后发生了一些倒退现象，政府对经济的控制日益泛滥。尽管政府放宽了对私营部门的限制，吸纳了一些外资，获得了一些急需的外汇，但根本性的市场机制仍处于被抑制状态，私营企业往往部分或间接归政府所有。

在国家和平与发展委员会统治期间，中国与印度努力加强与缅甸政府之间的关系，以获取更大的经济利益；而包括美国、加拿大和欧盟各国在内的许多国家和地区则对缅甸施加投资和贸易制裁，如美国禁止从缅甸进口任何货物。在此期间，缅甸的外资主要来自中国、新加坡、韩国、印度和泰国。

3. 第三阶段（从 2011 年至今）

2011 年 3 月 30 日，新政府宣誓就职，军政府正式解散，此后，缅甸发生了一系列良性的政治变化。与前两个阶段相比，现阶段军事冲突减少，反政府示威让位于集会自由和自由参政议政。

表 2—3 显示了缅甸长期保持两位数的 GDP 增长率，是周边国家的两倍，但许多研究人员对此表示质疑。缅甸是一个自然资源丰富的国家，但长期受制于政府无所不在的控制、低效的经济政策、腐败和农村贫困。缅甸是新兴的天然气出口国，但其总体社会经济状况因前任政府管理不善而日益恶化。缅甸是东南亚最贫穷的国家，大约 32% 的人口生活在贫困线下。缅甸民众普遍认为缅甸的商业环境不透明，腐败充斥，政府效率极其低下。缅甸丰富的自然资源带来了大量财富，但这些财富主要集中于少数军队领导人及其在商界的裙带关系者手中。虽然缅甸政府与邻国有良好的经济关系，但应大力改善经济体制、商业环境和政治环境，以便吸引更多外资。

表 2—3　　　　按 2000 年不变价格计算的 2001/2002—
2008/2009 年间 GDP 年增长率　　　　单位：%

财务年度	2001/2002	2002/2003	2003/2004	2004/2005	2005/2006	2006/2007	2007/2008	2008/2009
GDP 年均增长率	11.3	12.0	13.8	13.6	13.6	13.1	11.9	10.7

资料来源：缅甸政府 2001 年以来公布的数据。

（六）结束语

在国家和平与发展委员会统治时期，仰光、曼德勒和其他城市出现了许多高层建筑以及现代化超市、高级酒店和豪华公寓，全国各地建起了许多公路和桥梁。但如上文所述，低效的经济政策、腐败和农村贫困问题仍旧困扰着缅甸。

尽管存在上述问题，但缅甸人民在经历 50 年的压制后首次至少在一定程度上享有了公民权利，如集会自由和媒体自由。在国际社会特别是西方国家看来，缅甸的变化可能显得颇为稚拙，甚至未尽符合全球标准，但对长期生活在专制统治下的缅甸人民来说，这种变化却是巨大的。缅甸目前正处于过渡时期，面临着许多具有争议的问题，但缅甸人民对目前正在进行的变革抱有很高的期望，尤为关心开发项目、外资、人权、和平、政治和就业机会问题。

第三章

基于政府组织及其对应部门的企业社会责任

在本章中,作为案例研究对象的公司和项目有法国道达尔石油公司、马来西亚国家石油公司、中国万宝矿业有限公司、耶涯水利项目以及中缅石油天然气管道项目。我们将对各个公司和项目的企业社会责任活动进行说明。

一 欧洲公司及其子公司的石油天然气项目

(一) 公司简介

公司名称:道达尔
所属行业:石油和天然气
成立时间:1924 年
创办人:欧内斯特·莫西尔
总部所在地:法国巴黎
公司产品:石油、天然气勘探和生产、天然气、LNG 贸易和运输、炼油、化工
年收入:1665.5 亿欧元(2011 年)
营业收入:249.8 亿欧元(2011 年)
营业利润:122.7 亿欧元(2011 年)
总股本:680.3 亿欧元(2011 年)
员工数量:96104 人(2011 年)

道达尔是法国一家跨国石油天然气公司，也是全球六大石油公司之一，总部位于法国巴黎西部库尔贝瓦拉德芳斯区的道达尔大厦。道达尔公司的业务范围涵盖整个石油天然气产业链，从原油、天然气勘探和生产到发电、运输、炼油、石油产品销售再到国际原油和产品贸易等，均有涉及。同时，道达尔也是一家大型化学品制造商。

1. 公司愿景
- 持续生产石油和天然气产品；
- 持续提高生产设备的能源效率；
- 投资新能源。

2. 道达尔的考量

初级能源的可用性、矿物燃料的储量、可再生能源的技术成熟度以及核能的潜力。

- 石油天然气——尤其是非传统储备——储量依旧丰富，但需要更为复杂的技术才能生产；
- 水电潜力差不多已挖掘到最大限度，仅有寥寥几条主要河道尚能用来发电；
- 虽然风能、太阳能和现代生物质能技术正处在开发阶段，但是，技术进步对于新技术的广泛部署来说是必要的，这可能还需要几十年的时间，以及大量的资金；
- 需要寻找新的解决方案来克服与可再生能源有关的间歇性问题，例如在蓄电和区域智能电网的过渡；
- 核能的利用需要一个安全的、能为公众所接受的已有装机基础。

（二）道达尔基金会

道达尔基金会创立于1992年，即里约地球峰会之后。在20多年的时间里，道达尔基金会始终致力于对环境的保护，具体来说，是对海洋生物多样性的保护。

2008年，基金会进一步扩大了自己的活动范围，目前已形成四大关注领域：法国社区支持、全球健康、文化和遗产以及环境和生物多样化。

此外，基金会还为参与社区服务的集团员工提供支持。从2006年开始，基金会已先后出资赞助了334个公共利益项目。这些项目由相关协会发起，而集团员工则为这些协会提供自愿服务。

在其全部的活动领域中，道达尔基金会重点强调的是长期的合作伙伴关系。基金会不只是为活动提供资金支持，还愿与人分享，共同增强专业知识和技术，以此来拓宽集体智慧。

不论是在哪一个活动领域，道达尔基金会从来都不倾向于孤军奋战，而是与集团业务所在国家的公私伙伴联手合作。除了提供资金支持以外，基金会还积极促进利益相关方之间的沟通与交流。基金会的目的在于持续增强所在地的能力，同时形成能够适用于其他地区的发展模式。

道达尔的业务遍及全球130多个国家和地区，但欧洲仍是其传统的根基所在，欧洲地区的员工约占集团员工总数的2/3和聘用员工的1/3。2011年，道达尔与欧洲的3400名员工签订了长期聘用合同。集团还一直坚持为员工提供职业培训，平均每名员工每年要接受4.5天的培训。在道达尔欧洲的全部员工中，有15%的员工年龄超过55岁，略高于全球平均水平。并且，道达尔还致力于对老员工的整合，并始终坚持关心员工福利和满意度。以道达尔在法国的子公司哈钦森公司为例，在其指导部门中，有11%的员工年龄在55岁以上。这也是老员工最喜欢的安排方式之一。每年，集团都会招收2500名实习生，帮助年轻人做好入职准备。在欧洲员工中，年龄在25岁以下的占到了5%。

（三）道达尔的企业社会责任进程

1. 制订可行的能源解决方案

以负责任且可持续的方式让更多的人获得能源是道达尔的使命。提供日常生活和经济发展所需的能源是道达尔的核心战略之一。通过执行这一战略，道达尔正在为个人、社区和商业组织提供帮助。

- 帮助穷人增加获得能源的途径；
- 应对能源匮乏问题；
- 为生产国的能源未来做出自己的贡献；
- 提供定制化的解决方案。

2. 促进就业

全球招聘是支持道达尔在不同地区实现增长和扩大的策略之一。2011年，集团内有86%的长期职位被法国以外的其他国家和地区的员工占据。道达尔在各个职位上均以聘用当地人为主。目前,有150多个国家和地区的员工在为道达尔工作。

- 支持当地教育,促进当地就业;
- 在公司的管理岗位上增加非法国籍员工的数量;
- 促进多样化;
- 为法国小型企业的扩张提供支持;
- 促进残疾人就业;
- 促进社会包容和年轻人就业;
- 创造就业机会,振兴区域经济。

3. 供应商授权

作为一支重要的经济力量,道达尔每年的采购支出大约在260亿欧元,这还不包括石油贸易在内。道达尔对社会、社区和环境的重要性有着充分的理解和认识,因此,道达尔也不遗余力地向其采购官员和供应商灌输这一理念,以期提高他们的认识水平。

- 制定和实施适当的监管政策;
- 坚持公司的行为准则;
- 执行评估和监测;
- 优先本地采购;
- 敢于创新;
- 环保采购;
- 支持当地企业;
- 为可持续采购引入跨职能部门管理机制;
- 通过采购为残疾员工提供支持;
- 在法国实施开拓创新举措;
- 制定最佳采购实践规章。

4. 在富有挑战性国家内的经营

业务活动的性质决定了道达尔往往要在富有挑战性的国家从事经营活动。但是,不管怎样,若想在他国站稳脚跟,道达尔就必须要采用最高的社会标准,要为改善周边社区的生活水平做出持续的贡献。

- 道达尔的价值观和经营原则;
- 两个决定性标准决定是否进入他国经营;

- 安全始终是头等大事；
- 私人保安；
- 做一个负责的企业公民；
- 道达尔奉行的道德准则；
- 独立的道德评估；
- 支持经济发展。

5. 健康与安全

不论是在工作场所内还是在有害物质的运输过程中，道达尔都始终贯彻和注重加强风险防范措施。健康和安全是绝对的优先事项，对整个企业如此，对全体员工亦如此。除了培养安全共享的文化、宣传安全第一的理念外，企业的行为和做法也是整个企业文化的一部分。为进一步完善企业行为，道达尔需要建立一个更加注重安全的企业文化。

- 连续的评估和改进；
- 在全球范围内部署黄金法则；
- 让管理人员以身作则；
- 持续关注进展情况。

6. 回收与改造

降低产品和设备在其使用寿命结束时对环境所造成的影响是道达尔所面临的核心挑战之一，这也是为什么道达尔会采用以生命周期评估（LCA）为基础的综合应对法的原因。

- 优化资源；
- 限制资源使用；
- 延长产品寿命；
- 有效管理废物；
- 建立废物回收与处理系统；
- 废物利用；
- 提前计划产品和设备的撤除；
- 改造场地、修复土壤；
- 组织拆除海上基础设施。

7. 水资源

道达尔的所有作业活动均需要水，其最大的几个工业用地常常需要使用大量的水。为帮助保护这一重要资源，道达尔尽力限制水的使用，改善排入自然环境中的废水质量。

- 全球挑战、本地问题；
- 不平衡加剧；
- 道达尔既是水的使用者，也是水的生产者；
- 在传统生产中实施更有效的回收利用；
- 油砂和水的回收优化；
- 非传统资源呈现出新的挑战；
- 炼油和化工：预期会有更为严格的要求出台。

（四）道达尔在缅甸的首次试水

1992年，道达尔与缅甸石油和天然气公司（MOGE）签订了《耶德那生产分成合同》，获得该天然气田31.2%的权益。正式的商业生产开始于2000年，预计可开采30年。

开采出的天然气经过一段346公里长的海底输气管线运送到岸上，再经过一段63公里长的陆上管线输送到泰国边界。出产的天然气供应给泰国的发电厂，同时也在缅甸国内市场销售。

（五）道达尔在缅甸的企业社会责任

1. 社会经济发展计划

根据《道达尔勘探与生产缅甸公司行为准则》中所申明的原则，社会经济发展计划于1995年被引入到耶德那输气管线地区。根据原则精神，道达尔公司将为其业务所在国，尤其是项目所在地的经济和社会发展做出自己的贡献。自2001年以来，社会经济发展计划的覆盖范围已超出了输气管线地区，并一直扩大到前首都仰光。

2. 道达尔对当地社区的企业社会责任承诺

道达尔勘探与生产缅甸公司提出了这样一个问题：道达尔对当地社区福祉的持续关注是否已使当地社区在过去的20多年中因此而受益？道达尔对社会经济发展计划的承诺已在四大方面改善了当地人的生活水平，即公共卫生、教育、经济发展，特别是农业发展，以及基础设施。

对于上面所提到的项目，包括CDA协助学习等在内的组织在管理和成果两个方面均为其给出了正面评价。事实上，许多观察家也赞同将道达尔的做法树立为典范，向其他投资者进行推广。与此同时，道达尔还尽其所能地来保证人权原则、劳动法规以及 HSE 标准能够在他们开展经营活动的地区得到贯彻执行。与道达尔有关的全体利益相关人也均参与其中。如果有谁违反了某方面的规定，问题的矛头就会指向谁，不论是道达尔的供应商还是合作伙伴，也不论是当地村民或是政府机关。

3. 道达尔对缅甸的企业社会责任承诺

道达尔的企业社会责任是从国家层面上进行整体考虑的。道达尔通过论坛与国家机关、他们的供应商以及在同一个地区内进行经营活动的其他石油公司一道来推动最佳做法的普及。同时，道达尔还与联合国训练研究所（UNITAR）合作，共同为当地的政府官员提供人权、人道主义和难民法、海事法以及环境法等方面的教育培训。

（六）结束语

• 道达尔在全球范围内为自己树立了一个良好的企业社会责任模范形象；

• 到目前为止，道达尔在寻找石油天然气资源和满足当地环境需求之间已能保持平衡；

• 尽管与道达尔在世界上其他地方所采用的企业社会责任标准相比，其在缅甸的做法看上去似乎不那么负责任，但是，这有可能是由于以往体制的限制和透明度的缺乏所造成的；

• 在缅甸总统访问法国并于 2013 年 7 月 20 日在巴黎会见道达尔首席执行官之后，道达尔的企业社会责任将有望变得更加透明，并得到更好的履行；

• 如果道达尔能够像他们承诺的那样来践行高标准的企业社会责任，那么，缅甸当地将会比以前获益更大；

• 有关企业社会责任方面的预算数字，道达尔并未向我们提供。

二 马来西亚国家石油公司的油气项目

(一) 马来西亚国家石油公司简介

马来西亚国家石油公司(以下简称国家石油公司)创建于1974年8月17日,最初为马来西亚完全国有的石油天然气公司。该公司拥有马来西亚所有的石油和天然气资源,他们受政府委托负责开发这些资源并令其增值。该公司被《财富》杂志评为全球500强企业之一。2012年,该公司位列全球500强企业的第68位。同时,该公司还被《财富》杂志评为全球第12大最赚钱的公司和亚洲最赚钱的公司。

成立至今,国家石油公司已发展成为一家大型综合性的国际石油天然气公司,业务活动覆盖全球35个国家和地区。截至2005年3月底,国家石油公司旗下共有103家全资子公司、19家参股公司和57家联营公司,业务范围涵盖了石油天然气的方方面面。英国《金融时报》将国家石油公司列为"新七姐妹"之一,即世界经济合作与发展组织成员国以外的、最具影响力的国有大型石油天然气公司。

国家石油公司的业务范围非常广泛,从上游的石油天然气勘探和生产到下游的炼油、石油产品营销、贸易、天然气加工和液化、天然气输送管网经营、液化天然气营销、石化产品生产和销售、航运、机车工程以及物业投资等均有涉及。

国家石油公司是马来西亚政府的一大主要收入来源,政府45%的预算要依赖于国家石油公司的分红。而且,马来西亚政府在2011年的实际收支当中,国内生产总值尚有5%的赤字。

公司总部位于马来西亚首都吉隆坡的国家石油大厦双子塔。双子塔于1998年8月31日即马来西亚第42个国庆日时正式开业,那一年也是国家石油公司成立24周年。

(二) 国家石油公司七大关键成果领域可持续的企业社会责任

国家石油公司可持续发展框架关注七大关键领域,横跨经济、社会和环境三大分支。

- 股东价值:通过价值创造和有效的提取和制造工艺来维持公司的

盈利能力；
  ● 自然资源利用：促进能源和水资源的有效利用，支持可再生能源的利用；
  ● 气候变化：限制温室气体的排放量；
  ● 生物多样性：确保项目和经营活动不会对人类、动物和植物的多样性造成重大影响；
  ● 健康、安全与环境：预防和杜绝人身伤亡、健康危害和财产损失，保护环境；
  ● 产品管理：确保产品符合质量标准和 HSE 标准，满足社会需求；
  ● 社会需求：在自身能力范围内保障人权，为社会发展贡献力量，投资教育和培训，促进文体事业的发展，以公开透明的方式开展业务。

（三）国家石油公司联合日本企业在缅甸的首次试水

国家石油公司推迟马来西亚资源枯竭的另一种方式就是在马来西亚境外寻找新的石油来源、替代品以及天然气等。1989 年，缅甸政府邀请国家石油公司勘探公司组建合资企业，共同勘探缅甸沿海地区的石油资源。1990 年，国家石油公司成立一家新的公司——国家石油公司海外勘探有限公司。该公司占有缅甸沿海地区一处油气田 15% 的权益，负责勘探该油气田的是一家日本企业——出光缅甸石油勘探有限公司。该日本企业与缅甸国家石油公司之间存在着生产分成的关系。就此，国家石油公司开始了其在马来西亚境外的首次石油勘探活动。

（四）国家石油公司（耶德贡）在缅甸的企业社会责任部门

在缅甸，国家石油公司是一家合资企业的股东之一，拥有耶德贡天然气项目和德林达依输气管线的部分权益。该输气管线为跨国输气管线，负责将耶德贡气田出产的天然气输送到泰国。自 2008 年 4 月以来，国家石油公司缅甸勘探公司一直在参与耶德贡的社会经济发展计划，为甘包和土瓦地区的贫困社区提供帮助。

1. 社会活动

国家石油公司在执行耶德贡社会经济发展计划，为甘包地界内输气管道沿线地区和仰光的弱势群体提供帮助。该计划主要关注当地的教育、营养和初级卫生保健，以小学生为主要关注对象。

根据该项计划，国家石油公司出资修建了资源学习中心和以家庭为单位的幼儿保育和发展中心（ECCD），向当地儿童提供教育服务，为他们在儿童时代早期阶段的成长提供支持，并为他们提供安全、健康成长环境。通过建立30个学习中心和4个ECCD中心，当地有超过5000名的儿童因此而受益。

2. 社区健康教育

同时，中心还实施生殖健康宣传方案，以帮助当地社区改善产前和分娩护理，防止艾滋病和艾滋病毒传播。由于年轻人意外怀孕和感染性病的人数在不断增加，中心于2006年8月将青少年群体也纳入计划当中。中心还为管道沿线地区的16个村庄提供缝纫、电气设备维修和基本电气布线培训，以进一步改善当地人的生活水平。

3. 求职培训

除了这些项目以外，国家石油公司还通过耶德贡计划为贫困儿童和青少年提供电脑培训，传授他们继续高等教育和寻找工作的必要技能。

4. 妇女小额信贷

为使妇女有能力来改善生活，国家石油公司还实施了黎明小额信贷计划，资助妇女从事小本生意的经营。

（五）教育

● 对朗隆和甘包地区的ECCD中心进行维护（如修建围栏、操场和供水设施等）；

● 在朗隆建立新的ECCD中心；

● 为公立职高学生颁发奖学金；

● 开展职业培训（电气设备维修）；

● 为洪炳文村提供建筑材料修建寺庙。

1. 健康

● 对学校的厕所和垃圾池进行维修，为学校安装供水设施，以改善环境卫生，提高健康水平；

● 为助产士进修培训提供医疗设备；

● 为土瓦地区提供建筑材料，用来对当地医院、3个村卫生院和1

个产房的供水系统进行升级改造；

· 为 MMA 急救服务提供医疗设备，从 MMA 选派 6 名医生前往新加坡接受能力建设培训。

2. 社区安全

· 在甘包地区的 23 个自然村内开展佩戴安全头盔的宣传活动；

· 对甘包地区的社区成员进行减少灾害风险方面的培训；

· 为 6 个自然村安装供水系统，为村民提供干净、充足的饮用水。

（六）结束语

· 在开展企业社会责任活动的同时，耶德贡也在执行相关计划；

· 国家石油公司的七大关键成果领域应涵盖其在缅甸的经营活动；

· 对企业社会责任进行分类是值得赞许的，但国家石油公司并未对企业社会责任活动提供预算资金；

· 由于缅甸正在向民主制度过渡，媒体和当地民众的影响力和期望值也水涨船高，因此，企业社会责任计划需要变得更加透明和负责。

三 中国公司在缅的采矿项目

莱比塘铜矿是一个有争议的项目。时至今日，当地群众还有不满情绪。由昂山素季领导的调查委员会于 2013 年 3 月 11 日就莱比塘铜矿开采项目对外公布了最终的调查报告。尽管当地群众对该项目还存在不满，但调查报告仍在争议声中建议该项目继续进行。

（一）中国万宝矿业有限公司简介

中国万宝矿业有限公司（以下简称万宝公司）于 2005 年 3 月 16 日经中国政府批准成立，注册资本为人民币 3 亿元，是一家专门从事采矿活动的企业。公司总部位于北京，旗下有专门负责海外投资经营的控股子公司。

万宝公司的业务范围包括海外矿产资源的勘探和开采、选矿和冶炼、矿产品贸易、矿产资源及相关行业的投资和经营。目前，万宝公司所经营的矿产资源包括铜、钴、镍、铬等，并计划投资和开采钽、铌、铅、锌等贵金属。

(二) 万宝公司在缅甸的首次试水

项目最初由缅甸矿业部和加拿大艾芬豪公司于1998年联合发起。双方组建了一家名为缅甸艾芬豪铜业有限公司（MICCL）的合资企业，双方各占50%的利润分成。2010年，缅甸经济控股有限公司（MEHL）购买了MICCL的股份，成立了缅甸扬子铜业有限公司（MYTCL），并同对方签订了生产分成合同（PSC）；而扬子铜业有限公司则是万宝公司的一家子公司。扬子铜业有限公司经营萨拜和基钦两个项目，而母公司万宝公司则通过缅甸万宝铜矿开采有限公司（MWMCL）与MEHL合作经营莱比塘项目。扬子铜业有限公司和万宝公司在缅甸的投资额分别为3.96377亿美元和9.97亿美元。

(三) 万宝公司在缅甸的企业社会责任活动

据该公司介绍，万宝公司所奉行的政策是"合作共赢"，这与国际通行的企业社会责任是一致的。根据从万宝公司那里所收集到的数据，我们注意到有关中国在缅项目的企业社会责任活动实际上还是令人满意的。

1. 万宝公司的企业社会责任政策

万宝矿产秉承友好合作的精神，努力在缅甸开创互惠和双赢的局面，为缅甸的社会和经济发展做出自己的贡献。

2. 创造就业机会

2012年，万宝公司共投资5亿美元，为当地创造了2000个就业机会。同时，万宝公司每月在电力、采购、设备租赁以及物流方面还要支出1200万美元。万宝公司所聘用的员工大部分为缅甸当地人，而且也肩负起了负责任的管理者的重任。公司尊重并维护缅甸人的政治、经济、社会和文化权利。

3. 征地补偿

莱比塘项目全部投资及投资风险均由万宝公司承担，缅甸政府和缅甸经济控股有限公司（MEHL）享有包括所得税在内的全部收入的2/3。为了进行莱比塘项目的开发，缅甸政府需要从当地农民手中征用7000英亩（约2833公顷）的土地，而万宝公司早已为该片土地支付了500万美元的征地补偿款。同时，万宝公司还另外支付了600多万美元用来修建新的安置村和寺庙，以及各种搬迁费用。

4. 基本日工资

万宝公司在保障村民利益方面已经做了最大努力，他们为此支付了相当于土地年租金15—20倍的费用。重新安置的房屋远远好于村民以前的旧房屋；而且，万宝公司还为村民提供更好的就业机会，项目员工每天可获得3100元缅币的报酬。

5. ISO14001标准

万宝公司的原则是"以人为本，合作共赢，生态安全，可持续发展"。万宝公司遵循ISO14001标准，遵守环境方面的法律规定和地方当局制定的规章。2012年10月23日，万宝公司组织召开了一次环保研讨会，邀请了当地政治、学术和媒体界的朋友参与讨论。会上分别提交了环境影响评价报告和社会影响评价报告，并对这些报告进行了解释。

6. 绿色矿山预算

万宝公司做出了"绿色矿山，世界更美好"的承诺。从露天采矿、堆浸处理到溶剂萃取、电解沉积，万宝公司的一系列绿色行动赢得了当地人民和政府的一致好评，他们称赞万宝公司保护了当地环境。为防止水源污染，万宝公司在作业中还采用了高密度聚乙烯（HDPE）片材。同时，万宝公司还请来了仰光大学的专家和教授，在实验室中对水源样本进行检测，结果表明符合各项标准。此外，万宝公司还启动了矿井关闭、回填和复耕计划，并为此分别提供了1800万—3000万美元不等的预算。

（四）对莱比塘铜矿的特别走访

1. 会见与采访

我们到达蒙育瓦后，发现这里有许多记者，他们住在茶馆里，打探有关莱比塘冲突的新闻。我们在茶馆里约见了众多刊物的记者，了解到一些有关冲突的消息。随后我们前往距蒙育瓦12英里的万宝公司。到达万宝公司后，接待人员将我们指引到行政办公室，行政办公室的工作人员告诉我们前往万宝公司在6英里以外的一个村庄新建的关系与沟通中心。我们在那里见到了实皆省矿产与林业厅厅长吴丹泰可（U Than

Thaike）和实皆省社会福利厅厅长敏登博士（Dr. Myint Thein），并对他们进行了采访。他们向我们介绍了万宝公司最近履行企业社会责任的情况。在他们提供的大量信息和关于冲突原因的解释中，最主要的意思是"60%的村民拒绝领取土地赔偿金，他们要求的金额比我们向其提供的金额高出很多倍"。随后我们调查组人员决定约见当地人士，以便听取他们的意见。我们在一位村民的带领下进入示威领导人罕温昂（Han Win Aung）先生居住的村庄。我们驱车经过聚集在路边的妇女，终于见到了罕温昂先生，并和他进行了大约两个小时的交谈。当地人士向我们提供了他们收集的关于万宝公司在企业社会责任和土地占用与赔偿方面的信息，我们惊奇地发现这些信息与万宝公司关系与沟通中心提供的信息截然不同。

2. 新发现

我们与当地人士的会谈要点如下：

● 当地的几个山峰消失了，当地人士对这些山峰的感情寄托也随之消失；

● 万宝公司关系与沟通中心提供的信息与我们从当地人士收集的信息截然不同；

● 当地人士与万宝公司之间的关系依然紧张，如不及时处理，有可能导致更为严重的冲突；

● 双方关系紧张的原因并不仅仅是因为土地赔偿金问题，还有万宝公司工作人员对待当地人士的方式，使他们有不平等和被压制的感觉；

● 万宝公司关系与沟通中心认为他们只是洽谈诸多问题的调停者；

● 当地人士（尤其是四个村民）不信任万宝公司关系与沟通中心作为调停者或谈判者的角色，他们希望推举能够取得其信任的人士担任调停者或谈判者；

● 当地人士决心抗争到底，即使付出生命的代价也在所不惜。

3. 当地人士的看法和观点

● 他们说："我们并不反对中国，而是反对办事缺乏透明度和向议会提交虚假报告。"

● 他们说："我们并不反对政府确定的项目，我们知道国家的发展需要这些项目，但我们反对那些对当地无益且违背可持续性原则的项目。"

● 他们说："我们不反对政府，也不反对军队，我们是在保护自身利益和本地环境，我们关心本地的未来。"

- 万宝公司每年的企业社会责任活动开支为100万美元，占年度净利润的2%。由于各种不确定因素的存在，万宝公司的年度净利润并不令人满意。只有当地农民接受土地赔偿金后，缅甸经济控股有限公司承担的企业社会责任活动才会启动。

4. 当地人士的担忧

- 当地的几个山峰即将因上述项目而消失，当地人士的生计也会因此而受到影响；
- 人们尚不清楚宗教建筑是否会被拆除；
- 钦敦江有可能发生堵塞，导致本地洪水泛滥；
- 本地附近的酸厂系非法运营，且反对以昂山素季女士为首的调查委员会出具的报告；
- 村民需要从目前居住的村庄搬迁到新建的村庄，但这些村民长期以来一直与其兄弟姊妹、父母和祖父母生活在一起，搬迁到新村庄有可能改变他们目前聚族而居的生活方式，他们拥有的农田和牧场也会因此而受到影响；
- 8000英亩的土地受到洪水威胁，从而影响种植园的收成；
- 当地人的饮用水问题尚未解决，缅甸经济控股有限公司强制征用了160口水井，但没有就当地人的饮用水问题支付赔偿金。

5. 当地人士提出的和平建议

- 为缓解因冲突造成的紧张局势，当局应取消在村庄出入口进行的监视和盯梢，因为这会使村民感到恼怒和不安全；
- 停止执行令当地人士感到被剥夺合法权利和极度失望的第144号法令（即《紧急状态法》）；
- 因为当地人不再信任目前的委员会，所以应成立一个当地人信任的新的委员会，该委员会应与当地人士逐一沟通，采取切实可行的措施解决问题（例如，就为每家提供的就业岗位而言，有的家庭规模较小，只有几个家庭成员，有的家庭规模较大，有10—20个家庭成员）。

6. 万宝公司应采取的措施

通过实地调查，我们发现万宝公司并没有直接卷入冲突，他们只是缅甸经济控股有限公司的业务合作伙伴。万宝公司的官员曾到发生冲突的地区进行走访，但对当地情况并没有足够深入的了解。在撰写本书时，因缅甸经济控股有限公司在没有就土地赔偿问题与当地人士达成和解的情形下擅自动工，当地再次爆发冲突。万宝公司应与缅甸经济控股有限公司和当地人士合作，在土地赔偿金的分配问题上做到公开透明，对环境管理制度、社会影响评估制度、环境影响评估制度和土地赔偿规定进行修正（缅甸经济控股有限公司每英亩赔偿 100 万缅元，而当地人要求按市场价格计算，每英亩赔偿 300 万—400 万缅元），更有效地开展企业社会责任活动。我们强烈建议万宝公司官员不要忽视当地人士的感受和在示威活动中提出的要求，在处理双方的冲突时，真诚关心当地人士，采取一切适当的措施化解双方的冲突，以免付出更大的代价。

（五）结束语

- 上述问题应在企业社会责任的框架内得到圆满的解决。但事实上，当地仍有抗议活动，原因在于当地人士认为他们获得的土地赔偿金低于市场价格，担忧项目开发造成当地环境和文化遗产的破坏，中国籍雇员的行为和中国公司在承担社会责任方面的表现令当地人士感到不满；
- 政府部门提交的报告认为，项目应该继续进行，对在取缔抗议活动过程中执行公务的警察不予追究，反对派人士对此感到愤怒；
- 2012 年 10 月 9 日，缅甸人权委员会对莱比塘项目进行了调查，建议提高办事程序的透明化，及时向媒体提供有关信息，加强公共关系活动；
- 在警察镇压了 2012 年 11 月 29 日的抗议活动后，吴登盛总统任命了新的委员会；
- 昂山素季女士领导的委员会出具了报告，该报告于 2013 年 3 月 11 日公布；
- 政府促进经济发展的政策与基层民众的利益诉求存在着一定矛盾，对于担任调查委员会主席的昂山素季女士来说，这是一个不小的挑战；
- 我们的个案研究表明，万宝公司管理层应寻求新的方式，以处理与当地人士之间的关系。

四 中国公司在缅的水电项目

（一）耶涯水电站项目简介

位置：项目位于缅甸中部地区曼德勒省叫栖县瑞沙彦村，在曼德勒东南方向约 50 公里的密埃江畔，与耶雅曼村相邻
水电站类型：碾压混凝土（RCC）大坝
设计单位：瑞士科伦科电力工程有限公司
动工时间：2003 年
集水面积：10890 平方英里（约 28200 平方千米）
表面积：14580 英亩（约 59 平方千米）
最高水位：EL607 英尺
最低水位：EL492 英尺
水库容量：FTL - 26 亿立方米（最大库量容量）
年发电量：3550 亿千瓦时/年
输电线路：耶涯至贝岭 230 千伏输电线路（1）和（2），耶涯至密铁拉 230 千伏输电线路（24 英里）

（二）项目启动

缅甸政府于 2001 年年末首次对外公布了耶涯水电站项目。2004 年，缅甸国家电力公司（MEPE）与一个由中国公司组成的财团签署了一份谅解备忘录，内容是在缅甸曼德勒省密埃江畔修建一座大坝。该大坝是世界上最大的碾压混凝土（RCC）大坝之一。大坝高 134 米，装机容量 790 兆瓦，年发电量 3550 亿千瓦时。2004 年，MEPE 与由中国国际信托投资公司（CITIC）和中国水电建设集团组成的财团签订了项目开发协议，总投资约为 7 亿美元。该项目于 2010 年完工。

（三）耶涯水电站项目施工

在这个项目中，共有来自中国、英国和瑞士等国的多家公司参与了不同阶段的项目建设，包括中国进出口银行、中国葛洲坝集团公司（CGGC）、中国电力工程有限公司、湖南赛禹海外水利电力咨询有限公司、中国重型机械有限公司、瑞士科伦科电力工程有限公司、德国福伊特西门子公司以及英国马尔科姆邓斯坦联合公司等。

（四）大坝设计

大坝设计包括一个197米（约646英尺）高的碾压混凝土堤重力坝，共使用了280万立方米（370万立方码）的水泥。大坝还包括一个陡坡溢洪道，在RCC浇筑完成之后采用传统的钢筋混凝土现浇的方式浇筑而成，位于大坝的中段位置，设计排洪能力为6600立方米/秒。溢洪道宽448英尺（约136.6米），由8个56英尺（约17.1米）宽、39英尺（约11.9米）高的排水口组成。

在江的南岸、大坝底部设有一座装机容量为790兆瓦（4×197.5兆瓦）的发电站，内部装有长510英尺（约160米）、宽148英尺（约45米）和高197英尺（约60米）的涡轮机和发电机。发电站和大坝的设计抗震能力为里氏八级。

发电设施由4个进水口组成，每个进水口由直径22英尺（约6.7米）、长492英尺（约150.0米）的高强度钢管水闸，4个垂直轴流式涡轮机和发电机组以及露天安装的相关电气机械和辅助设备组成。由于传统的钢筋混凝土结构毗邻RCC大坝的上游（东）面，因此，施工单位又修建了4座进水塔。这使得承包商可在RCC施工开始之前在水闸入口的上方修建进水塔，尽量降低对RCC施工活动的干扰。

江的北岸建有一个永久性的导流隧洞，直径10米（约33英尺）、长450米（约1480英尺），用作底部的排水通道。该导流隧洞具有降低水库水位、控制水库蓄水和蓄水期时保持下游河流流量的作用。同时，它还能与溢洪道一起改变密埃江洪水的流向，以及在所有涡轮全部停机的紧急情况下保持河流的流量。

（五）耶涯水电项目在缅甸的企业社会责任

相比于对当地的企业社会责任，项目在本质上更注重员工的安全和保障。项目进行期间未出现重大伤亡，而医疗单位则尽心尽力满足各方面的要求，以便项目能够在预定期限完工。

（六）结束语

- 耶涯水电站是缅甸第一座碾压混凝土大坝，对缅甸来说是一件值得骄傲的事情；
- 大坝在建造时已将当地社区的安全和保障纳入考虑范围之内；
- 相对于这样一个规模巨大的项目，其环境影响评价和社会影响评价可以说是相当薄弱的一个环节；
- 在项目施工期间，除了对工人的安全和保障以及医疗方面的重视以外，当地媒体和公众并未发现项目开展有任何针对当地社区的企业社会责任活动，这不能不说是一件令人遗憾的事情；
- 在研究团队调查走访后发现，项目的主要注意力都放在了向指定地区输送电力这一公共服务上，除了为项目员工提供一些福利待遇以外，并未启动任何企业社会责任方面的计划。项目对当地自然环境造成的破坏较小，同时，项目的运营还产生了良好的经济效益和社会效益。

1. 项目对当地社区的影响

在项目进行期间，大坝附近共有3个村庄被重新安置。因修建大坝而可能导致的洪水会对河流造成破坏，从而对当地村民的生计造成影响，毕竟河流是他们从事捕鱼、耕作和伐木的生活来源。同时，一些古代文化遗址如萨帕乐寺未来可能也会因为洪水而遭到破坏。

2. 附近社区的安全和保障

大坝的设计抗震能力为里氏八级，这表明在施工的同时，当地社区这一因素就已被纳入大坝强度方面的考虑当中了。当降雨量过于丰沛的时候，大坝的溢洪道便会对河流流量进行控制，避免发生特大洪水。考虑到洪水可能引发的灾难，大坝的设计和构造应具备控制洪水发生的能力。

3. 社会效益成果

自2010年水电站投入使用以来，每年有3550亿千瓦时的电力被输送到曼德勒省的区域电网，提供给公、私部门使用。

五 中国公司在缅的石油和原油输送管线项目

中缅石油天然气管道项目（以下简称瑞管道项目）旨在将从中东地区通过轮船运送过来的原油经由缅甸皎漂输送到中缅边境的瑞丽。该项目是由来自中国、缅甸、韩国和印度4个国家的6个投资方共同投资的一个国际项目，项目总投资为44亿美元。

（一）瑞管道项目在缅甸的启动

瑞管道项目又被称为"瑞财团"，因为该项目由缅甸与印度石油和天然气公司维德希有限公司（印度）、印度天然气有限公司（印度）、韩国天然气公司和大宇国际集团（负责在缅甸开展石油业务的唯一运营商）等多方合作共建。项目于2000年8月4日动工。大宇国际集团与缅甸联邦所属的缅甸石油和天然气公司（MOGE）就A-1区签订了一份生产分成合同（PSC）。此后，双方于2004年2月18日就A-3区又签订了一份生产分成合同。

瑞和瑞漂气田的天然气生产主要在A-1区和A-3区的妙气田进行，生产出来的天然气从中央处理平台出发，通过管道输送到距离皎漂东南10公里远的岸上天然气站（OGT），两者之间的距离大约为5公里。根据中国买家和MOGE之间所签订的协议，所购买的天然气将通过陆路管道输送到中国和缅甸的各处国内承购点。从岸上天然气站到中缅边境，该陆路管道一直延伸约792公里，与中缅原油管道的路线几乎相同，因此，它又被称为中缅天然气管道项目。同时，管道的设计、安装和天然气运输等事宜则由东南亚天然气管道公司（SEAGP）负责。

（二）瑞管道项目的企业社会责任活动

在过去的十年中，许多缅甸人已经开始意识到企业社会责任的重要性。"瑞财团"在项目的方方面面始终坚持高水平的道德标准、完整健全的体制和有效的公司治理。项目期间开展了如下的企业社会责任活动。

1. 符合主流的可持续发展和商业道德行为

为当地的经济发展和人民福祉带来持续的好处是项目本身的愿景，为当地的可持续发展做出贡献、开发资源的同时尊重人权以及为后代子孙留下宝贵的遗产是项目本身的宗旨。在项目开展期间，为确保员工安全、尊重人权、保护环境、实现互利共赢，一系列的政策和制度得以制定和有效地执行。全球经验丰富的大宇国际集团是瑞管道项目的运营商，负责领导项目的各项工作。2007年11月，大宇国际集团制定了行为准则，其中明确了价值理念、指导原则和相关标准，涵盖了经营活动的方方面面。项目所关注的企业社会责任如下：

- 健康、安全和环境责任；
- 对当地社区的责任；
- 对所在国的责任；
- 对彼此的责任。

2. 社会经济发展计划

2006年1月，瑞财团启动了他们的社会经济发展计划。瑞财团分别于2006年、2007年、2008年和2009年为社会经济发展计划支出214572美元、179347美元、483973美元和600245美元。本书选取了瑞财团2009年的企业社会责任作为研究对象，因为当年纳尔吉斯灾难就发生在项目所在区域。再者，除了投入金额和部门的不同，所开展的企业社会责任活动大体相同。瑞财团2009年的预算共分为四大部分，分别为投入教育事业的297305美元、投入卫生事业的159670美元、投入救灾计划的96060美元和投入供水等公共事业的47210美元。

图3—1给出了瑞财团2006年至2011年间为企业社会责任活动所支出的金额。虽然2007年支出有所下降，但此后一直到2010年，该项支出都在快速增加。之后，2011年支出又有所下降。下降的原因可能与投资额度和整体收入水平有关。但不管怎样，瑞管道项目终究还是针对当地社区开展了相应的企业社会责任活动。尽管鉴于年代差异，活动的影响和效果也不尽相同，但重要的是，这些在缅甸投资的项目应更注重以多种不同的方式来制订和实施企业社会责任计划。

单位：美元

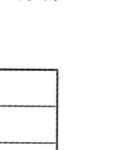

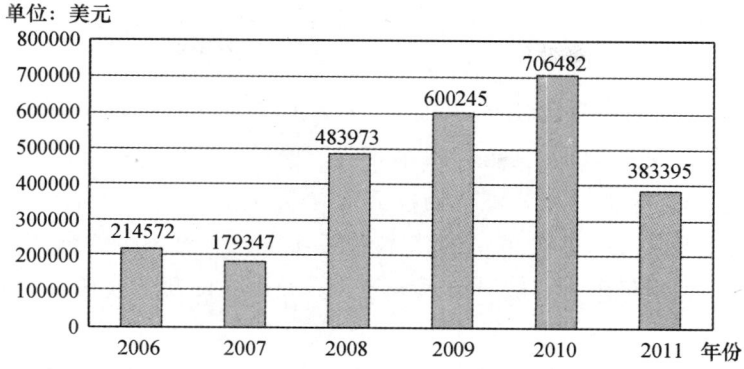

图中数据：
- 2006: 214572
- 2007: 179347
- 2008: 483973
- 2009: 600245
- 2010: 706482
- 2011: 383395

图3—1　瑞管理项目社会经济发展计划预算支出（按年划分）

资料来源：瑞管理项目2009年社会经济发展计划年度报告。

（1）教育事业

• 为一所小学升级基础设施和提供教学用具：位于实兑镇丹雅瓦底区的一所小学原有条件过于简陋，在项目的帮助下，原有校舍被拆除，新的校舍拔地而起。此外，项目还为学校提供了教学用具和供150名学生使用的桌椅。

• 修建一所中学：由于贡锤及其附近村庄学生数量的增加，2008年，项目在原有校舍的基础上加盖了有4间教室的新校舍。同时，对拥有10间教室的主教学楼进行了翻建。2009年，项目又为学校提供了一些桌椅板凳和教学用具。目前，该中学能容纳大约1000名学生就读。

• 修建基础教育第二中学：该中学位于皎漂镇中心，共有600多名学生就读。由于教室相对较小，出于对学生安全的考虑，瑞财团修建了一栋两层楼高、钢混结构的新校舍，共有教室14间。

（2）卫生事业

• 修建重症监护病房：由于皎漂总医院此前没有可用的重症监护病房，而需要这种病房的病人在皎漂就超过2500人，因此，项目于2009年执行社会经济发展计划时帮助医院修建了重症监护病房，提供给病情严重的患者使用。

• 修建农村卫生中心：作为社区发展的一部分，瑞财团在皎漂镇修建了5座新的社区卫生中心，当地有超过2500人因此而受益。

• 提供X光设备和牙科设施：项目修建了一座X光机房，并为结核病门诊和住院部提供了 X 光机，为牙科诊所提供诊疗椅、医疗器械和配件，为北大衮镇医院提供了新的医疗器具。

• 开展防盲、减盲公益活动：为了给因白内障（当地人失明的主要原因）而导致失明的弱势群体带来光明，项目与海伦凯勒国际和缅甸眼保部门合作开展了防盲、减盲公益活动。通过该项公益活动，项目为实兑和皎漂两地医院提供了一些基本的医疗设备和耗材，每年可为当地1000多名白内障患者提供眼部手术服务。如今，该项活动正在向偏远地区覆盖。

• HIV/AIDS 计划：2008 年，瑞财团为位于仰光市郊的一家专科医院（明加拉顿）加盖了 2 栋建筑。扩建后的医院拥有 50 张床位，主要为 HIV 门诊及住院病患提供医疗服务。通过该项计划，项目为缅甸艾滋病商业联盟捐赠物资，其中包括提供抗扭转录病毒治疗（ART）药物，为 2006 年以来因感染 HIV 病毒而住进仰光另外一家专科医院（瓦伊巴基）接受治疗的儿童提供帮助。

（3）环境和供水事业

• 升级改造供水设施、提供新的水源：由于此前的设施无法为实兑镇日益增长的人口（约 15 万）提供足够的淡水，项目在 2008 年就启动了复兴计划。该项计划是与当地社区、实兑镇发展委员会和实兑灌溉部门联合展开的，大坝的水位被提高了 5 英尺，同时还新修了一座带有混凝土溢洪道的土坝。该项计划使当地 2000 多户居民受益，同时，也在 2008—2009 年间为当地居民提供了就业机会。

（4）纳尔吉斯救灾活动

2008 年 5 月 2 日，强热带风暴纳尔吉斯袭击了缅甸，给三角洲地区造成了严重破坏。对此，瑞财团开展了广泛的救灾活动，为灾情严重的地区，尤其是坤千贡镇和高穆镇的受害者提供帮助。活动收到了以下成果：

• 修缮了陶卡索阿小学；

• 修建了陶凯孤儿院；

• 修建了唐坤村；

• 为高穆镇医院修建了 X 光机房；

• 为坤千贡和高穆镇医院引入了牙科诊所；

第三章　基于政府组织及其对应部门的企业社会责任 / 35

　　● 为坤千贡和高穆镇医院提供了包括 ECG 和 X 光机等在内的医疗设备；
　　● 为坤千贡镇医院提供了水处理系统并修建了储水池；
　　● 为坤千贡镇通加村安装了供电设施。
　　综合上述介绍，我们可以通过图 3—2 和图 3—3 来具体了解一下瑞财团在企业社会责任活动方面的详细支出情况。

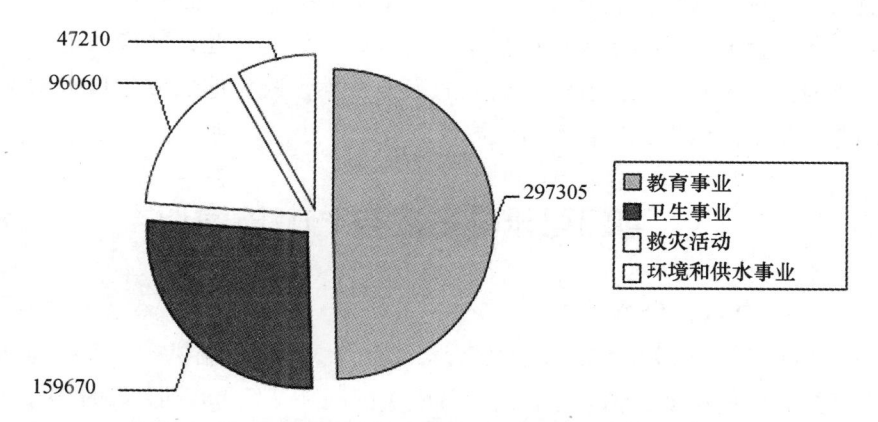

图 3—2　企业社会责任活动预算（按部门划分）单位：美元

教育事业：297305
卫生事业：159670
救灾活动：96060
环境和供水事业：47210

资料来源：瑞财团 2009 年社会经济发展计划年度报告。

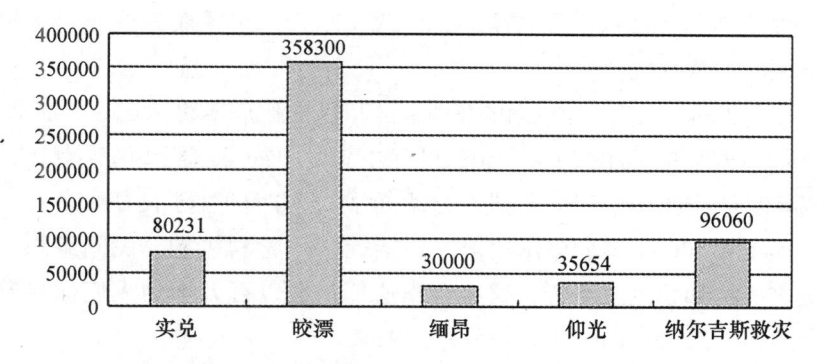

图 3—3　企业社会责任活动预算（按地区划分）单位：美元

实兑：80231
皎漂：358300
缅昂：30000
仰光：35654
纳尔吉斯救灾：96060

资料来源：瑞财团 2009 年社会经济发展计划年度报告。

（三）结束语

　　● 自 2006 年以来，瑞管道项目社会经济发展计划就一直开展履行企业社会责任的活动；

● 尽管瑞管道项目确实做出了较大的努力，但是当地社区，尤其是皎漂镇的 20 多个村庄对瑞管道项目仍然存在争议和不满，所以瑞管道项目应对其企业社会责任活动的成效重新进行评估；

● 管道沿线村庄的征地补偿、农村发展和用电效率有待重新审视；

● 瑞管道项目所出产的天然气于 2013 年 7 月 28 日正式开始向中国输送，这对于围绕管道项目而产生的争议来说可谓是一种改善；

● 瑞管道项目必须保持对企业社会责任计划的关注，并应通过制订更好的计划来服务于管道沿线地区的当地百姓，避免他们成为项目的威胁者，而促使他们成为管道的保护者。

六　可口可乐基金会与 Pact 的合作

（一）Pact 的沿革

Pact 成立于 1971 年，是美国私人自愿组织的会员制机构，旨在向从事救援和发展援助的私人自愿组织分配美国国际开发署提供小额赠款。

直到 20 世纪 80 年代初，Pact 开始以有关机构提供的小额发展赠款帮助非政府组织和支持性机构。1985 年，Pact 向当地非政府组织开放会籍。1992 年，Pact 取消了会籍制，修改了章程，正式成为注册于哥伦比亚特区的非营利机构。

目前，Pact 在撒哈拉以南的非洲地区和遍及亚洲的 25 个国家开展活动，在亚洲、欧洲和非洲的 20 多个国家设有办事处。Pact 致力于以综合性方式从事国际发展活动，在卫生、就业和自然资源管理方面产生了良好影响。

Pact 有 10000 多个合作伙伴，包括社区非营利机构、民间组织、村镇政府机构和公民志愿者，这些合作伙伴与数以百万计的人们保持着合作，对他们来说，Pact 代表着美好的未来。

Pact 的许多工作得到了若干国家援助机构的支持，这些国家援助机构包括美国国际开发署、英国国际开发署、国家援助机构、瑞典国际发展合作署、丹麦国际开发署和澳大利亚政府海外援助项目组，它们为 Pact 的许多工作提供了资金。

一些基金会和企业也是 Pact 的合作伙伴，如比尔和梅琳达·盖茨基金会、可口可乐基金会和雪佛龙公司，它们为 Pact 从事的许多项目提供了资助。

（二）可口可乐基金会与 Pact 在缅甸的合作

自 1997 年以来，Pact 一直在缅甸从事卫生、就业、社区发展、小额信贷和粮食安全方面的项目；目前，Pact 正与美国国际开发署、丹麦国际开发署、雪佛龙公司、可口可乐公司以及当地 13300 多个机构和社区团体合作，继续在这一新兴的民主国家开展各种具有长远影响的项目。

仅在 2012 年，Pact 就为缅甸将近 100 万人改善了医疗卫生服务。对于缅甸这样一个在医疗卫生领域投入很少的国家来说，这无疑是一个巨大的成就。Pact 帮助村庄提高自我发展能力，如培训能确诊并治疗结核病的"结核病大师"，组建旨在学习良好的分娩和养育方法的母亲团体，建造旨在避免腹泻蔓延的无蝇厕所，建立社区主导的村庄卫生与发展基金。该基金旨在向村民提供贷款，以增加其收入，同时提供用于医药、供电、学校和道路等公共需要的资金。

Pact 推行的"沃斯"项目是一个曾获奖的储蓄主导型信贷项目，是其在缅甸执行的三个项目的核心。"沃斯"项目旨在促使妇女建立透明的储蓄和信贷团体，使她们熟悉开办微型企业所必需的金融业务。迄今为止，"沃斯"项目已有 627 个储蓄团体，拥有会员近 15600 人。

Pact 在缅甸开展的广泛性和综合性活动还包括在应对自然灾害方面的关键性作用。2008 年发生纳尔吉斯风暴后，Pact 向受灾最重的地区提供饮用水、医疗服务、食物和住处。目前，Pact 正推行面向弱势家庭的就业和食物安全项目，以加强社区对突发事件的抵御能力。

Pact 在缅甸的活动具有可持续性的明显特征。Pact 从其开展活动的村庄撤离若干年后，它帮助组建的社区机构仍会继续活跃在当地。根据 2012 年 6 月 20 日来自华盛顿的消息，Pact 在缅甸推行的"沃斯"项目获得可口可乐基金会 300 万美元的赠款。可口可乐基金会是可口可乐公司下属的慈善机构。

缅甸在吴登盛总统领导下迅速进行经济改革和民主改革。60 多年来，可口可乐公司从未在缅甸开展业务。美国政府发布允许本国公司在缅甸投资的政策后，可口可乐公司希望在这里开展业务。

"沃斯"项目鼓励最多由25名妇女组成的小型团体依靠她们的共同储蓄建立旨在向自身成员创业提供低息贷款的村庄银行。这些妇女不仅可从其创办的小型创业中为其家庭取得更多收益和从其投资的村庄银行取得股息，还能从中学会阅读、计算和如何应对公共健康问题，并在社区事务中发挥影响。

迄今为止，"沃斯"项目已在缅甸的31个镇中推行，惠及将近60万人。

与Pact一样，可口可乐公司也努力造福于当地。该公司的通常做法是在其开展业务的每个市场，都将自身作为当地企业开展业务，包括在当地销售、经销、制造和聘用员工。可口可乐公司是与Pact合作以帮助当地贫困者解决长远性生计的公司。

（三）Pact在缅甸的企业社会责任活动

1. 促进社区活力

缅甸是世界上最贫穷的国家之一，这里的贫困村庄普遍存在着健康问题，疾病夺去了无数婴幼儿的生命，缩短了人们的寿命，剥夺了人们的尊严和希望。2003年，雪佛龙公司和Pact决定相互合作，帮助这些贫困村庄解决普遍存在的健康问题。

十几年过去了，正当缅甸以崭新的姿态走上世界舞台之际，位于偏远的干旱区的1000多个村庄终于迎来了希望的曙光。在雪佛龙公司和Pact的共同努力下，数以万计的无蝇厕所被建造，从而减少了腹泻病的发生。在经过培训的乡村志愿者预防、治疗和护理下，肆意蔓延的结核病、疟疾和艾滋病得到了遏制。同时，数以百计的母亲团体引导其成员学习现代哺育方式，提高了下一代的健康水平。此外，妇女们还联合起来成立储蓄团体，改善了自身的生计。

纪实影片《雪佛龙公司与Pact：通过合作提高当地社区的能力》回顾了十几年来不同寻常的公私合作历程。当时，跨国公司或国际非政府组织很少被允许进入缅甸。该纪实影片完全是在当地拍摄的，其中包括采访雪佛龙公司和Pact雇员的场景，他们自项目开展以来就在这里并肩工作。观众可以看到很难见到的偏远村庄的生活——这些村庄是如此偏远，以至于对许多村民来说，Pact的拍摄人员是他们首次见到的外国人。

纪实影片《雪佛龙公司与 Pact：通过合作提高当地社区的能力》展现了雪佛龙公司的詹姆斯·阿伦先生在影片中所称的"健康优先于致富"模式。人们首先需要有健康的身体，然后才能为过上体面的生活而打拼。十几年过去了，缅甸干旱区的人们终于将二者都变成了现实。

2. Pact 在缅甸的减贫项目

在缅甸的五个民间组织即将为偏远和处于隔绝状态的社区农民和妇女提供 300 万美元以上的借款。这应归功于 Pact 全球小额信贷基金和 LIFT 提供的培训和咨询服务。Pact 全球小额信贷基金是缅甸最大的非营利性贷款机构，LIFT 是由联合国项目服务办公室管理的多方捐赠基金。

2012 年 12 月 24 日，五家新成立的当地信贷机构中为首的两家做出正式决定，允许 Pact 向其转让资金。上述各机构在 2013 年 2 月的第一周开始放贷。2013 年，Pact 与另外 4 家社区团体合作，使它们成为符合缅甸新的小额信贷法规规定的小额信贷机构。

缅甸农村信贷促进项目旨在保证上述 9 家新成立的小额信贷机构提供大约 27000 笔农业贷款，同时专门向妇女另行提供近 18000 笔贷款，以便她们扩大非农业经济活动或创办新企业。该项目覆盖三角洲地区和干旱地区的大约 900 个村庄。

阿泳乌（Ar Yone Oo）社会发展协会是一个自 2008 年以来一直致力于三角洲地区穷人的机构，是向 Pact 提出申请，希望成为小额信贷机构的数十家机构之一。Pact 全球小额信贷项目致力于与每个潜在的小额信贷机构合作，提高其业务技能，改善其组织机构，以便其提供高质量的小额信贷服务，保证其在发展贷款业务的同时保持小额信贷的可持续性，不断将 Pact 的小额信贷业务发扬光大。

Pact 全球小额信贷项目的上级机构 Pact 是目前仍活跃在缅甸的服务时间最长的国际非政府组织，早在 1997 年就已经在缅甸开展贷款业务。缅甸通过关于小额信贷的首部法律后，Pact 于 2012 年成立了 Pact 全球小额信贷项目，以便向更多需要小额信贷的人们提供服务。Pact 目前在缅甸约有 50 万借款人，其中 99% 是妇女。

随着缅甸经济的发展，小额商业贷款需求急剧增长。联合国开发计划署估计，目前缅甸小额信贷需求量高达 6 亿美元，但仅有 10% 得以满足。

（四）结束语

· Pact 的合作模式使本机构更为强健、更有成效；

· 在企业社会责任方面，Pact 强调把满足当地社区的需求作为自身的核心理念；

· Pact 是目前在缅甸开展活动的最大的国际非政府组织，十几年来一直服务于妇女和家庭；

· 可口可乐公司早在本项目开始前就抓住机会进入了缅甸；

· 企业社会责任工作的开展改善了本公司在当地社区的形象；

· 市场寻求方法是以社区可持续性协助为基础的；

· 到撰写本书时，可口可乐公司已在缅甸开展投资活动，Pact 诸项目将成为这一新市场的重要推动力量。

第四章

官方开发援助计划诸项目和软贷款下的企业社会责任

一 日本官方援助计划下的基础设施项目

在本节中,我们将探讨日本官方援助计划,并对日本国际协力机构进行个案研究。日本国际协力机构是日本官方援助计划的最大支持性机构,承担了在缅甸的许多开发项目。

(一)日本国际协力机构简介

名称:日本国际协力机构
负责人:田中明彦
总部:1 – 6th floor, Nibancho Center Building 5 – 25, Niban-cho, Chiyoda-ku, Tokyo 102 – 8012, Japan.[以下为最近的车站] • Yurakucho Line Kojimachi 站(5 号出口;步行 2 分钟) • JR Line Yotsuya 站(Kojimachi 出口;步行 7 分钟) • Marunouchi Line 和 Namboku Line Yotsuya 站(1 号和 3 号出口;步行 8 分钟) • Hanzomon Line Hanzomon 站(5 号出口;步行 9 分钟)
日本和国际合作署研究所:10 – 5, Ichigaya Honmura-cho, Shinjuku-ku, Tokyo 162 – 8433, Japan, Tokyo
电话: +81 – 3 – 3269 – 2911
成立时间:2003 年 10 月 1 日

续表

全职员工：1842 人（截止到 2012 财年末的估计数）
目标：日本国际协力机构是根据《行政机构法人法·日本国际协力机构》（2002 年第 136 号法律）成立的，旨在促进国际合作，通过扶持发展中国家社会经济发展、恢复或经济稳定，促进日本和全球经济的健康发展

（二）在缅甸的投资项目

日本目前正在缅甸和本地区其他国家广泛开展官方发展援助活动，此举似在弥补其在第二次世界大战期间所犯的罪错，也有助于其实现成为联合国安理会常任理事国的愿望。日本还希望借此与中国保持力量均衡。从表4—1可以看出，日本已成为在缅甸开展官方发展援助活动的第二大国。

表 4—1　发展援助委员会成员国和国际组织向缅甸提供的官方发展援助金额（净支出）　　单位：百万美元

年份	2006	2007	2008	2009	2010
1	日本	日本	英国	英国	日本
	30.84	30.52	82.35	53.14	46.83
2	英国	英国	美国	日本	澳大利亚
	13.47	17.97	71.59	48.28	44.4
3	美国	美国	澳大利亚	美国	英国
	10.94	15.35	47.14	35.22	44.17
4	韩国	澳大利亚	日本	挪威	美国
	8.53	12.94	42.48	18.88	31.28
5	挪威	瑞典	挪威	澳大利亚	挪威
	8.05	11.38	29.64	17.89	21.71
日本	30.84	30.52	42.48	48.28	46.83
合计	100.51	129.81	421.79	233.99	248.13

资料来源：经合组织/发展援助委员会。

2013 年 6 月 7 日，日本国际协力机构和缅甸政府就一系列"以人为本的发展"项目达成了协议，这些项目旨在协助进行基础设施开发，以促进当地居民生活条件的改善和经济活动的开展。这些项目如表4—2所示，日本国际协力机构提供的总投资为510.52亿日元（约合5.2827亿美元）。

表4—2　日本国际协力机构对三个主要项目的官方发展援助金额

项目名称	金额（百万日元）	年利率（%）项目	年利率（%）咨询服务	还款期（年数）	宽限期（年数）
（1）区域减贫发展项目一期工程	17000	0.01	0.01	40	10
（2）紧急恢复和升级改造项目一期工程	14052	0.01	0.01	40	10
（3）迪洛瓦地区基础设施开发项目一期工程	20000	0.01	0.01	40	10

上述三笔贷款是恢复日本国际协力机构在缅官方发展援助贷款业务以来为缅甸提供的首次贷款业务，此前该业务停办了25年。这些贷款体现了日本国际协力机构对2011年3月成立的缅甸新政府倡导的以以人为本的发展为核心的改革事业的支持。

区域减贫发展项目一期工程旨在进行道路、供电、供水等基础设施的开发，以改善当地人民的生活条件，促进当地的经济和社会发展。

紧急恢复和升级改造项目一期工程旨在对仰光现有的供电系统进行恢复和升级改造，以满足当地居民、学生、医院和企业的用电需求。

迪洛瓦地区基础设施开发项目一期工程旨在对即将成立经济特区的区域进行供电、港口等基础设施的开发，以便吸引更多的外商直接投资，创造更多的就业机会。这些项目有助于缅甸人民分享实实在在的改革成果。

作为缅甸的长期合作伙伴，日本国际协力机构将继续为缅甸提供更多的援助，坚持援助数量和质量并重的原则，促进缅甸的经济和社会发展。

（三）企业社会责任活动

日本国际协力机构开展的企业社会责任活动如下：

1. 教育
- 加强以儿童为中心的教育模式二期工作（已于2011年完成）；
- 人力资源开发课题二期工作（正在落实）。

2. 卫生
- 主要传染病控制项目（已于2012年完成）；
- 主要传染病控制项目二期工作（正在落实）；
- 加强基层卫生工作者培训团队的能力建设（正在落实）；
- 传统医药项目（已于2008年完成）；
- 面向社区的生育健康项目（已于2010年完成）；
- 儿童健康与营养项目（已于2009年完成）。

3. 水资源管理和灾难应对
- 中部干旱区农村供水技术项目（已于2009年完成）。

4. 社会保障
- 加强恢复项目（正在落实）；
- 支持性社会福利管理——促进聋人群体的社会参与（已于2011年完成）；
- 支持性社会福利管理——促进聋人群体的社会参与二期工作（正在落实）；
- 协助被拐卖人员康复和重新融入社会的能力建设项目（正在落实）。

5. 农业和农村发展
- 优质稻种的参与性繁育与经销系统开发项目（正在落实）；
- 果敢第一特区取缔罂粟和削减贫困项目（已于2011年完成）；
- 农业推广人力资源开发项目（已于2011年完成）；
- 掸邦南部社会共同体自我发展项目（正在落实）。

6. 自然环境保护
- 为促进植物多样性保护和植物资源可持续利用而对缅甸员工进行教育和培训（已于2009年完成）；
- 在缅甸西部钦邦林业人员和村民中广泛开展繁育本地药用兰科植物和高附加值经济植物的教育（正在落实）；
- 伊洛瓦底江三角洲红树林全面性恢复和管理项目（正在落实）。

7. 减贫
- 中部干旱区减贫项目农业和农村可持续发展研究（已于2010年完成）。

8. 渔业

• 推广小规模水产养殖，以促进缅甸农村社区生活条件的改善（正在落实）。

9. 基础设施

• 恢复仰光港口和缅甸联邦内陆水运系统的紧急项目（正在落实）。

（四）结束语

• 日本国际协力机构是在缅甸履行企业社会责任最好的机构之一，因为它是本着忠实地造福于缅甸人民的宗旨而开展活动的；

• 该机构长期以来一直致力于缅甸的社会经济发展，以期对第二次世界大战期间的罪错进行弥补；

• 该机构促进农业发展的项目涵盖缅甸大部分地区；

• 预算金额只是冷冰冰的数字，但其产生的成效却是实实在在的；

• 在缅甸遭受西方封锁期间，日本国际协力机构利用自身的优势为大约6000名学生提供了帮助；

• 日本国际协力机构目前在缅甸做出了很大努力，以后应制订切实可行的计划，为更多贫困地区创造就业机会；

• 该机构开展项目时，应认真执行其企业社会责任政策，努力造福于当地居民，特别是偏远地区的居民。

二　中国软贷款下的诸项目

（一）亚洲世界有限公司的沿革

亚洲世界有限公司的创立者罗星汉是果敢汉人，现已去世。他创建的亚洲世界集团除亚洲世界有限公司外，还有另外10家公司，目前仍在运营的六家子公司是独立码头、亚洲之光、亚洲世界公司、亚洲世界实业公司、亚洲世界港口管理公司和利奥快捷公交公司。

亚洲世界有限公司（由若干商贸公司组成）

地址：61-62, Bahosi Housing, Wardan St., Lanmadaw Tsp, Yangon

续表

电话：（01）225271，225371	
电子邮箱：awi@asiaworld.com.mm	
业务范围：建筑、基础设施、能源、制造、进出口、零售	
创立时间：1992年6月5日	
创立人：罗星汉（已去世）、斯蒂文·劳（吞敏奈）	
总部：缅甸仰光、新加坡	
关键人物：罗星汉、斯蒂文·劳（吞敏奈）、Cecilia Ng（Ng Sor Hong）	
业务机构：亚洲世界公司	
子公司：亚洲世界有限公司、亚洲世界港口管理公司、亚洲之光、果敢新加坡有限责任公司、戈登亚伦有限责任公司	

亚洲世界有限公司包括以下企业和业务：

- 亚洲之光超市——仰光拉马都镇；
- 亚洲世界实业有限公司——仰光莱工业园；
- 亚洲世界迪洛瓦深海港；
- Hledan中心公寓——仰光；
- 商贸酒店——仰光；
- 塞多纳酒店——仰光彦钦镇；
- 塞多纳酒店——曼德勒；
- 缅甸啤酒酿造有限公司——仰光敏加拉东镇。

（二）在缅甸开展的项目

亚洲世界有限公司是建设缅甸新首都内比都的两个主要承包商之一［另一承包商为图（Htoo）集团公司］，地标式国家花园也属于新首都的建设范围。该公司在新加坡CPG咨询公司技术协助下，承担了内比都机场的开发建设。内比都机场已于2011年12月19日投入使用。

- 亚洲世界有限公司取得政府授予的旨在修复"缅甸公路"的建设—运营—转让协议后，自1998年起负责收费站的经营。"缅甸公路"是通往中国的贸易要道。
- 这一投资3300万美元的项目将种植罂粟的掸邦地区与中国连接

起来。

●2000 年，亚洲世界有限公司建造了连接港口城市勃生到度假胜地维桑海滩的公路干线。

●2007 年 7 月，亚洲世界有限公司宣布将在若开邦皎漂的马德岛建设深海港；亚洲世界有限公司曾承担仰光国际机场扩建项目，包括建造新的国际候机楼（已于 2007 年 5 月投入使用）和延长现有飞机跑道（已于 2008 年 7 月竣工）。

●亚洲世界有限公司是参与开发仰光附近占地 5 万英亩（约 2 万公顷）的迪洛瓦经济特区的 18 家缅籍机构之一。

●亚洲世界有限公司参与了仰光若干超市、办公楼、公寓和道路的施工工程；2011 年，该公司与仰光市发展委员会合作进行了滨河路升级改造工程。该公司还涉足服装业、啤酒生产（虎牌啤酒）、造纸、棕榈油和基础设施开发。自 2000 年以来，该公司还经营着位于仰光亚弄镇的港口。

●1996 年，亚洲世界有限公司的罗星汉与香格里拉酒店和度假村集团的郭鹤年合资兴建了位于仰光的商贸大酒店，亚洲世界有限公司持有该酒店 10% 的股份。

●2010 年 7 月，缅甸政府授予亚洲世界有限公司经营与管理仰光国际机场的权力，包括征收离境税的权力。

●2010 年，亚洲世界有限公司取得在迪洛瓦和仰光港口建立 13 个防波堤的合同。

●2011 年 2 月，亚洲世界有限公司被指定为土瓦经济特区的投资人，该经济特区目前正处于规划中，由 Italthai 实业集团负责开发。

●2011 年 8 月，亚洲世界有限公司成为经政府特许的进口燃料在境内销售的四个公司之一。

（三）亚洲世界有限公司在缅甸的企业社会责任活动

1. 仰光滨河路改造工程

为缓解仰光闹市区因集装箱运输和卡车通行造成的交通问题，亚洲世界有限公司承担了滨河路滨河大酒店附近路段的改造工程。

滨河路是仰光闹市区的主干道，它与仰光河平行，自西向东横贯市区。滨河路附件有许多重要的政府办公楼，如商贸部大楼、法院和英国大使馆。滨河大酒店也在滨河路附近，这是一个五星级酒店，建于1901年。2011年，亚洲世界有限公司与仰光市发展委员会合作，承担了滨河路改造工程。该工程是在从波达堂镇到克耶敏丹镇共9公里的路段上增设若干车道（同时建造一段双轨铁路）。该工程需拆除包括公寓楼、政府办公楼和仓库在内的182座建筑。

新公路和老公路分别位于仰光河两侧，新公路主要用于通行重型车辆，以减轻老公路的压力，同时方便了两岸人士的出行。

2. 仰光国际机场改造工程

仰光国际机场位于敏加拉东，距仰光市中心约15公里。亚洲世界有限公司参与了该机场主要扩建项目，包括建立新的国际候机楼和延长现有的飞机跑道。新的国际候机楼已于2007年5月投入使用，飞机跑道延长工程已于2008年7月竣工。随着旅客数量的增加，机场扩建后也面临着越来越大的压力，尽管如此，新机场自投入使用以来一直为便利国内外旅客往来发挥着重要作用。

（四）结束语

● 作为对任何组织不持任何偏见或偏袒态度的第三方研究机构，我们发现亚洲世界有限公司虽然在缅甸承揽了众多大型项目，但没有开展任何具体的企业社会责任活动；

● 我们对被研究对象的背景及其从事的业务不做任何判断，只是根据自身的研究结果建议亚洲世界有限公司以恰当方式、切实有效地承担对当地社区的企业社会责任；

● 也许，亚洲世界有限公司曾承担过某种形式的企业社会责任，但缅甸人民越来越强烈地要求亚洲世界有限公司在开展项目过程中以透明化的方式履行自身的责任。

三 美国国际开发署开展的项目

本节重点介绍美国国际开发署在缅甸的援助活动，以便对四个机构进行比较。美国国际开发署在缅甸过去在相当程度上处于停顿状态，现已重新启动其工作机构和援外项目，决心在这方面有所作为。

（一）简介

美国国际开发署是负责全球范围内对外经济援助和人道主义援助的独立性联邦机构。

美国国际开发署与个人、政府和其他机构合作，致力于受援国的经济和社会可持续发展，表现在避免用尽当地的资源，不损害当地的经济、文化或自然环境，长远性地提高当地社会的凝聚力和生产力，帮助当地机构提高公民的参与能力和自主权利。

美国国际开发署的活动集中于与可持续发展有重大关系的以下六个领域：环境、人口与健康、民主、全面经济发展、人道主义援助、灾难后过渡阶段的扶持。

（二）美国国际开发署的沿革

在马歇尔计划取得成功的基础上，美国总统杜鲁门于1949年提出了国际发展援助计划。1950年通过的"第四点计划"重点在于以下两个目标：一是通过削减发展中国家的贫困和提高其生产能力，以便为美国提供新的市场；二是通过帮助这些国家在资本主义制度下繁荣起来，以削弱共产主义的威胁。

1952—1961年，美国对外援助的主要方式是技术援助和基建项目，这是美国对外政策的关键部分。在这段时间内，美国国际开发署尚未成立，但美国政府领导人建立了若干类似性质的机构，包括共同安全署、美国援外管理署和国际合作管理署。

鉴于有必要成立一个单独的机构，以全面管理对外国的援助，促进其经济和社会发展，肯尼迪总统于1969年11月3日签署颁布《对外援助法》和成立国际开发署的行政令。2011年11月3日是美国开始提供对外经济援助50周年纪念日。国际开发署的工作人员及其文化素养一如既往地体现着美国的核心理念，这些核心理念来源于他们坚信自己所从事的事业的正义性。美国国际开发署自开展工作以来，向许多国家提供了国际发展援助。肯尼迪总统和约翰逊总统执政期间被称为"发展的十年"。

20世纪70年代,美国国际开发署对外援助的重点开始从技术援助和基本建设援助转向以"人的基本需要"为重点的援助模式,这主要体现在食物与营养、人口规划、健康、教育和人力资源开发等方面。

20世纪80年代,美国国际开发署对外援助重在稳定货币与金融体系,促进发展中国家经济政策和经济体制的市场化。这一期间,美国国际开发署一直致力于大众化经济发展,强调通过农业复兴和扩大内需增加就业机会,提高居民收入。

20世纪90年代,美国国际开发署的重点任务是促进发展中国家可持续发展,帮助这些国家提高人民的生活质量。这一期间,美国国际开发署根据受援国的具体经济情况确定对其发展援助的方式,这意味着发展中国家可取得综合性援助,处于过渡时期的国家可取得为应对危机所必需的帮助,难以直接获得美国国际开发署援助的国家可通过非政府组织取得其提供的援助。自1989年柏林墙倒塌以来,美国国际开发署在规划和实施对外援助方面发挥着主导作用。美国国际开发署开展的诸项目旨在帮助受援国确立以开放的市场导向型经济体制为特征的民主政体。

21世纪的最初十年,美国国际开发署及其对外援助方式有了新的变化,政府领导人再次呼吁该机构改革从事对外援助活动的方式。正当美国在阿富汗和伊拉克的战争进行得如火如荼之际,美国政府领导人呼吁该机构帮助这两个国家重建政府、基础设施、民间社会和卫生与教育等基本服务。该机构在帮助这两个国家进行重建的过程中,始终注重援助资金的优化分配,以便取得最大的成效。该机构开始积极寻求新的合作伙伴,包括私营部门和基金会,以扩大对外援助的覆盖范围。

目前,美国国际开发署的工作人员在100多个国家开展工作,努力践行肯尼迪总统50年前确定的总体目标:推行以扩大民主和自由市场为目标的对外政策,同时向为争取美好生活,从灾难中奋起或为建立自由民主的国家而努力奋斗的人们伸出援助之手。关心其他国家及其人民的福祉是美国对外援助的显著特征。

(三)美国国际开发署在缅甸的工作

美国于1950年首次对缅甸提供援助,在以后的40年也时断时续地向其提供援助。1988年军政府上台后,美国停止了对缅甸的援助。数十年来，美国国际开发署提供的资金主要用于泰国境内的缅甸流亡团体和难民的健康和教育项目。美国国际开发署在缅甸境内开展的项目主要是人道主义援助和促进民主与民间社会发展的活动（如为独立媒体提供资金）。2011 年 5 月，美国国际开发署宣布了旨在改善缅甸中部地区农业、儿童健康、供水和卫生条件的 5500 万美元援助计划，这是美国国际开发署数十年来在缅甸开展的第一个大规模项目。美国通过联合国机构（如世界卫生组织、粮农组织）和国际非政府组织（如联合国开发计划署与 Pact 联合办事处）向缅甸提供资援助资金。

自 2000 年以来，美国国际开发署一直向缅甸提供人道主义援助。2008 年，帮助缅甸应对纳尔吉斯风暴造成的灾难。自 2008 年以来，美国国际开发署一直在泰缅边境、伊洛瓦底江三角洲和缅甸中部地区开展人道主义援助项目。

鉴于缅甸目前正处于过渡时期，美国国际开发署认为有必要创造机会与当地机构和组织直接接触，以支持政治改革，促进民族和解，加强有助于改革的人士和机构的力量。

美国国际开发署在进行上述直接接触过程中，重新确定了其在缅甸境内的使命，以便与缅甸人民进行切实有效的合作，满足他们的迫切需要。美国一直致力于增进缅甸人民的福祉，在此基础上进行的直接接触有望取得良好的效果。

为鼓励缅甸政府继续其改革进程，美国在 2014 财年向缅甸提供 7540 万美元的援助，比 2012 财年增加 2880 万美元，这是一个很大的增加幅度。

（四）结束语

• 1988—2010 年，由于对缅甸军政府的政治封锁，美国国际开发署没有在缅甸开展直接活动；

• 美国总统和美国国际开发署署长在对缅甸进行正式访问时，表明了重新在缅甸开展活动的强烈愿望和决心；

• 美国国际开发署在世界上许多国家开展发展援助项目，积累了丰富的经验，这有助于加快在缅甸的工作；

• 美国国际开发署在当地的社会责任是以民主化和人权为基础的，但始终把可持续的社会福利和环境作为优先工作领域。

第五章

非政府组织、国际非政府组织和其他 援助机构在当地的社会责任

一 联合国开发计划署对穷人的小额信贷项目

（一）简介

目前，联合国开发计划署在缅甸的小额信贷项目的客户超过44万人，其中97%是妇女，放贷总额2950万美元。该项目的客户和放贷金额分别占缅甸小额信贷业的92%和93%。该项目是世界上最大且最成功的项目之一，在全世界所有小额信贷项目中排名第20位。小额信贷业务对穷人有显著影响，尤其是妇女受益良多，她们靠小额信贷开创了业务，有了独立的收入，在家庭和社区事务中发挥着越来越大的影响，自信心和社会地位也有了一定提高。

（二）联合国开发计划署的沿革

根据1999年《缅甸金融机构法》，金融机构不得在客户未提供担保的情况下放贷。所有银行贷款都必须以不动产和一定金额的存款为担保。数以百万计的小型和微型企业因无力向银行提供担保，只能向非正规的放贷者借款，月利率一般为10%左右。农场工人和无稳定工作的体力劳动者则以类似的利率向雇主借款预支工资，预支工资也应向雇主支付利息，不过利率较低。

联合国开发计划署在缅甸的小额信贷项目开始于1997年，是该机构在缅甸11个镇实施的人本发展项目的组成部分。该项目的主要目标是帮

助当地发展自我管理、自我撑持的小额信贷业务，以满足当地贫困家庭的需要。

联合国开发计划署在缅甸的小额信贷项目有以下三个主要目标：
- 建立为穷人服务的信贷和储蓄性金融资本；
- 筹办从事小额信贷业务的金融机构；
- 促进大众化小额信贷额业务的兴起。

小额信贷有多种模式，为充分利用来自不同模式的小额信贷经验，在缅甸开展的小额信贷项目最初是以若干国际非政府组织分别实施的——格莱珉信托负责三角洲地区，Pact负责干旱地区，Gret负责掸邦地区；这些机构之所以被选择，是因为它们以前曾在相应的地域开展过这方面的业务。不过，这些机构基本上遵从基于团体放贷程序的格莱珉模式。2005年3月，为将上述三个方面的业务纳入统一的整体，有关各方决定由Pact独自负责上述三个方面的业务。

小额信贷项目旨在向村镇贫困人员提供金融和非金融服务。该项目面向"无缘享受银行服务"的贫困人员，如妇女、无地可种的人员以及其他被边缘化的弱势群体。该项目着眼于以下三个方面：降低小额信贷服务的门槛；采用团体贷款模式；开展旨在扶持小型创业和小型业务的金融服务，刺激小型创业的发展。该项目采用的"团体贷款模式"以格莱珉模式为基础，根据当地特点进行必要的变通。这种模式基于如下理念：团体的力量大于个人，而且在团体内易于形成相互激励的文化氛围，因而相对于个人来说，团体更容易成功。

贷款是向团体中的个人提供的，个人负责及时清偿贷款。贷款的用途不限，每个人都可以将自己取得的借款投入到自己选择的业务。贷款金额一般很小，通常为60美元，然而对于急需用钱的人来说，这足以纾解他们的燃眉之急。而且，清偿以前的贷款后，随着业务的扩大，他们有资格取得更大金额的贷款。该项目还向客户提供教育、医疗卫生等社会性贷款。自愿储蓄也是小额信贷服务的重要内容。该项目以适当的方式向当地居民提供适当的贷款服务，以帮助他们改善生活条件。

小额信贷没有来自任何方面的补贴，但与其他贷款机构相比，小额信贷的利率并不高（2013年为每月3%），利率水平是本着弥补管理费用、保持财务和机构运转的可持续性以及在某种程度上抵减通货膨胀的考虑设定的。

小额信贷的贷款清偿方式是灵活多样的，每个人都可以根据自己选择的贷款类型选择适当的清偿方式。小额信贷的贷款通常采用分期偿还的方式，还款期限由双方约定（如每周、每两周或每月偿还一次）。一个重要的例外是农业贷款，该贷款采用大额尾付方式，即大额尾付金额在农作物收获季节一次性偿还，从而清偿全部贷款。小额信贷采用"集体担保"的方式，也就是说，如团体中的某一个成员违约，他/她拖欠的金额由其他成员负责清偿。联合国开发计划署小额信贷项目的偿还率通常为98%。

一些国际非政府组织也提供小额信贷服务，作为其根据与政府主管部门达成的谅解备忘录实施的减贫项目的组成部分。最近，一些半官方机构和政府支持的非政府组织在市区外围区域试行某种基于群体的小额信贷服务。就地理覆盖范围而言，包括联合国开发计划署小额信贷项目在内的机构小额信贷业务已在缅甸330个镇中的46个镇推行，受益村庄约6000个。2009年，农村地区有10000多人加入小额信贷项目，2010年的增长趋势与此类似。

2008年5月2日，纳尔吉斯风暴席卷缅甸南部低洼地区，导致数以千计的人死亡，摧毁了农民和渔民的生产生活设施，但小额信贷项目在五个月内就恢复了三角洲地区三个镇（即波加莱、莫葛云和拉布达）的营业。自2008年10月恢复营业到2009年年底，该项目在服务范围和贷款金额方面甚至超过了纳尔吉斯风暴发生前的水平。鉴于盛产稻米的三角洲地区对稻田耕作贷款的需求很大，小额信贷项目在这里推出农业贷款，这是为保证2009年季风前水稻及时种植推行的新贷款计划。该计划是有效进行灾后救援和尽快恢复联合国开发计划署而采取的关键举措，有助于三角洲地区的农民尽快恢复稻米生产。这里所说的三角洲地区是指生产稻米的伊洛瓦底江三角洲地区，自19世纪以来素称"缅甸的饭碗"。稻米收获季节，农民踊跃偿还2009年季风期的农业贷款，使总计18亿缅元的贷款得以及时清偿。鉴于纳尔吉斯风暴造成的广泛而严重的灾难，该项目免除了三个受灾最重的镇50000名客户28亿缅元的债务。这些债务是客户在纳尔吉斯风暴前取得的小额贷款。

2010年对三角洲地区进行的评估表明，纳尔吉斯风暴影响的地区农业生产恢复很快，稻米产量增加了将近一倍，这是因为大部分稻田在收获春季稻后又种上了夏季稻。这次评估还发现，援助机构提供的耕作机（手扶拖拉机）开启了三角洲地区农田耕作机械化的先河，便于当地农民复种水稻，提高了夏季稻的产量，提高了农民的收入，为闲散劳力提供了更多的就业机会。这次评估发现，尽管纳尔吉斯风暴的所有受害者都在救援机构的帮助下重建了房屋，但令人惊奇的是，他们目前建起的房屋只相当于中等水平，并且打算将来再建造更牢固的房屋，这是因为他们把更多的资金首先用于农业生产活动。他们需要购买耕作机、渔船和发动机，因而对小型创业贷款的需求迅速增长，这就要求小额信贷项目亟须推出新的贷款模式。

（三）在缅甸开展的小额信贷项目

在世界各地开展的小额信贷项目一视同仁地对男性和女性提供储蓄和信贷服务，尤其给贫困者带来了希望，并且为他们提供了经常性的机会，小额信贷业务是面向团体开展贷款业务的。在缅甸开展的小额信贷项目极大地促进了男女平等和妇女自主权，改善了贫困者的生存条件，促进了民间社会的发育。该项目有助于促进妇女的经济自立，有助于社会经济权步入"良性发展轨道"，有助于促进妇女及其家庭的幸福，扩大其社会和政治权利。

2007年进行的小额信贷项目影响研究就妇女如何评估自身在本社区的作用进行了考察。研究人员询问妇女在过去五年中是怎样提高其在家庭和村庄决策与活动中的影响和参与程度的，她们在社区中的地位和自信心有多大程度的提高。研究人员要求受访的妇女指出自己在"女性影响示意图"中的位置并说明原因。受访妇女中有463人是小额信贷客户，171人是非客户。小额信贷客户在家庭和村庄决策中的影响和参与程度高于非客户；在过去五年中，小额信贷客户认为她们在社区中的地位提高了72%，而非客户认为她们在社区中的地位仅提高了24.5%。受访妇女还表示，她们的自信心有了极大的提高，小额信贷客户提高了81.8%，非客户提高了35.7%。

（四）结束语

● 小额信贷被业界普遍认为是有效的减贫手段之一，联合国开发计划署在缅甸开展的小额信贷项目在相当程度上实现了预期目标：引进了小额信贷模式和范例，培养了当地开展小额贷款活动的能力，建立了深入开展小额信贷业务所必需的金融资本和群众基础。

● 在缅甸开展的小额信贷业务保持了管理和经营方面的可持续性，这是在较短时间内取得的很大成功。目前亟须采取的重要举措是明确长远性小额信贷机制的法律地位。

● 迄今为止，缅甸尚没有规范小额信贷活动的法律——与本地区其他国家一样，缅甸没有小额信贷法，没有小额信贷机构法，没有规范小额信贷业务的非政府组织法。为保证小额信贷业务的可持续性，亟须制定有关的法律法规，但也应该注意到，利率封顶、微观管理等过于严格的管制有可能阻碍甚至窒息小额信贷业的发展。目前，小额信贷项目正与有关利益关系方合作，为实现第三个目标而努力。这里所说的第三个目标是指倡导并促进大众化小额信贷业的兴起。

二 联合国儿童基金会的企业社会责任项目

（一）联合国儿童基金会简介

联合国儿童基金会成立于1946年，该机构成立的最初目的是向在第二次世界大战中深受其害的欧洲儿童提供救助。1953年，联合国儿童基金会成为联合国常设机构，联合国大会决定无限期延长其使命。

《儿童权利宣言》（1959年）和《儿童权利公约》（1989年）的通过是联合国儿童基金会发展史上的里程碑。后者于1990年9月生效，这是联合国历史上得到最广泛认可的人权公约。联合国儿童基金会的领导人是其执行主任安·维尼曼女士。

1990年在纽约举行的世界儿童问题首脑会议制定了儿童健康、营养与教育十年目标。2002年在纽约召开的联合国大会儿童问题特别会议审查了世界儿童问题首脑会议以来取得的进展，重申全球对儿童权利的承诺。这是首次专门为儿童而举行的会议，也是首次邀请儿童以盛世代表身份出席的会议。特别会议通过了建立"适合儿童的世界"行动计划，该计划确定的目标包括如下内容：保护儿童，使其远离虐待、奴役和暴力，努力为儿童创造健康的生活。

（二）联合国儿童基金会的企业社会责任活动

目前，联合国儿童基金会的工作涵盖与儿童有关的各方面的问题，当前的工作重点包括免疫、教育、儿童的早期发育、儿童保护和艾滋病防治。

为实现其目标，联合国儿童基金会积极与有关各方接洽并开展合作，这里所说的有关各方包括知名人士、普通人、民间社团、自愿机构、慈善基金会、公会、宗教团体、学术和科研机构、儿童和青年。

1. 在三个层面上积极接洽民间社团

国家层面的民间社团积极参与联合国儿童基金会的工作，与其保持着密切的联系，联合国儿童基金会总部在制定政策时应广泛征求它们的意见。目前，联合国儿童基金会与160个国家数以百计的非政府组织和领导者个人达成了正式的协议。这些非政府组织既包括大型网络型组织，如拯救儿童联盟，也包括村庄社区。

联合国儿童基金会还根据合作的性质达成多种非正式协议。例如，在国家层面上，可与基于社区的非政府组织达成项目合作协议；在区域层面上，可与由众多机构和个人组成的跨宗教网络型组织签订合作计划；在全球层面上，可与世界童子军运动组织、国际儿科协会等世界性组织达成谅解备忘录。

每类协议对合作者都有特定的要求，这是联合国儿童基金会据以选择合作者的依据。无论在哪种情况下，合作者都应是致力于儿童权利且财务状况良好的机构。在某些情况下，合作的目的正是为了进一步加强这方面的努力。

2. 联合国儿童基金会的合作机构

只有在联合国经社理事会取得咨询地位的非政府组织才有可能在联合国儿童基金会取得咨询地位。关于联合国儿童基金会的非政府组织委员会已拥有60多个会员机构，是联合国儿童基金会的长期合作伙伴，50多年来一直致力于促进联合国儿童基金会与非政府组织的合作。该委员会参加联合国儿童基金会执行局会议。上述非政府组织委员会的作用和目标可见其与联合国儿童基金会达成的谅解备忘录。关于联合国儿童基金会的国别委员会常设工作组欢迎上述非政府组织委员会与其合作，以促进《儿童权利公约》在工业化国家的实施，促进上述非政府组织委员会、联合国儿童基金会公共合作办事处和本常设工作组的三方合作。

3. 联合国儿童基金会的专门工作

非政府组织参加了2002年儿童问题特别会议，其参与程度在某些方面是史无前例的：首先，来自117个国家和700个非政府组织的代表共1700多人出席了会议，出席人数打破了以往的纪录，远远高于出席特别会议第一届、第二届和第三届准备委员会会议的人数；其次，与会人员不仅包括联合国经济和社会理事会认可的非政府组织的代表，还包括与在全球层面上和国家层面上与联合国儿童基金合作的非政府组织的代表。

• **非政府组织**：非政府组织参加本次特别会议的最大亮点是250名儿童和青年以非政府组织代表的身份参加了儿童论坛和特别会议。相当多的非政府组织自特别会议开始就一直参与关于国家性和区域性问题的咨询，有的甚至参加了特别会议开始前举办的活动。非政府组织的观点对大会最后形成的文件具有强烈影响，这些文件在撰写过程中广泛听取了国家层面、区域层面和全球层面的非政府组织的意见。

• **国会议员**：联合国儿童基金会加强了与国会议员的合作，促使他们在本国开展保障儿童的健康和幸福的工作。例如，联合国儿童基金会为国会议员准备了儿童保护手册。

• **私营部门**：联合国儿童基金会与私营部门保持着多方面的合作，以促进全球范围内的儿童免疫、哺养和教育工作。50多年来，联合国儿童基金会与企业界保持着密切合作，以便以有利于有关各方的、符合道德要求的、切实有效的方式改善儿童的生活。只有自愿履行企业社会责任且认同使命和核心理念的企业，才能成为联合国儿童基金会的合作伙伴。

（三）联合国儿童基金会在缅甸的活动情况

早在其他机构因种种限制未能进入缅甸之前，联合国儿童基金会就已经在缅甸的若干领域开展援助活动。联合国儿童基金会在缅甸的发展援助活动主要集中在以下领域：

● **儿童保护**：联合国儿童基金会及其合作伙伴致力于保护妇女和儿童，防止他们被拐卖、奴役和虐待。

● **媒体宣传**：联合国儿童基金会致力于提高面向家庭的、关于儿童问题的媒体的数量和质量，提高家庭对儿童的关爱意识。

● **教育**：联合国儿童基金会及其合作伙伴共同致力于帮助小学生接受优质教育，与有关各方共同保障他们在课堂上学习到基本的生活技能。

● **健康与营养**：联合国儿童基金会及其合作伙伴共同致力于保护儿童的健康，防范各种致命的疾病，加强对儿童的医疗服务和医药供应，促进他们的身心健康。

● **艾滋病防治**：联合国儿童基金会及其合作伙伴共同致力于儿童、青年和妇女的保护，使他们远离艾滋病，与有关各方共同保障艾滋病人和艾滋病毒携带者得到必要的护理和支持。

● **供水与卫生**：联合国儿童基金会及其合作伙伴共同致力于提升儿童的饮用水和卫生设施的供应与安全，保证弱势地区的儿童养成良好的安全、卫生习惯。

（四）结束语

● 联合国儿童基金会是在全球范围内开展活动的联合国下属机构，它在缅甸开展的社会性项目有助于改善缅甸人民的生活条件；

● 这些项目为弱势群体提供了切实有效的帮助，受到了缅甸人民的欢迎；

● 在联合国儿童基金会开展项目的地区，没有发生过抗议活动，也没有人表示过不满；

● 联合国儿童基金会被视为在缅甸开展活动的"清白机构"，因为该机构在缅甸没有发生过腐败、内讧、滥用权力和管理不善等丑闻；

● 联合国儿童基金会为当地人民提供了工作机会，他们以在该机构工作为荣；

● 我们建议中国企业在开展企业社会责任项目时以联合国儿童基金会的社会活动为榜样。

三 荷兰医生无国界组织提供的人道主义援助和医疗援助

（一）荷兰医生无国界组织简介

荷兰医生无国界组织（简称 AZG）是医生无国界组织（简称 NSF）的六个机构之一，其他五个机构分别是法国医生无国界组织、比利时医生无国界组织、西班牙医生无国界组织、瑞士医生无国界组织、卢森堡医生无国界组织。它们的共同使命是向处于危难中的人们提供医疗救助。

作为医生无国界组织的组成部分，荷兰医生无国界组织是国际非政府组织，是向遭受武装冲突、流行病、自然灾害和就医排斥之苦的人们提供紧急医疗救助的国际性和独立性人道主义医疗救助机构。医生无国界组织根据救助对象的需要提供援助，不因其所属的种族、宗教、性别或政治派别而有所歧视。医生无国界组织本着医务道德和秉持中立、不偏不倚的原则开展工作。

（二）医生无国界组织的沿革

医生无国界组织于 1971 年成立于法国巴黎，该机构秉持的原则可见其成立章程。该机构是一个自我管理的非营利组织。目前，医生无国界组织已发展成为由 23 个协会组成的世界性运动，它们共同组成总部位于瑞士的全球医生无国界组织。目前有数以千计的专业医护工作者、后勤和行政人员在全球 70 个国家开展工作，大部分人员都是从当地聘用过来的。

（三）人道主义行动

医生无国界组织基于人道主义原则开展工作，致力于向处于危机中的人们提供良好的医护服务，不因其所属的种族、宗教或政治派别而有所歧视。

医生无国界组织独立开展工作，进行现场评估，以确定当地人们的需要。其 90% 以上的资金来自民间，而不是政府。

医生无国界组织秉持中间立场，不站在武装冲突中的任何一方，根据实际需要提供救护，本着国际人道主义原则独立接触武器冲突中的受害者。

（四）坦然应对和公开呼吁

医生无国界组织的医务团队在开展工作过程中时常面临暴力和漠视，这主要发生在尚未引起国际关注的地区。

医生无国界组织有时会公开呼吁，旨在唤起公众关注被遗忘的危机，警惕热门新闻以外的虐待事件，对救援系统的低效提出批评，或对以政治利益干扰人道主义救援工作的倾向予以抨击。

（五）优质医疗服务

医生无国界组织反对穷人只配得到三等医疗服务的论调，努力向其提供高质量的医疗服务。1999年，医生无国界组织在被授予诺贝尔和平奖之际，宣布将得到的奖金用于提高人们对被忽视疾病的关注与防治。

通过"走进医疗"活动，结合"被忽视疾病药物"计划，这项工作成功地降低了艾滋病的治疗价格，刺激了昏睡病和黑热病等被忽视疾病的药物研发。

（六）荷兰医生无国界组织在缅甸的活动

1. 纳尔吉斯风暴后的紧急救援

缅甸发生纳尔吉斯风暴后，医生无国界组织在48个小时内就在伊洛瓦底江三角洲地区开展了紧急救护工作。在缅甸政府限制外来援助的关键时期，医生无国界组织及时向灾区提供食物、住处、水、医疗服务和其他重要生活用品。随着外来援助的增加，医生无国界组织又增加了社会性心理治疗服务。

2008年5—11月，大约有450名工作人员对四个镇（即拉普达、额普多、帕蓬、波加莱，共1100个村庄）的52万人提供了救助，满足了他们的紧急需求。这项工作完成后，医生无国界组织仍在一些难以进入但需要救助的地区开展救援活动，主要是提供营养和心理治疗服务，这些工作现已完成。

2. 荷兰医生无国界组织在缅甸的公共医疗服务

缅甸有数十万人饱受疟疾、结核病和艾滋病/艾滋病毒等疾病的折磨，当地的医疗系统因长期缺乏必要的人力、物力资源而对此束手无策。

政府对医疗系统的投入仅为国内生产总值的 0.3%，是世界上投入比例最低的国家之一。同时，缅甸接受的外国官方发展援助也是世界上人均水平最低的国家之一。

缅甸目前约有 24 万人感染艾滋病毒，其中 76000 人急需进行抗逆转录病毒治疗，但仅有不到 20% 的人得到治疗。缅甸人接受的大部分治疗是由无国界卫生组织提供的。医生无国界组织在前首都仰光、掸邦、克钦邦、若开邦和撒宁塔伊区开展了救护工作，对 16000 名艾滋病/艾滋病毒患者进行了全面治疗，其中 11000 人接受了抗逆转录病毒治疗。该组织同时对性工作者、静脉注射吸毒者和流动性体力工作者等高危人群提供了预防和教育服务。

为治疗艾滋病/艾滋病毒患者，医生无国界组织几乎用尽了抗逆转录病毒治疗药物，目前仍在游说有关方面提供更多的援助，呼吁缅甸政府和国际社会迅速加强艾滋病毒防治工作，特别是提供更多抗逆转录病毒治疗药物。

医生无国界组织通过其在缅甸各地开设的诊所向结核病患者提供医疗服务。结核病是艾滋病/艾滋病毒患者最易感染的常见病。2008 年，医生无国界组织收治了 2800 多名结核病患者，还向特别贫困者提供了膳食补充剂和往来交通费。医生无国界组织在缅甸南部的撒宁塔伊省土瓦区的三个镇提供了结核病和艾滋病毒医护服务，在萨耶羌镇提供了初级卫生保健服务。自 2008 年以来，医生无国界组织在土瓦区的两个镇开展了结核病防治活动，除在诊所收治病人外，还向人们提供卫生教育和义诊服务。

在缅甸，疟疾是致人死亡的主要病因之一。医生无国界组织在一些疟疾流行的地区开展了疟疾监测和治疗服务，例如，在若开邦开设了 30 个诊所，并成立了三个流动卫生队，用以诊断和治疗疟疾。2008 年，医生无国界组织的工作人员在若开邦仅疟疾病人就收治了超过 20 万名。

（七）结束语

• 荷兰医生无国界组织在缅甸的活动集中体现在为应对纳尔吉斯风暴灾难而进行的人道主义救援；

• 荷兰医生无国界组织在缅甸从事专业医疗援助活动，在当地社区

中产生了良好反响;

• 当地居民非常赞赏疟疾和结核病救治项目,向社区推广需要有长期规划并采用系统化的方式;

• 在其他机构和部门的配合下,荷兰医生无国界组织将会发现新的援助方式和能保持救护系统可持续性的目标社区。

四 当地非政府组织的民生服务

本节分析了三个当地非政府组织:蓝迪(Lan-Thit)基金会、滨雅他藏(Pyinnya Tazaung)协会、缅甸妇幼保护协会。

(一)蓝迪基金会

1. 蓝迪基金会简介

机构名称:蓝迪基金会
简称:蓝迪
领导人(创建人)姓名:吴坎昂
地址:仰光北达光镇区第 37 区瑞宫底利路第 450 号
联系电话:09-5041459
电子邮箱:lanthitfoundation@ gmail. com
创办年份:2010 年
成员人数:18 人

蓝迪基金会是为帮助灾难的受害人和弱势人员而成立的。该基金会正式成立于 2010 年,但其大部分成员在此之前已具备人道主义援助经验,自东南亚海啸和缅甸纳尔吉斯风暴以来就参与了紧急救助和其他援助工作。蓝迪基金会的成员中,有的有丰富的非政府组织经验,有的是学者,有的是相关领域的专家。蓝迪基金会是从事紧急救助以及受灾地区和不发达地区恢复和发展援助的非营利组织,致力于向弱势群体提供服务并扶持其发展。

受益人

缅甸人民，不分性别、种族、宗教和年龄，都有资格成为受益人。

前景

蓝迪基金会认为，只要采取系统化的程序和战略，向弱势群体提供可持续的、适合其需要的、鼓励其广泛参与的援助，提高弱势群体的经济能力，就能够实现全社会的机会均等。

使命

- 通过培训、联网、基础设施开发和协调活动向基层群众提供扶持性服务，有助于加强社区的发展；
- 倡导并实施红树林和森林的开发和保护有助于各方面的可持续发展；
- 提高基层群众的生活水平和收入，可激励其进一步发展的期望；
- 通过提供健康和教育方面的软硬件基础设施，帮助弱势群体满足其基本需要；
- 降低市场准入门槛和发现新的市场，可为弱势群体带来更多的机会；
- 在各领域提高降低灾难风险意识，采取降低灾难风险的措施有助于可持续发展。

目标

- 以系统化的方式帮助贫困人员；
- 协助进行对灾难受害者的紧急救助和可持续发展；
- 向受害人提供紧急住处、半长期住处或长期住处和其他社区基础设施；
- 提高饮用水和卫生设施的质量；
- 提高当地社区和政府机构的降低灾难风险和应对紧急情况的意识；
- 改善基础教育设施，鼓励低收入家庭的适龄子女及时入学；
- 改善低收入家庭的生计；
- 提高低收入家庭的日常收入并保持其可持续性；
- 防止环境退化，保护生物多样性；
- 建立进入市场的实力，完善进入市场的条件；
- 加强社会保障。

2. 蓝迪基金会开展的社会活动

蓝迪基金会开展的社会活动如表5—1所示。

表5—1　　　　　　　蓝迪基金会开展的社会活动

序号	项目	活动	援助数量	地点	实施时间	资助机构
1	环境	植物分布	2200株	仰光特基区	2009—2011年	当地捐赠
2	食物安全	菠萝催芽	培训和宣教	仰光特基区	2009—2011年	当地捐赠,VFRDC提供技术支持
3	吉里风暴后的紧急救援	非食物类救援物资	3个镇	若开邦	2010年	商人和其他人士捐赠
4	紧急救援	食物和非食物类救援物资	1个镇	色漂镇	2011年	Myitta, MNGO-CP
5	农业投入与环境	向葱农汇款	7个村庄	色漂镇	2011年	乐施会, Oxfam, MNGO-CP
6	生活状况及其监测与评估	农业投入与生活状况	5个村庄	色漂镇	2011年9月—2012年10月	丹麦大使馆
7	降低灾难风险意识	对当地社区和政府机构的降低灾难风险培训	2个村庄	德林达依省土瓦区龙隆镇	2012年9—11月	拯救儿童联盟
8	基于社区的降低灾难风险意识项目	基于社区的降低灾难风险培训和模拟训练	1个镇	孟邦羌松镇	2012年12月至今	拯救儿童联盟
9	降低灾难风险进展监测	对当地社区、政府和民间社团的考察	3个镇	色漂镇、帕科库镇和瑞冒镇	2012年12月—2013年1月	教会世界理事会

续表

序号	项目	活动	援助数量	地点	实施时间	资助机构
10	应急能力建设	对当地非政府组织和社区的应急培训	2个镇	仰光镇和帕蓬镇	2012年1—4月	"关爱缅甸"组织和MNGO-CP
11	基于社区的降低灾难风险项目	基于社区的降低灾难风险活动	1个镇	宁达答镇	2013年2—3月	拯救儿童联盟
12	应急能力建设	对当地非政府组织和社区的应急培训	1个镇	勃生镇	2012年1—4月	"关爱缅甸"组织和MNGO-CP
13	应急能力建设	对当地非政府组织和社区的应急培训	1个镇	勃固镇	2012年1—4月	"关爱缅甸"组织和MNGO-CP
14	基于社区的降低灾难风险项目包容性（正在进行）	儿童和妇女参与基于社区的降低灾难风险项目	1个镇（2个村庄）	羌松镇	2013年6—9月	英国乐施会

资料来源：蓝迪基金会。

3. 结束语

• 蓝迪基金会尚未被当地社区所了解，但其工作范围甚广，对当地社区的影响很大；

• 该基金会意欲在众多领域开展援助活动，但在起步阶段宜适当缩小范围，以便取得明显的效果；

• 该基金会与其他机构具有广泛的联系，因而十分看重企业社会责任活动，这是该基金会区别于其他机构的显著特征。

（二）滨雅他藏协会

该协会成立于 1952 年，是自成立以来就一直在当地社区从事教育开发活动的当地非政府组织。

1. 协会的企业社会责任活动

（1）儿童早期发展项目

项目委员会和工作人员
- 该协会管理机构；
- 项目中心监督委员会；
- 项目中心管理委员会；
- 中心办公室工作人员；
- 10 个新扩建镇的现场培训师。

宗旨
- 通过幼儿园和母亲联谊机构向更多五岁以下的儿童提供优质的早期发展服务，以保障他们的健康成长并充分挖掘其潜力。

目标
- 加强自身工作人员指导行动、研究、文件制作和监测与评估的能力；
- 加强区域主管、分区主管、部门主管和校长提高校办幼儿园和母亲联谊团体质量的能力。

开展儿童早期发展项目的地点

2000 年，该协会与联合国儿童基金会达成合作协议，开始从事校办幼儿园儿童早期发展活动。自 2000 年以来，该协会在以下 10 个镇推广这种新的能力建设模式：蒙育瓦和卡莱（实皆省）、皎勃东（曼德勒省）、内比都（内比都省）、庖康和卑谬（勃固省）、勃生和额普多（伊洛瓦底省）、毛淡棉（孟邦）、土瓦（德林达依省）。

（2）微量营养素项目

为儿童和三岁以下的婴幼儿补充微量营养素，已在上述各镇开展了 9 期活动。

（3）工作人员能力建设项目
- 主持由本项目覆盖区域幼儿园教师参加的为期 2 天的季度会议；

- 在上述10个镇安排召开为期3天的专题座谈会；
- 在仰光和曼德勒对分区主管和部门主管进行为期8天的培训指导；
- 在仰光主持召开由现场培训师和项目中心监督委员会成员参加的为期3天的年中会议；
- 在仰光进行为期2天的指导方式审查；
- 在5个镇对指导方式审查会议的落实情况进行为期2天的跟踪；
- 每两个季度在仰光举行一次由项目中心监督委员会成员参加的为期1天的战略规划会议。

(4) 2013年计划

儿童早期发展项目预定到2013年年底实现以下目标：

- 加强指导，力争上述10个镇160个社区的约9700名3—5岁的儿童都能进入优质校办幼儿园；
- 提高幼儿园教师的看护和幼教水平，力争将本项目拟覆盖的210个社区的约10120名3—5岁的儿童吸引到优质校办幼儿园；
- 力争使本项目拟覆盖的9个镇的4700多名0—3岁的儿童都能得到微量营养素补充剂；
- 培训13名工作人员，使他们能够对目标镇区域主管、分区主管、部门主管和校长进行指导；
- 培训160名校长、10名分区主管和50名部门主管，使他们能够对320名幼儿园教师提供指导；
- 将符合约定的最低质量标准的校办幼儿园提高10%；
- 进行新式培育方案试点并给出书面总结。

2. 结束语

- 该协会与联合国儿童基金会和教育部开展合作，是最有成效的当地非政府组织之一。对所有国家来说，儿童都是最宝贵的财富；与其他任何国家的儿童一样，缅甸儿童应享有健康成长的权利。
- 尽管过去曾受到某些限制，但该协会始终致力于探索适合儿童需要的新的学习和成长方式。目前已在10个镇取得成功，为儿童的未来成长奠定了良好基础。
- 目前，缅甸正处于过渡时期，政府欢迎有关方面参与各行业的发展，该协会在开展儿童早期发展项目，帮助缅甸儿童成长方面大有可为。

（三）缅甸妇幼保护协会

该协会虽由政府出资，但仍属于当地非政府组织。该协会开展了许多活动，但在缅甸人心目中，该协会并不是一个独立自主的社会机构。

1. 缅甸妇幼保护协会简介

成立时间：成立于1948年，重组于1991年4月
总部：缅甸仰光南奥卡拉帕镇
关键人士：总裁
服务地区：缅甸
宗旨：促进母亲与儿童的健康与幸福
方法：吸引媒体关注，直接呼吁，政治游说
网址：www.mmcwa.org

缅甸妇幼保护协会是旨在保护缅甸母亲和儿童的非政府组织，协会总部位于仰光南奥卡拉帕镇萨苏玛路和帕拉密路拐角处。

缅甸妇幼保护协会的历史可追溯到1948年，1991年4月重建时得到了缅甸政府的支持，主要是因为该协会拟在本国大部分地区开展业务。截至2008年，该协会已建立了324个镇分会，11233个支会；成立这些分支机构的目的是在全国各地普遍开展妇幼保健活动。该协会现有超过200万名志愿工作者服务于缅甸各地的分支机构。

2. 缅甸妇幼保护协会的沿革

缅甸独立后，许多城镇建立了妇幼保护协会，但这些协会只是作为地方机构而存在，并没有统一的中心机构。从缅甸独立到1964年，地方性妇幼保护协会多达120家。缅甸妇幼保护协会（中央）成立于1991年4月30日，该协会的分支机构包括中央、邦/省和地区监督委员会、镇分会和支会。

3. 缅甸妇幼保护协会的社会活动

缅甸妇幼保护协会的宗旨是改善家庭包括母亲和儿童的卫生、教育、经济和社会权利，把农村人口作为工作重点，为把缅甸建设成为和平的现代发达国家而奋斗。目前，缅甸妇幼保护协会正在开展下列活动。

（1）卫生教育

针对亟待解决的卫生问题，向社区基层群众宣讲卫生知识，以实现预定目标。

2012年，举办卫生座谈会222221次，出席者13663632人次。此外，该协会还举办或开展社区圆桌讨论会、同行讲座、改善行为方式交流会、旨在提高公众意识的倡导活动、报告与评估会、传染病防控会。

（2）教育活动

该协会自从事这方面的工作以来，始终致力于以下活动：

- 儿童早期发展中心；
- 参与提高入学率动员周活动；
- 向在校学生捐赠文具、校服和资金；
- 成人扫盲夜校。

（3）能力建设

- 大力倡导生殖健康/改善行为方式交流；
- 对培训者进行培训；
- 镇生育培训；
- 青春期生殖健康培训和生育课程；
- 十个家庭志愿者培训；
- 辅助助产士培训；
- 助产士进修培训；
- 传统接生员进修计划；
- 对家庭妇女进行生活技能培训；
- 教育者同行培训。

（4）创收计划

- 提供缝纫、编制、烹饪等职业培训课程；
- 小额信贷计划；
- 为家庭耕作、农业和家庭工厂提供资金扶持；
- 发现工作机会。

(5) 妇产科医院孕产安全计划
- 提供产前护理；
- 熟手接生，安全分娩；
- 尽早发现孕期中的危险因素和并发症风险并及时转诊；
- 产妇护理和新生儿护理；
- 促进全母乳喂养，强化营养教育；
- 预防母亲对儿童的艾滋病/艾滋病毒感染；
- 在妇产科医院提供生殖卫生服务（如生育间隔、男性参与、青春期生殖卫生等）；
- 免疫。

(6) 社会活动
- 向急需卫生和教育救助的母亲和儿童提供救助；
- 向有先天性缺陷者提供再造手术；
- 老年护理和家庭式老年护理项目；
- 发动社区成员参与应对灾难和其他紧急情况的社会动员；
- 援助保护文化遗产活动；
- 与国内外机构合作；
- 对未来活动的年度规划。

4. 结束语
- 缅甸妇幼保护协会开展的诸多项目旨在使妇女和儿童成为有作为、负责任的公民，得到人们的广泛认可和欢迎；
- 缅甸妇幼保护协会在把缅甸建设成为繁荣昌盛的现代化民主国家进程中发挥着重要作用；
- 各项活动成功开展的原因在于领导得力且秉持自愿与合作的原则；
- 缅甸妇幼保护协会不仅有对其活动情况的说明和报告，而且目前正在开展研究工作，这有助于改进未来的工作；
- 该协会的工作覆盖全国 330 个镇，主要面向已婚妇女、孕妇、新生儿、5 岁以下的幼儿、处于生殖年龄的男女和 10 岁以内的儿童。

五　当地非政府组织和国际非政府组织合作开展的减贫活动

本节介绍"学生之父"（Kyaung-Htar-Mi-Khin，KHMK）促进本地发展组织和图（Htoo）基金会。"学生之父"旨在帮助无力供子女上学的当地贫困家庭提高生存能力。向基层群众提供小额信贷也是其目标之一，这有助于建设强有力的民间社会，而这正是建设现代国家的重要前提。图基金会致力于帮助贫困少数民族所居住的偏远地区。课题组力图发现这些非政府组织为当地做了哪些事情以及他们对当地事务的参与程度，并不关心非政府组织属于什么人所有，我们最关心的是尽量搜取有关资料和信息，以便对这些当地非政府组织进行比较，并将其与国际非政府组织相比较。

（一）"学生之父"本地发展组织简介

机构名称："学生之父"本地发展组织
领导人姓名：萨拉钦埃（Salai Khing Maung Aye Salai）、欣貌基（Shing Maung Kee）
联系人姓名：迈禅禅妙妙都（Mai Chan Chan Myat Myat Thu）、萨拉基劳哈（Salai Kee Law Har）
地址（总部）：缅甸仰光永盛镇区南达宫区紫翁宫街101号
电话：95-01-640638　　传真：95-01-640638
电子邮箱：kyaunghtarmikhin@gmail.com；kyaunghtarmikhin2011@gmail.com

（二）历史背景

"学生之父"本地发展组织成立于2005年，最初是在仰光市区和江仰光（Kungyangone）镇的农村地区从事小额信贷活动的当地非政府组织。2009年，该组织改组为当地开发机构，KHMK应当地非政府组织和国际非政府组织的请求，向其提供首席品牌官能力强化服务和小额信贷培训。目前，KHMK与其他镇的14家当地开发机构保持着合作。

1. 主要受益人

当地合作机构、母亲救助团体和14个镇的各社区。

2. 覆盖地域

14个镇区

（1）歪莫（Waingmaw）（克钦邦）	（8）敏达（Mindat）
（2）戴达耶（Daedaye）	（9）发拉姆（Falam）
（3）波加莱（Bogalay）	（10）哈卡（Hakha）
（4）毛淡棉遵（Mawlamyine Gyun）	（11）坎帕勒（Kanpatlet）（钦邦）
（5）潘塔瑙（Panntanaw）（伊洛瓦底省）	（12）钦乌（Khin U）（实皆省）
（6）江仰光（Kungyangone）（仰光省）	（13）拉姆巴埃（Rambrae）（若开邦）
（7）帕勒土（Paletwa）	（14）德莫梭（Demohsoe）（克耶邦）

3. 前景

向当地开发机构和当地社区提供必要的技术和知识，帮助他们提高独立决策能力，独立自主地规划和实施当地各项发展活动。

4. 使命

建立透明的、负责任的健康社会，促进相互理解和彼此友善，提高当地合作机构从事本地发展活动的能力，鼓励社区参与当地和国家的政策和机构变革。

5. 主要目标

提高当地合作机构规划、开展和持续进行各项发展活动的能力，改善当地居民的生活。

（三）社会活动

- 支持当地机构和社区的能力建设；
- 通过开展小额信贷活动，建立社区自助的金融资本；
- 通过造林项目恢复并保持当地的自然资源。
- 通过个性化的改善和领导，促进公民个人的发展，为当地民生系统营造良好的政策和制度环境。

（四）结束语

- "学生之父"项目规模很小，但做出的努力很大；

- 该机构的覆盖地域体现了其力量和能力；
- 开展企业社会责任活动的效能取决于分配到相应项目的预算额，还取决于他们对当地社区的参与程度；
- 尤为重要的是，开展企业社会责任活动应目标明确，扎实工作，逐步壮大自身的实力，否则很容易流于形式。

六　图基金会

（一）图集团公司简介

总部：缅甸仰光莱镇区比路 5 号	
关键人员：首席执行官兼执行董事岱扎（Tay Za）、董事迪哈（Thiha）、董事会成员昂德曼（Aung Thet Mann）、主管海外事务的董事觉登（Kyaw Thein）	
营业额：6510 万美元	
雇员：60000 人	
子公司：蒲甘航空（Air Bagan）控股有限公司、图钼制品有限公司、图商贸公司、埃瑞瓦（Ayer Shwe Wah）有限公司、缅甸茵莱湖珍宝度假村、帕沃（Pavo）飞机租赁有限公司、帕沃（Pavo）商贸有限公司	
网站：www.htoogroup.com	

（二）图商贸公司沿革

图集团公司的前身是创建于 1958 年的图公司，创建人吴佐钮（U Zaw Nyunt）和杜图（Daw Htoo）是岱扎的妻子蒂大佐（Thida Zaw）的父母。奈温的社会主义纲领党于 1962 年政变成功后，图公司被国有化，但该公司的碾米厂和锯木厂仍作为家族企业继续经营。

图商贸公司成立于 1990 年，稍晚于苏貌将军发动的 1988 年政变。当时，该公司除从事其核心业务碾米和锯木外，还从事伐木和木材出口。该公司逐渐染指泰缅边境的大面积原始森林。随着业务经营的多样化、投资额的一再增加和企业规模的扩大，图商贸公司改组为图集团公司。

图基金会是图集团公司于 2008 年 5 月 5 日建立的非营利性、非政治性、非宗教性基金机构。

图集团公司及其成员致力于恢复缅甸的天然森林，保护缅甸的珍稀野生动物，提高缅甸边远地区各民族的生活水平，利用自身的经营管理才能和人力、物力资源向缅甸境内的受灾地区提供切实有效的紧急救助。

（三）目标
- 提高偏远地区各民族的生活水平；
- 保护偏远地区各民族的文化、传统和方言；
- 向缅甸境内遭受自然灾害的地区提供紧急救援；
- 保护和恢复缅甸境内的天然森林；
- 保护自然保护区的珍稀野生动物。

（四）图基金会在众多行业开展的企业社会责任活动

1. 卫生行业

在偏远地区建立配备齐全的药房、诊所和医院，并聘用相应的行政人员、护士和医生。该基金会还负责组织卫生教育研讨会，由其指定的医生和医务人员担任主讲人。

图基金会在葡萄地区设立的药房，西达古和图基金会联合举办的免费眼科检查与治疗项目

图基金会向葡萄地区各村庄捐赠了许多当地居民急需的药物，如治疗疟疾的药物、治疗毒蛇咬伤的解毒药和其他药物。图基金会派遣仰光的医生前往病人居所免费为其治疗，免费提供药物和其他医疗用品。

图基金会最初向葡萄地区派出一个先遣队，随后悉达古大师医疗队在其他成员的陪同下乘飞机于2011年11月5日到达葡萄地区，蒲甘航空公司提供了免费运送服务。悉达古大师医疗队由来自国内外的9名医生组成，14名护士和助手、葡萄地区医院的院长和医生、基金会的工作人员和缅甸MRTV－4电视台派遣的报道组也参与了本项目。

图基金会和悉达古佛教传教士团在葡萄地区组织的第二次免费眼科治疗：图基金会在整个治疗或手术期间免费接送病人，并向其提供免费食宿；免费向弱视患者提供眼镜，免费向做了眼科手术的患者提供太阳镜。在葡萄地区开展了眼科检查，148名患者接受了手术。

图基金会和悉达古佛教传教士团在葡萄地区组织的第三次免费眼科

治疗：2013 年 7 月 10—13 日，悉达古国际佛教传教团和图基金会在葡萄地区合作治疗眼疾患者，这是他们在此举行的第三次慈善活动。在地方政府和基金会的帮助下，偏僻地区的眼疾患者得到了治疗。悉达古国际佛教传教团参与组织的眼科手术满足了当地眼疾患者的需要。在第三次救助活动期间，来自葡萄地区 6 个镇的 971 名眼疾患者接受了检查，125 人接受了手术。

向仰光工人医院捐赠高架水罐和地面水罐

2010 年 12 月 18 日，在仰光工人医院会议室举行的捐赠仪式上，图基金会向该医院捐赠了一个容量为 12000 加仑的高架水罐和总容量为 22000 加仑的若干地面水罐。该医院现有的容量为 12000 加仑的砖砌高架水罐因使用时间过长已不能保证取水、用水过程中的人身安全。

2. 文化行业

图基金会将对居住在偏远地区的各民族传统服饰、文化、传统习俗和方言进行研究并形成文件，为加强对它们的保护提供援助。

3. 教育行业

图基金会将根据偏远地区的需要为其建立设施完备的中小学，并向其派出行政人员和教师。除正规教育外，该基金会还将建立若干培训中心，以加强职业教育。

图基金会奖学金

为保证青年人接受基础教育和完成基础教育的青年人接受高等教育，图基金会为此推出了助学金项目。该项目旨在保证当地青年人学习必要的知识，这有助于提高当地人的生活水平，促进当地的发展。

目前共有 118 名接受基础教育、职业教育、硕士和博士研究生教育的学生接受图基金会提供的奖学金。

海外进修奖学金

图基金会目前正准备向在海外大学进修政治科学、法律和仲裁专业的 10 名新生代学者提供奖学金，此举旨在弥合本专业学者间的代际差异。这些学者接受奖学金的条件是完成学业后必须回国，但他们有权参加任何社团或政党。

4. 当地开发行业

为提高当地居民的生活水平，促进当地发展，有必要建立职业培训中心，开设有关利用当地现有材料制作手工艺品的课程，这有助于促进当地手工业的发展。该基金会将为这些手工艺品寻找市场或将其直接买下。

5. 社会福利

维多利亚山社会福利

图基金会向为加强森林保护而搬离纳玛唐（Nat Ma Taung）的家庭捐赠了一所学校。该学校是一个 80 英尺×30 英尺的砖砌平房，教室内的木制桌椅、厕所和蓄水池一应俱全。

萨玛唐（Sama Taung）捐赠

2011 年 3 月 25 日，缅甸妇女联谊会组织了由铁十字乐队参加的现场音乐表演。图基金会在这次活动中捐赠了 1000 万缅元，用于在内比都省 Sama Taung 钻井和安装水泵。

亚太地区老年人问题会议

图基金会倡议召开了这次会议，随后决定向老年人提供救助；该基金会一直致力于向本国公民提供救助，无论其属于哪个种族或宗教。

残疾女士选美比赛

2011 年 8 月 20 日，图基金会与缅甸残疾人联合会在仰光坎大瓦基湖畔的乌托比亚塔举办了残疾女士选美比赛。图基金会为其提供了 505 万缅元的捐助。

对运动员的捐赠（东南亚运动会）

缅甸运动员联合会副主席吴敏欣发表讲话，表示缅甸运动员联合会为 2013 年东南亚运动会夺冠做好了必要的准备。自 2004 年以来，图集团一直向其提供现金和实物捐赠，期待他们不断取得新的成绩。

用于在内比都钻管井的捐赠

2013 年 3 月 31 日，图基金会在"迈克尔学摇滚"音乐会上将其从出租音响设备取得的 800 万缅元收入捐赠出来，用于在内比都普巴蒂力（Pubbarthiri）镇耶帕（Yae Pyar）村钻管井。

最近的活动

图基金会向从马来西亚回国的缅甸工人捐赠了现金。

6. 环境保护

图基金会将为生态系统保护提供援助，为防止环境损害和造林项目提供资金和熟练技术人员。

茵莱湖畔 100 英亩造林项目

为防止茵莱湖淤塞，保持茵莱湖周围山地郁郁葱葱的景象，防止土壤流失，避免农民流动耕作，向当地居民灌输环保意识，图基金会在掸邦南部的娘瑞（Nyaung Shwe）甘多（Kandaw）村种植了 100 英亩柚木、铁刀木、桉树、凤凰木和金链树。这片新造林地围护着垒丹（LweTant）大坝，有助于防止土壤流失和茵莱湖淤塞。现计划在妙登谭（Mya Thein Tan）村东的分水岭一带再植树 100 英亩。图基金会愿自行出资，在林业部门的技术帮助和社会各界的配合下，积极开展植树造林活动，为保护环境而努力。

7. 其他活动

坎达瓦基公园

多年来，图基金会不断对坎达瓦基公园进行修整，公园内最引人注目的是兰花园，里面有本地和外地的许多兰花品种；公园内还有一个用于植物组织培养的实验室、一个微型动物园和一个鸟类栖息地。该公园现已成为动植物研究中心。

柑橘园

位于彬乌伦（Pyin Oo Lwin）的柑橘园成立于 2005 年 12 月 8 日，现有当地雇员 33 人。柑橘园占地 395 英亩，有柑橘树 38274 株。当地居民可接受柑橘种植和培育的理论和操作培训。

兰花培育

为防止葡萄地区自然界中的兰花绝种，图植物园一直从事着蝴蝶兰和其他长寿品种的培育与保护，源于缅甸的黑兰花已培育成功。根据缅甸《森林植物保护法》，黑兰花属于保护品种。

木化石博物馆

该博物馆在缅甸同类博物馆中处于首位。该博物馆位于彬乌伦令人惊讶的坎达瓦基国家公园。该博物馆有形态、颜色和大小各异的多种木化石和化石。

对失去家园的克钦族进行区域发展捐赠

对失去家园的克钦族的区域发展捐赠微乎其微，仅有的一点捐赠也是因为对方的反复央求才得到的。

对若开族的捐赠

2012年6月11日,图基金会在位于仰光的缅甸消防局总部将亚洲绿色发展银行、蒲甘航空有限公司、精英技术有限公司和图集团公司捐赠的5000万缅元交付给缅甸消防局,中央消防站主任吴丁莫(U Tin Moe)接受了捐赠。

纳尔吉斯风暴灾难救助

图基金会是图集团公司在纳尔吉斯风暴灾难两天后的2008年5月5日建立的,以便向这次风暴的受害者提供紧急救助和灾后安置,但该基金会的成立并不仅仅是为了这次紧急救援工作,也着眼于以后在缅甸任何地区发生的类似需要。

图基金会在成立后的第二天即2008年5月6日就开始了工作,清理仰光市内主要街道上倒下的树木,在市区内分配饮用水等。

到5月8日,图基金会除向灾区捐赠了大量现金外,还向其发送了数辆卡车的大米、食用油、食物、医药和衣服,接受其捐赠的灾区包括波加莱、漂本、皎丹、拉普达和仰光。

图基金会不仅向灾区提供了救援物资,还向偏远村庄派出了医疗队,直接向受害者提供医疗救助。图基金会还自行出资利用蒲甘航空公司的飞机免费运输国际机构提供的救援物资。

一座由图基金会建造并捐献旨在纪念纳尔吉斯风暴受难者的雕塑于2012年2月4日在波加莱举行落成典礼,伊洛瓦底省省长登昂(Thein Aung)出席了典礼。

这是一个配有装饰喷泉的雕塑,刻画了一个家庭试图逃离风暴灾难的情景,雕塑正面镌刻的缅文详列着这次风暴造成的破坏,后面以英文显示着同样的内容。该雕塑左右两侧是浮雕油彩画,左侧表现的是这次风暴的严重程度,右侧表现的是这次风暴造成的严重后果。该雕塑周围环绕着溪流,溪流之上架起了两座桥梁。从正门通向雕塑的通道以象征性的手法再现了这场风暴。图基金会负责公园和雕塑的建造,为此花费了7400万缅元。

图基金会除为波加莱镇振昌基(Kyein Chaung Gyi)村修建了一座塔、一个修道院、一个学校、一个诊所外,还建造了237套住宅。

图基金会为波加莱镇卡东卡尼(Kadon Kani)村捐赠了一个能容纳

500 人的住所。图基金会的捐赠总额约为 400 万美元。

(五) 结束语

- 图基金会是当地实力最强、规模最大的非政府组织之一；
- 作为当地最大的非政府组织之一，该基金会在履行企业社会责任方面树立了良好的榜样；
- 该基金会有庞大的人力、物力资源，有能力在全国各地广泛开展企业社会责任活动；
- 该基金会感到有点难以理解的是，它所开展的上述企业社会责任活动并未得到当地社区和媒体的充分认可；
- 缅甸目前正处于过渡时期，迫切希望发展各行业，这正是图集团及其全体员工大有作为之际；
- 图集团拥有雄厚的人力和财力资源，应以更具战略性的眼光规划自身的企业社会责任活动，以期与国内外其他机构共同为缅甸的发展做出更大的贡献。

七 美国扶轮社提供的水资源管理服务

(一) 扶轮社简介

扶轮社是由商务人士和社区领导人组成的基层民间组织，自愿用自己的时间、才能和便利条件满足社区的迫切需要。扶轮社是基于扶轮社员和认可扶轮社宗旨的人士自愿奉献的非营利法人社团，现有分布在世界各地的 1200 名社员。

各扶轮社属于国际扶轮社，各扶轮社员属于其所在的扶轮社。扶轮社是扶轮社员从事有意义的服务工作的媒介，各扶轮社不仅服务于其社区，而且在国际范围内开展活动。国际扶轮社将其触角伸向了广阔的社交领域。

扶轮社注意发现当地、全国和国际范围内的社区需要，并利用自身掌握的志愿者予以解决；这正是扶轮社主要依靠其社员和社区支持实现其目标的原因。新成员的加入为扶轮社增添了新的力量和资源，有助于扶轮社取得更大的成就。

(二) 扶轮社在缅甸的历史

2005年3月，洛杉矶的扶轮社员JT瓦迎（Warring）成立了一个扶轮社项目，该项目迄今为止已在缅甸的22家私人孤儿院建立了安全方便的自动供水系统。在国际扶轮社员张葛尔扬·潘乃杰的领导下，扶轮社现以该项目为"信誉平台"，采取切实可行的方案，积极发挥社团与社员两个方面的作用，以便更好地服务于缅甸人民。1929—1977年，扶轮社一直在缅甸开展活动，直到声称信奉共产主义的前军政府将这类性质的机构一律驱逐出境。后来，缅甸一度有12个扶轮社。长期以来，缅甸一直处于军政府的统治下，现在形势发生了急剧变化，军政府压制让位于"指导下的民主"，在此情况下，扶轮社认为应积极在缅甸开展活动。

(三) 洛杉矶扶轮社

洛杉矶扶轮社自在缅甸开展活动以来一直致力于供水项目。他们发现缅甸的少年儿童用水困难，尤其是孤儿院中的少年儿童，他们用大桶取水，而且水源往往在数百英尺以外，他们常常累得筋疲力尽才能满足孤儿院的最低用水需要。这些从未加管理的自然水源取来的水往往不作任何处理就直接饮用，对他们的身体健康有很大危害；而且这种人工取水的方式往往不能满足他们的日常需要；再者，这些孩子们每天背着大木桶取水，对他们的正常发育也很大的潜在危害。因此，扶轮社决定参与这些孤儿院的供水项目。

使命：为缅甸的200多个孤儿院建立自动供水系统。

目标：每年建造4—8个供水系统，以便为孤儿院的孩子们供应方便取用的洁净饮用水，改善他们的日常生活。

合作伙伴：缅甸民生项目有限公司。

(四) 供水系统及其设计

扶轮社向孤儿院提供的供水系统结构如下：在现有管井的底部安装压缩机，以便将井中的水通过U形管输送到地面，再通过安装在地面上的横向管道输送到容量为1500加仑的永久性储水罐中。该储水罐外面有三层防护层，分别是水泥层、砖砌层、水泥层。

储水罐底部常有泥沙淤积,因此需定期清除。由柴油机驱动的水泵将储水罐中的水输送到安装在 22 米高架平台的两个容量为 600 加仑的蓝色塑料容器中,该高架平台是用缅甸铁木制成的。

该供水系统独特而雅致,这表现在其简洁性、耐用性和可靠性上,能够很好地满足预期的需要。水塔的底部有两个长 40 厘米、宽 18 厘米的大理石板,其中一块石板上镌刻着彩色扶轮以及提供捐赠的扶轮社、区域或个人的名称/姓名;另一块石板上镌刻着扶轮社的"四大考验"。

水塔中的水在重力的作用下自动流入出水管中,出水管通向三个不同的应用装置:做饭用水和饮用水,洗手洗脸用水,洗衣房和盥洗室用水。使用过的水有 70%—80%通过排水管排放到孤儿院自办果园和菜园的灌溉系统中。

几乎每个孤儿院的供水系统中都配置了发电机,必要时,孤儿院可用来发电(长时间停电在缅甸是很常见的现象)。

(五)救助对象的选择

扶轮社为保证其投资的长期有效性,按以下标准选择被救助的孤儿院:

● 孤儿院的不动产所有人必须是持有缅甸法律认可的产权证书的个人、夫妻或私营慈善机构;

● 孤儿院必须有能够汲水的管井,且从管井中汲出来的水根据缅甸民生项目医生或位于仰光的独立生物实验室的判断,经适当处理后可以饮用;

● 孤儿院必须管理良好,始终关心院内儿童的身心健康和福利,院内儿童能够得到必要的关爱、膳食营养、衣服、医护服务、教育和道德熏陶;

● 孤儿院必须有至少 35 名儿童或准备接纳一定数量的儿童,使院内儿童的人数符合该标准,院内食宿设施必须能满足院内儿童和工作人员的需要。

（六）在缅甸实施的供水项目

在缅甸，已有5个镇的26家孤儿院被选定为救助对象，扶轮社为其设计、建造的供水系统现已竣工。目前，扶轮社派驻当地的项目组正在与缅甸民生项目办和拯救儿童联盟接洽，以确定其他被救助对象。扶轮社在缅甸承办的供水项目如表5—2所示。

表5—2　　　　　　扶轮社在缅甸承办的供水项目

（1）安娜（Anna）（瑞比达，Swe Pyi Thar） （2）伯利亚（Berea）（貌德咖，Myaung Dagar） （3）加利利（Galilee）（毛庇，Hmawbi） （4）魅力1（Grace 1）（奥坎，Okkan） （5）魅力2（Grace 2）（沙漂苏，Sarphyusu） （6）魅力3（Grace 3）（沙特多，Sattadaw） （7）黑孟（Hermon）（貌德咖，Myaung Dagar） （8）希望（Hope）（貌德咖，MyaungDagar）	（9）伊曼纽尔（Immanuel）（瑞比达，Swe Phyi Thar） （10）拉辟温（LaPihWin）（漂基，Phu Gyi） （11）爱的怀抱（Love Bosom）（爱的怀抱，Love Bosom） （12）密达耶蒙（Myitta Yeik Myone）（冒斌，Mau Bin） （13）橄榄园（Olive Garden）（貌德咖，Myaung Dagar） （14）拉克尔（Rachael）（瑞比达，Shwe Phyi Thar） （15）脆弱的爱（Tender Love）（莱达雅，Hliang Thar Yar）

（七）结束语

• 尽管过去受到诸多限制，但洛杉矶扶轮社仍努力开展上述项目；

• 无论在哪个国家，饮用水问题始终是重大的民生问题，而且日益成为亟待解决的关键问题。扶轮院为缅甸的一些孤儿院做了一些工作，尽管其工作范围并未覆盖到全国，但就现已取得的成绩来看，它较好地履行了对当地的社会责任；

• 据观察，各阶层的人们是基于以下原因加入扶轮社的：便于与同行交往；能得到服务社会的机会；有助于个人的成长和发展；高质量的友谊；文化交流；公民荣誉感；对世界的了解；能从中得到快乐；该组织对未来社会的展望；道德环境。

八 国际美慈基金

国际美慈组织是一个致力于为遭遇自然灾害、经济崩溃或冲突的人们提供紧急救助的全球性救援机构。一旦出现需要救助的情形（例如缅甸三角洲地区纳尔吉斯风暴），该组织的工作人员会尽快向需要救助的人们提供食物和其他物品，帮助他们本着立足于本社区和以市场为导向的原则进行经济重建。为给今后长期的恢复和重建工作奠定良好基础，国际美慈组织重视加强与政府和商界的联系。

(一) 国际美慈基金简介

成立时间：	1979 年
创始人：	Ellsworth Culver, Dan O'Neill（慈善家）
总部：	美国俄勒冈州波特兰
关键人士：	Neal Keny-Guyer, Dan O'Neill Craig, Redmond, Linda A. Mason
服务区域：	全球
格言：	充当变革者
网站：	www.mercycorps.org

国际美慈组织对一个地区的服务往往持续很长的时间，通过"有偿劳务"和各种信贷工具帮助当地提高创业能力，重建社会资本，激发市场活力。国际美慈组织在过去的 14 年里建立了 12 个金融机构（与史提夫·福布斯共同进行智力投资）。自 1979 年以来，国际美慈组织向 107 个国家提供了 19.5 亿美元的救助。国际美慈组织在北美和欧洲总部的领导下在全球各地从事救援活动，拥有工作人员 3700 人，为 40 多个国家和地区的近 1670 万人提供了救助（2008 年年度报告）。

(二) 历史背景

国际美慈组织始于 1979 年丹·奥尼尔为救助因饥荒、战争和种族灭绝式大屠杀而流离失所的柬埔寨难民而成立的难民救助基金。到 1982

年，该机构已将其救助范围扩展到其他国家，埃尔斯沃斯·卡尔沃加入该机构（成为国际美慈组织的另一位创始人），为体现日益扩展的救援使命，该机构正式改名为国际美慈组织。国际美慈组织将其工作重点从单纯的紧急救援转为以长期性方式解决饥饿和贫困问题后，于1982年在洪都拉斯实施了首个开发项目。

国际美慈组织致力于帮助急需救助的人们将其面临的自然灾害、贫困和冲突等不幸遭遇转化为发展机遇。根据当地需要和市场情况，国际美慈组织向当地居民提供为改善其生活所必需的工具和条件。同时，该组织拥有分布在世界各地的3700名专业人员，致力于帮助40个国家的1900万人改善生活条件。国际美慈组织认识到，为急需救助的人们提供足够的食物、营养品和经济机会是对其成功救助并帮助其发展的关键，基于这一认识，国际美慈组织在20多个国家创办了40多个民生项目和经济发展项目。

1. 愿景/使命

帮助人们建设一个安全、高效和公正的社会环境，减少他们遭受的痛苦、贫困和压迫。

2. 核心理念

国际美慈组织信奉并珍视下列核心理念：
- 人生的内在价值和尊严；
- 所有人都应对他人的顽强生存能力表示敬畏；
- 关注所有人的兴旺发展，而不仅仅是单纯的生存；
- 所有人都有权生活在和平环境中并充分参与影响其生活的决定；
- 关注地球的健康，以负责、有效的方式保护和管理自然资源；
- 受托人有责任有效利用他人向其托付的资金。

（三）国际美慈组织在缅甸的活动

目前缅甸处于向民主社会过渡的时期，正经历着文化和政治领域的迅速变化。市场导向型改革为富有冒险精神的人们提供了摆脱贫困的机会，困扰这个国家多年的贫困问题有望逐步加以改善。国际美慈组织认为，对缅甸人来说，过渡时期是一个令人振奋的时期，目前存在的问题是，许多人缺乏为充分利用这一时期的机遇所必需的技能。

地址	缅甸仰光莱镇区甘路（吴坤佐路）87-C 电话：+951524419，传真：+951524419ext-01 电子邮箱：info@mm.mercycorps.org
负责人姓名	Paolo Cerati
联系人姓名	Dian Chairul，Thein Zaw
在缅甸开始活动的时间	2008年
员工总数	本国80人，国际4人
工作领域	生计与粮食安全、自然资源管理、应急响应

国际美慈组织在缅甸的主要目标

国际美慈组织致力于帮助缅甸人增加经济机会，提高抗灾能力，改善公共卫生，加强民间组织网络，以提高社区自我生存和发展的能力。

（四）在缅甸的主要项目/活动的地点

伊洛瓦底省的拉普达；曼德勒省的标贝（Pyawbwe）；若开邦的马拉卡吴（Mrak Oo），在当地有合作伙伴；钦邦的通赞，在当地有合作伙伴；若开邦的皎漂和漂泊包滔（Pauk Taw），在当地有合作伙伴。

目标人群

贫困农民，目标坚定的企业家，灾难的幸存者，妇女，边缘人群，青年。

旨在提高妇女权利的活动

国际美慈组织在缅甸的活动开始于2008年爆发的纳尔吉斯风暴，该组织富有创新性地以市场化手段提高贫困社区的生存能力，赢得了当地人的信任。国际美慈组织是缅甸第一个与万事达信用卡公司（MasterCard）合作的非政府组织，率先发现缅甸人在商业和金融教育方面的巨大差距。为此，他们开展了商业启蒙教育项目"通向成功的商业和金融启蒙"，预计将有1000人受益，尤以培养女企业家为重点。

该项目包括以下课程：市场营销，市场评估技能，现金流动分析，小额现金管理，记账和基本核算能力。该项目注重提高菜农的商业技能，以提高经营效率和蔬菜产量，保证当地家庭的蔬菜供应。上述课程是从国际美慈组织在其他亚洲国家开设的现有课程基础上改编而成的。

国际美慈组织缅甸分部主任希望通过上述项目帮助特别贫困者掌握走向成功所必需的生存技能。商业和金融启蒙教育有助于农民和微型企业家充分参与新时代的经济活动。

（五）在缅甸的企业社会责任活动

2008年纳尔吉斯风暴后，国际美慈组织在DHL的协助下安排紧急救援物资的装运（从波特兰到缅甸）。缅甸政府对国外救援持抵制态度，将救援物资和救援人员限制在仰光。国际美慈组织与已经和缅甸政府达成谅解备忘录的英国医疗救助组织建立了合作关系。进入缅甸的国际救援机构依靠当地工作人员开展工作，以便绕过专制政权设置的种种障碍。国际美慈组织实行"有偿劳务"计划，向当地居民支付现金，以促使他们清理被洪水冲毁的村庄和补种水稻。

1. 重建风暴袭击社区的生活

自2008年以来，国际美慈组织一直致力于缅甸受灾社区的恢复，增加其经济发展机会，保障食物供应，改善公共卫生，加强民间社会组织网络。

缅甸2008年风暴是20年来发生于亚洲的最大风暴，导致138000多人死亡或失踪，240万人流离失所。在受灾最严重的伊洛瓦底江三角洲地区，国际美慈组织及其合作伙伴致力于改善幸存者及其所在社区的生活与生计。

2. 恢复家园和村庄

位于伊洛瓦底江三角洲的拉普搭镇是受灾最严重的地区之一，该镇35万名居民中约有8万人死于这场风暴，许多家庭在这场风暴中变得一无所有，难以开始新的生活。"村庄恢复计划"以有偿劳务的方式雇用当地居民重建被洪水冲毁的村庄基础设施，改善供水和卫生条件。

迄今为止，"村庄恢复计划"雇用了15000名幸存者开展工作，向当地经济注入资金50万美元。他们建造了2000个厕所和19个社区固体废弃物处理设施，改善了卫生条件，疏浚了排水系统。

"村庄恢复计划"修建了可容纳10400人的社区紧急避难所，修复了8座修道院和2座教堂，并在里面贮存了应急用品，以便当地居民在风暴期间将其作为避难所，同时对当地红十字会进行了灾难应对培训。

由欧共体人道主义援助办公室和英国国际发展署提供资金的住宅项目为9300个弱势家庭恢复或重建了住宅，共有近48000人受益。建立安全、牢固的家庭住宅是帮助这些家庭重振家业的前提，在伊洛瓦底江三角洲地区尤其如此，因为包括农具或渔网修理、食品加工和篮具编织在内的许多生计活动都是在家中进行的。

3. 保障食物供应，恢复农业和渔业

农业占伊洛瓦底江三角洲地区经济总量的80%，因而国际美慈组织在缅甸的重要目标是帮助弱势稻农重建生计。

当地向来用水牛耕地，但在这次暴风雨中有90%以上的水牛丧生。缺乏耕地用的牲畜或机械是恢复当地农业生产的主要制约因素。由民间和英国国际发展署提供资金的国际美慈组织牲畜项目向当地农民提供了数以百计的耕作机和水牛，以帮助他们恢复农业生产。600个家庭取得了水牛，500个家庭取得了耕作机，总价值为1003300美元。国际美慈组织还培训了52名可提供高质量兽医服务的社区推广人员。

国际美慈组织和与其合作的当地非政府组织社区发展协会建立了100个社区性"牲畜银行"，共有500个家庭加入，以促进畜力共享和牲畜繁育。该机制将利用三角洲地区强有力的社会网络推进畜力共享。

尽管当前的家庭收入仅相当于风暴前家庭收入的36%，但农业生产恢复较快，纳尔吉斯风暴刚结束时农业生产水平相当于风暴前的25%，而在2009年，已相当于风暴前的50%左右。

国际美慈组织与社区发展协会和当地政府合作，致力于促进拉普塔镇牲畜市场的发展，并为交易者提供必要的帮助，这些措施增进了牲畜交易的简便化和可持续性。

他们开展的生计项目还向渔民提供了600艘渔船，因为原有的渔船已毁于风暴，同时向另外数百个家庭提供了渔网和蟹笼，并将继续向渔民提供现金支持。

他们开展的项目帮助数以千计的家庭创办小型家畜饲养园和小型菜园，以丰富其食物来源，增加其收入。他们继续致力于伊洛瓦底江三角洲地区的经济恢复，尤为注重将当地私营部门纳入经济恢复项目。

4. 与当地合作伙伴密切合作

国际美慈组织与缅甸民间组织合作，向需要救助的社区提供救助。国际美慈组织与粮食安全工作组在拉普塔镇建立了旨在促进粮食安全和居民生计的社区资源中心，以便向当地居民提供必要的信息、培训和支持。拉普塔镇社区资源中心负责提供农业和职业培训，服务于国际非政府组织、当地非政府组织和当地社区成员，其成员包括农民、渔民、企业家和青年。由于这场风暴杀死了啮齿类动物的天敌，破坏了三角洲地区的生态系统，从而导致啮齿类动物泛滥，因此他们举办控制啮齿类动物讲座，以帮助当地农民应对风暴过后啮齿类动物急剧增加的问题。

5. 目前的恢复计划

国际美慈组织与其合作伙伴社区发展协会和 AYO 继续致力于伊洛瓦底江三角洲地区生产和生活条件的恢复。此外，国际美慈组织还与缅甸的非政府组织红树林服务网络合作，致力于当地森林资源的市场开发和能源问题的解决。

国际美慈组织将继续开展旨在满足当前经济恢复需要的项目，重点是加强以下领域的工作：

• 将"穷人市场"模式和价值链分析纳入恢复项目，保护稻米、牲畜、供水和蔬菜种植等领域的生产者、交易者和农业企业的利益；

• 兴办农民田间学校，向农民传播低投入农业和其他可持续资源管理方法；

• 将沿海居民的生计和可持续渔业纳入经济恢复和减贫计划；

• 提高当地社区对包括气候变化在内的自然灾害的抵御能力；

• 提高卫生和营养意识，改善卫生和营养行为；

• 注重提高青年所具备的农业生产以外的其他谋生技能。

（六）结束语

• 纳尔吉斯风暴灾难发生后，国际美慈组织在帮助灾区重建过程中，探索到了在缅甸开展救助活动的良好方式；

• 国际美慈组织的优势在于它长期致力于帮助世界各地的人们解除痛苦、贫困和压迫，建立一个安全、高效和公正的社会，在这方面积累了丰富的经验；

- 根据2012年的年度报告，有88%的救援资金和物资用于人道主义项目，只有12%用于筹资和管理；
- 当地人士对该机构在企业社会责任方面的活动持肯定态度；
- 国际美慈组织的项目之一"机会的种子"创办了10个示范园，在全世界产生了积极影响；
- 国际美慈组织以其独创性和创新性成为其他灾难救援机构效法的榜样。

九　缅甸2008年纳尔吉斯风暴

（一）事实与数据

2008年5月2日，纳尔吉斯风暴席卷缅甸，在缅甸南部地区持续两天之久，对伊洛瓦底江三角洲地区造成重大破坏。根据官方统计，风暴造成84500人死亡，53800人失踪，37个乡镇严重受灾。联合国估计受灾人数多达240万人。

（二）求援

缅甸红十字会在国际红十字会与红新月会联合会协助下进行了为期三年的纳尔吉斯风暴灾后救助与恢复工作，对13个乡镇的10万个受灾家庭进行了救助。这些乡镇的总受援面积约为17558平方千米。

- 求援金额：6850万瑞士法郎；
- 受援范围：104%；
- 实际开支：90%；
- 对灾区进行救助，帮助灾民从灾难中恢复过来并开始新生活的具体情况如下文所示。

（三）房舍

- 12404个家庭有了新的住房；
- 建立了25所学校，近3250名适龄儿童得以入学；
- 建立了19个农村保健中心；
- 建立了93个红十字会急救站等社区服务机构；

- 修复了 171 座社区建筑或基础设施。

(四) 生计
- 19353 人及其家庭重新获取或加强了其在农作物或蔬菜种植、家畜饲养、渔业和小企业经营方面的生计;
- 7444 人及其家庭受益于"有偿劳务";
- 109 个村庄种植了旨在保护环境的绿化树木和果树。

(五) 医疗卫生
- 160014 人取得了基本的医疗卫生服务;
- 127410 名在校学生养成了良好的卫生习惯;
- 247 名红十字会志愿者和 4358 名社区志愿者接受了社区卫生和急救培训,他们协助医生为 77255 人提供了医疗服务;
- 旨在提供心理社会性支持的社区活动使 70363 人受益;
- 45 家学校或教育机构的儿童受益于儿童娱乐设施,668 个村庄的村民受益于成人娱乐设施。

(六) 饮水和卫生条件的改善
- 大约 45768 名在校学生因校园内建起了雨水收集池和水井而喝上了清洁的饮用水;
- 13 个乡镇修复了原有的 446 个公共水塘,新建了 121 个水塘,疏浚了原有的 500 口水井,新建了 207 口水井,安装了 529 个雨水收集罐,使这些乡镇的居民喝上了清洁的饮用水;
- 新建厕所为大约 12064 名学校儿童和 46993 个家庭提供了良好的卫生条件。

(七) 灾前准备和降低风险
- 位于灾难多发区的 136 个村庄 4000 多人接受了社区灾难风险防控培训,有关部门为其提供了用于报警的扬声器以及担架和教材;
- 300 名在校儿童和 20 名教师接受了学校灾难风险防控培训;
- 为若干乡镇的红十字会服务站安装了电话线或便携式电话机,以改善其通信条件。

(八) 全国性社会和社区能力建设

- 近900名红十字会志愿者继续为各种现场活动提供宝贵的支持，成为联系各受灾社区的纽带，他们当中的许多人接受了有计划的全面培训或在岗培训；
- 向受灾社区提供全方位的扶持，如帮助其恢复并扩大洁净水源，改善卫生条件，加强对疾病的认识和预防，引进先进的种植技术，改善家畜饲养方法，提高住宅和校舍的抗灾性能，保证校舍在强风暴灾难期间成为当地居民的临时住所，对当地居民进行灾难防御培训。

2008年5月6日—9月27日，各国捐赠救援物资情况如表5—3所示。

表5—3　　　　　各国捐赠救援物资情况一览表
（2008年5月6日—9月27日）

国别	物资				
	食物（吨）	家庭用品（吨）	建筑材料（吨）	医药（吨）	总计
新加坡	27	35	20	4	86
马来西亚	10	14	27	—	51
越南	116	9	10	—	135
斯里兰卡	53	20	—	3	76
文莱	9	9	—	2	20
沙特阿拉伯	1290	214.2	448.15	—	1952.35
日本	2	11	5	—	18
韩国	6	15	40	9	70
德国	27	12	1	1	41
泰国	334.52	190	280	30	834.52
澳大利亚	3	5	—	—	8
希腊	21.47	8.9	57.51	—	87.88
中国	16.87	20	18.61	1	56.48
印度	9.41	7.59	1022.83	3	1042.83
经由机场	416	470	500	398	1784

续表

国别	物资				
	食物（吨）	家庭用品（吨）	建筑材料（吨）	医药（吨）	总计
总计	2341.27	1040.69	2430.1	451	6263.06

注：沙特阿拉伯还捐赠了10辆"陆地巡洋舰"皮卡、10辆救护车和10个轮椅。

资料来源：缅甸社会福利、救助和安置部。

（九）红十字会和红新月会在纳尔吉斯风暴期间的救助活动

国际红十字会和红新月会联合会始终奉行其作为国际红十字和红新月运动非政府组织的行为准则，始终奉行人道主义宪章与灾难救助最低标准，积极向急需救助的人们提供及时救助。

红十字会和红新月会为纳尔吉斯风暴救灾开展了下列救助活动：

- 难民安置；
- 发展生计；
- 基于社区的医疗与急救；
- 心理社会性支持；
- 供水与卫生；
- 灾难防御与降低风险；
- 综合干预；
- 监测与评估；
- 加强三角洲地区社区建设，提高其灾难抵御能力；
- 财务分析：收入与支出；
- 对纳尔吉斯风暴袭击社区的双边支持；
- 从基金救助到正常扶持项目的过渡。

（十）在总结经验教训的基础上拟定的战略规划

缅甸红十字会根据其在纳尔吉斯风暴期间和随后进行的救助活动，拟定了2011—2015年战略规划。从这次灾难救助活动得出的经验教训如下：

- 有必要建立并保持全国性的灾难应对机制；
- 从实施具体的救助项目转为统筹规划，对灾区进行全面救助；

●注重对灾民的培训,提高其自救能力,使其在灾后重建活动中发挥主导作用,改变缅甸红十字会以前实行的在受灾乡镇设立救助点的办法;

●有必要建立并保持全社会通用的规划、监测、评估和报告制度,以保证灾难救助的质量,切实对捐赠者负责。

第六章

CRS 活动和对民众的责任

我们走访了所有项目区域，拜见了当地居民，了解他们对各项目的意见。这里，我们并没有进行统计分析，而是采取调查问卷和访谈的形式，得出总体结论。

一 道达尔采取的 CRS 活动与责任

- 道达尔为当地居民提供就业机会，赢得社区的认可；
- 各社区了解道达尔的制度特性后，普遍认为该公司是值得信赖的国际组织；
- 因为建立了良好的声誉，道达尔被视为缅甸人民的合作伙伴。

二 马来西亚国家石油公司采取的 CRS 活动与责任

- 马来西亚国家石油公司首次被当地居民认识，是作为在日本公司的合作伙伴在缅甸开展业务；
- 在项目建设期间，马来西亚国家石油公司在耶德贡为当地居民修建了学校和诊所，而且耶德贡投资的项目已经投产；
- 尽管最初安置项目区域附近的居民时曾经发生过争执与冲突，但是现在基本上已经解决。

三 美国洛杉矶扶轮社的 CRS 活动与责任

- 扶轮社是一家美国公司，从一开始在缅甸就具有良好的公司形象；
- 虽然是一种公关策略，但扶轮社给缅甸的年轻人提供了积极的帮助；
- 扶轮社为缅甸的年轻人提供职业技能培训和能力建构，有助于培养缅甸的青年领袖。

四 万宝公司的 CRS 活动与责任

- 万宝公司成立了社区和社会发展（CSD）团队，开展 CSR 活动。
- 根据莱比塘铜矿调查总结报告提出的建议，万宝公司已经开始协助项目所在地进行地区发展。
- 万宝公司的 CSD 团队在周边社区开展了一系列活动。2013 年 5 月 21 日，该小组进入莫基滨（Moe Gyo Pyin）南部和北部的村庄，拜访村民，介绍成立 CSD 小组的目的，以及该小组对僧人和当地居民制订的 CSD 活动计划。该小组受到村民的热烈欢迎，村民们表示希望并需要缅甸万宝铜矿开采有限公司成立该小组。在走访莫基滨村民时，村民们报告说他们需要供水、中学和电力。缅甸万宝铜矿开采有限公司还发现这些村庄的大多数孩子只读到小学就辍学了，而且那些希望继续读初中的学生，每天都要步行 2 英里到矿山镇中学就读。
- 2013 年 5 月 25 日，CSD 小组分成四组分别来到鲍卡（Phaung Kar）南部、莫基滨南部、北部以及中部村庄。5 月 26 日，该小组加快行动，分成更多小组，到 7 个村庄进行宣讲并聆听居民心声。他们拜访了瓦塔纳（War Tann）村的村委会，还去了瑞潘坎（Shwe Pann Khine）和德多（The Daw），他们详细地记载了居民对瑞潘坎涯乌（Shwe Pann Khine Ywa Oo）寺重建和装修的要求，以便向委员会汇报。在走访过的七个村庄里：里尔提（Lel Ti）、涯税（Ywa Shae）、帕朗（Pa Laung）、当帕鲁（Taung Pa Lu）、瓦塔纳、瑞潘坎、德多，CSD 小组捐赠了图书，建立了乡村图书馆，收集了社会数据和调查问卷，以评估煤矿对这些村庄造成的潜在社会影响。

● 由于 CSR 活动刚刚开始，万宝公司的形象以及其与当地居民的关系还有待进一步观察。

第七章

四家公司之间的对比

一 前言

本章重点考察了激励因子、利益相关者压力、管理者对 CSR 活动的经济利益理解以及管理者促使其他组织更加客观关注其对居民和社区的影响，而不是仅仅关注环境本身和社会价值观。但是，环境影响通常容易量化，设置目标，而评估社会方面的影响可能要困难得多。

二 对比方法

本文将基于 CEPAA（经济优先权认可机构委员会）2000 年制定的 "SA8000" 社会责任标准，对比各国项目的 CSR 绩效。SA8000 社会责任的雇用规范标准，由咨询委员会起草，历时将近一年，于 1998 年问世。它以 ISO9000 质量标准为模版，但它规定具体的绩效标准，这点与 ISO9000 不同。

SA8000 实施守则分为以下九大关键领域：
- 童工；
- 强迫劳动；
- 卫生与安全；
- 自由结社和集体谈判；
- 歧视；
- 惩罚；
- 工作时间；

- 薪酬；
- 管理系统。

但是在本文中，研究团队将基于上述标准建立 CSR 标准。团队将询问项目负责人、项目区域内的居民和项目雇员了解正在进行的 CSR 活动，以及居民在多大程度上可以享受 CSR 活动。这主要分为以下三大类：环境、本地社区以及 CSR 项目。

三 四个公司之间的对比

比较这四家公司的 CSR 活动绩效和评分如表 7—1 所示。在该表中，评分量表 5 代表 "优秀"，4 代表 "良好"，3 代表 "一般"，2 代表 "中性"，1 代表 "差"。

表 7—1　　　　　使用评分系统比较四家公司

序号	CSR 活动	各国，国际非政府组织（INGO）/非政府组织（NGO）项目									
		道达尔	马来西亚国家石油公司	万宝公司	耶涯水电站	油气管道	JICA	亚洲国际	UNDP	UNICEF	AZG Holland	本地 NGOs
	环境											
1	EAT, EMP 维护	5	5	4	5	4	5	3	4	—	—	4
2	环保技术利用	5	5	4	4	4	5	3	5	—	—	3
	Local 社区											
3	尊重人权和文化价值观	4	4	3	3	3	4	3	5	5	5	5

续表

序号	CSR 活动	各国，国际非政府组织（INGO）/非政府组织（NGO）项目									
		道达尔	马来西亚国家石油公司	万宝公司	耶涯水电站	油气管道	JICA	亚洲国际	UNDP	UNICEF	AZG Holland	本地NGOs
4	就业和薪水	5	5	2	3	3	4	4	5	5	5	3
5	令人满意的土地赔偿	5	5	1	2	2	4	2	—	—	—	3
	CSR活动											
6	培训和教育	3	3	3	2	2	5	3	5	4	4	4
7	慈善捐赠	5	5	3	3	3	4	4	5	4	4	4
8	社区福利	4	3	4	4	3	4	4	4	4	3	4
9	卫生与安全	3	3	3	3	3	5	3	5	5	5	4
10	交换项目	—	—	—	—	4	—	—	4	—	4	

四　研究发现与展望

在表7—1中，共有四家中国公司的项目，万宝公司和油气管道（瑞项目），亚洲世界ODA项目以及耶涯水电站项目，剩下的来自其他团体；表中所示的日本、美国和欧洲是无关因子。

对比发现各项目使用的环境评估测试（EAT），环境管理计划（EMP）和环境保护技术并没有显著差异。但是中国的项目落后于欧洲和日本公司，尤其是中国万宝公司。昂山素季"调查委员会"起草的报告中强调万宝公司没有系统地进行环境和社会评估。

在社区层面，对比发现中国公司及其负责的项目无法与其他国家竞争。道达尔、国家石油公司和联合国组织在就业和薪水方面明显优于中国公司。正如第五章所言，缅甸当地居民在欧洲公司和联合国组织中工作比在中国公司工作明显具有优越感，因为薪水较高。

表面上看起来，中国公司和项目的 CSR 活动按照他们在公告和网站上公布的计划都是令人满意的，但是实际上，项目区域内大多数人都感觉未受到中国 CSR 项目的惠及。在这一点上，中国公司不应该只做书面工作，而是应该按照国际标准执行。

第八章

结论和建议

一 前言

2013 年 7 月 5 日，中华人民共和国驻缅甸大使馆召开了首次中国和缅甸媒体发布会，发布了企业行为准则以规范中国公司的在缅行为。一些不负责任的中国公司越来越受到缅甸人民的抵制。该新闻发布会最后发布了以下几点原则建议，敦促中国在缅公司遵守。

为了建立可持续发展的 CSR 项目，在缅甸的中资公司必须做到如下几点：

- 严格遵守缅甸和中国政府颁布的法律；
- 负责任地缴纳缅甸政府征缴的各项税费；
- 遵守两国达成的环境保护法律；
- 系统开展环境评估测试（EAT）和环境管理计划（EMP）；
- 使用环境保护技术减少或避免环境影响；
- 避免忽视商业分歧或对商业分歧反应过激；
- 与当地居民合作开展较多的社会责任活动；
- 尊重当地文化和宗教信仰，透明运营；
- 开展技术和文化交流项目；
- 创造就业机会，遵守法律，为员工创建社会安全网络。

这些政策建议可行性强，而且合理，中国企业应该遵守并坚持负责任地经营和投资。除了以上几点纪律，还有以下建议。

二 关于环境的建议

- 中国公司的大多数项目缺乏"环境管理计划"(EMP)和"职业健康安全评价体系"(OHSAS);
- 项目上马前应咨询当地居民、NGO组织和各个相关利益团体,了解他们的期望、建议和意见;
- 大多数的中资项目未对宗教和文化遗产因素进行深度评估,它们需要进行"社会经济评估测试",然后公布发现和结果,让当地社区知晓;
- 建立中小型企业,给项目区域内以及失去土地的居民提供就业机会;
- 中国政府除了组建社区和社会发展小组(CSD)之外,还要成立"仲裁委员会",该委员会应该有权对土地争议进行仲裁;
- 帮助在缅甸的中资公司筹集资金,以便开展CSR活动;
- 鉴于全球变暖以及近年来对环境的影响,正确并系统地投入执行"环境管理计划"将有助于未来实现所有的项目可持续发展。

三 政治建议

(一)利用地缘关系

- 事实上,中国与缅甸人民和政府关系很好。缅语单词胞波(Pauk-paw,意思是一母同胞)在缅甸语中专指中国。因此,毫无疑问,中国在处理与缅甸人民的关系时占据很多优势。
- 目前,缅甸受国际社会与穆斯林的宗教冲突困扰。中国应该借此机会表明立场,中国人民和中国政府将坚定地支持缅甸人民和政府。
- 边境贸易是中国的另一大特权,其竞争对手难以匹敌。但这一特权不能滥用,而是要在此基础上建立可持续发展的形象。

(二)更加关注公共关系

- 为了建立人民之间的信任与牢固的关系,中国政府应该关注公共关系项目，而且应该划拨专门经费。中资公司应该证明其 CSR 活动是标准化的，惠及该地区的所有居民。

● 而且，中国政府应该考虑在缅甸设立孔子学院，推广汉语语言和文化，支持本地的对外汉语教学，促进文化交流。

● 在弘扬文化和宗教的同时，各社区的领导人必须想办法获得本地多数族裔认同。例如，可以利用中国的新年和其他节日，同时开发一些创意性活动，建立多民族间的双赢关系。

四　社会和文化方面的建议

● 中国政府和所有的中资机构必须想方设法鼓励在缅甸的中国人尊重和适应缅甸文化。

● 研究新、老华裔和新移民的差异。在几百年前就有成千上万的华裔居住在缅甸。他们现在大多数归化入籍，而且有了后代。这些人熟悉缅甸文化，甚至有些人已经认为自己是缅甸人了。他们像缅甸人一样生活，与缅甸人世代友好，没有种族仇恨，没有商业纠纷。而新移民则不同，他们对缅甸的文化和语言知之不多，基本上都是中资公司和项目的员工或工作人员。因此，他们高人一等的方式和行为损害了中资公司的形象。

● 发掘共同点，建立当地社区之间亲密无间的文化联系。

五　考虑因素

最重要的是，建立可持续发展 CSR 所需的宽广视野、承诺和决心是无法忽略的。因此，所有项目，包括在缅甸开展业务的 NGO 联合组织和基金，都应该考虑以下因素：

● 过去由政府和政府主导时，中国的项目和投资盛极一时。但是现在，需要考虑另外两个因素，当地社区的言论和新闻自由，范式已经发生变化。

● 过去，中国在缅甸无人争锋。但是，现在有了西方的竞争者。如果中资公司和项目希望继续保持自身的优势，那么就应该更好地制定

CSR 项目。

- 缅甸没对外开放的时候，中国是缅甸政府的合作伙伴。但是现在缅甸对世界开放了，中国必须学会与当地社区和其他社区打交道，保持自己的竞争优势。
- 在封闭环境下，商业的战略和 CSR 可能不是问题，但是在自由开放的市场里，良好的战略、管理和 CSR 计划将成为市场的核心价值。
- 现在贯穿缅甸境内的油气管道和国家项目，未来是否安全，很大程度上依赖于这些项目是否关照了当地居民。
- 经济开发范式中的地区利益很可能已经转移到了缅甸，而且可能持续至少一个世纪。
- 今天，缅甸人民已经觉醒，并且能够在现政府的领导下充分发挥自己的能力。因此缅甸这一代和下一代将要求现在在缅甸境内经营的所有公司承担更多的可持续发展的企业社会责任。

六　结论

中国过去支持缅甸军政府对现在的中缅关系造成了不良的影响。过去缅甸遭受过美国和欧盟的制裁，必须依赖中国的支持才能在国际社会中生存。现在随着缅甸之春的来临，缅甸成了国际社会的宠儿，中国在缅甸的投资不再享有特权。这将改变中国在缅甸的投资局面。

中国在缅甸投资的减少导致了缅甸吸引外资的总额从 200 亿美元减到 2011 年的 46.4 亿美元和 2012 年财政年度的 14.2 亿美元。过去缅甸国内外商投资大多集中在制造、电力、石油天然气项目和酒店旅游业。现在中国仍然是缅甸最大的贸易伙伴。如果中国希望保持过去的投资地位，挽救自己的损失，那么现在开始最大限度地承担起自己的 CSR 责任，与西方公司在缅甸展开竞争为时不晚。

正如开篇所言，如果中国过去是，将来也是一个好邻居，那么缅甸人民很快将体会到中国带来的好处。而且中国一直在国际社区维护良好的形象，所以应该更加全面地思考如何善待这个弱小的邻居，将其带上双赢的轨道。如果邻居实现了长期的可持续发展，必然对另一方产生积极影响。双方别无选择，只有在国际社会中相互支持，携手并进。

下 篇

中国在缅甸履行国际责任的模式与路径设计研究

第一章

改革开放以来中国履行国际责任的经验与教训

一 国际责任的相关概念及理论

国际责任是指国际社会某个成员对国际社会在经济、政治、安全、道义等方面所应承担的国际义务及所做出的贡献。① 民族国家的出现和国际社会的形成构成了国际责任产生的两大基础。在此基础上，对国际责任的认知存在多个维度。

（一）四种国际责任观

从国际责任的内在逻辑和伦理取向来看，主要存在现实主义、自由主义、建构主义和批判主义四种基本的国际责任观。现实主义国际责任观以现实主义国际利益观为基础，将国家利益放在履行国际责任之上的优先位置。自由主义国际责任观虽然也强调利益，但是它并不完全排斥道德与伦理规范，类似于市场理性，强调合作与共赢，是弱或薄（weak or thin）国际责任观，体现的主要是亲市场（pro-market）的自由竞争式的责任观。建构主义国际责任观以建构主义国际关系思想和建构主义利益观为基础，认为国家之间不仅仅是利益关系，也存在着一定的规范，而且这种规范具有建构性和发展性。批判主义国际责任观是一种革命的或激进的国际责任观，强调规范和价值的重要性，重视公平和正义的责任观。批判主义国际责任观比建构主义国际责任观更加激进，主张对现

---

① 王公龙：《国家利益、共有利益与国际责任观——兼论中国国际责任观的构建》，《世界经济与政治》2008 年第 9 期。

实主义和自由主义的责任观进行激烈批判，认为它们都不是真正意义上的伦理性国际责任观，它批判现实主义是无人性的动物权力逻辑，批判自由主义是隐性的市场利益逻辑。

（二）国际责任的认定

从国际责任的认定来源来看，国际责任的认定来源于国际法定义、自我定义及他方定义三个方面。国际法意义的"国际责任"，其内涵主要体现在以下四个方面：国际不法行为责任，履行国际公约责任，履行国际职权的国际责任，基于国际道义、国际价值原则和国际共同利益的"共同责任"或"集体责任"。自我认定的国际责任，其内涵主要包括国际责任固有的价值判断、道德及意识形态倾向，其表达形式和渠道包括是正式认定或官方认定，以及学者、智囊团的研究成果等。自我认定的国际责任反映的是国家、政府或领导人的国内外政策倾向、国际身份认同，以及国家的战略选择和利益考虑。他方定义的国际责任，即被其他国家或其他人定义期待或强加的国际责任。比如，美国要求中国加强知识产权保护、放松人民币汇率管制、增加军事预算透明度、加大对阿富汗和伊拉克战后重建的投入等，就属于他方定义的"中国的国际责任"。

（三）国际责任的层次

从国际责任层次来看，国际责任可分为基础责任、有限责任与领袖责任。在现代民族国家体系下，国家的国际责任就是国家在某一国际体系中担负的对外义务。这种义务包含遵从国际规范的责任、维护国际规范的责任和革新国际规范的责任三个层次。国际规范包括国家所签署的对外条约，以及它所遵循的国际法、国际惯例和国际基本共同价值观。履行国际契约，是国家作为国际体系一员的基本责任，也是其存在于某一体系中的基本条件。在维护国际规则这一层次上，不同国家承担的国际责任是不同的。一般而言，强国往往承担着更多的责任。改造国际规范的责任，即国际政治秩序的变迁，主要是由大国的力量对比和政治意愿决定的。大国改造国际体系的现象非常普遍。无论是通过"改革"国际秩序来维持霸权的国家,还是通过彻底重塑国际秩序来争夺霸权的国家,都是国际体系中有能力、有意愿担当领袖的国家。因此可以把第三种国际责任称为"领袖责任"。①

(四) 国际责任的主体

从国际责任的履行主体来看,承担并履行国际责任的主体是多元的。就主权国家层面来说,履行国际责任的主体既有发达国家,也有发展中国家;既有北方国家,也有南方国家;既有大国,也有小国;既有富国,也有穷国。发达国家侧重自身国际霸权和国际地位的维护和巩固,发展中国家注重自身的发展和边缘化处境的改变;北方国家主要希望通过国际责任来强化自身的有利国际地位,南方国家则希望发达国家或新兴国家承担更多的国际责任,从而帮助他们自身获得发展;富国希望通过国际责任提升自身的软实力和主动权以促进更富,穷国则希望富国能提供更多的帮助。

就国家内部而言,参与履行国际责任的不仅有政府,更有企业和非政府组织(Non-Governmental Organizations,NGO)等多元化主体。国际责任是全球化时代对世界各主权国家的根本要求。政府作为国家主权的管理者和行使者,是国际社会承担并履行国际责任的主要力量。在全球化的世界经济中,企业越来越多地代表母国参与国际社会的商品生产、资源开发、投资贸易等活动,是母国参与国际社会活动的重要载体,同时也是母国承担并履行相应国际责任的重要组成力量。NGO 被普遍认为是除政府和企业之外的第三种社会力量,因其"亲民"和"非营利"等特性,在一定程度上改善了公共产品和服务的质量,成为政府和企业推行良治、提供社会公益的有效补充。伴随着经济全球化的不断深入,NGO 在国家—社会、国际关系等各个层面的参与和政策影响已不容忽视,在履行国际责任的过程中正日益成为政府和企业之外的又一重要行为主体。

---

① 周鑫宇:《中国国际责任的层次分析》,《国际论坛》2011 年第 6 期。

二 改革开放以来中国履行国际责任的方式及做法

改革开放以来,中国通过及时把握全球化进程所提供的机遇在实现自身复兴发展的同时,正日渐成为一个有世界影响力的地区大国。伴随着综合国力的快速上升以及不断走向全球的脚步,中国如何在国际社会运用新获得的力量日渐引起世人的广泛关注。无论是西方发达国家,还是广大的发展中国家,都对中国在国际舞台上的角色和形象有了新的期待、定义和要求。与此同时,经过多年履行国际责任的实践和积累,中国正在形成政府、企业、NGO"三位一体"协同履行国际责任的多元格局,正在以自己独特的方式和做法履行着自己的国际责任。

(一)中国政府履行国际责任的方式及做法

1. 对外援助一直是中国政府履行国际责任的最主要方式

履行国际责任的方式及做法是随着历史和现实环境等多方面因素变化而变化的。在不同的历史时期,国际社会对中国履行国际责任的期待与要求亦有所不同。但国际责任与对外援助却是存在内在关联的,国际责任的伦理本质要求对外援助,而对外援助的伦理属性也彰显了履行国际责任的方式。因此,中国政府一直将对外援助作为自己履行国际责任的最主要方式。

多年来,中国在致力于自身发展的同时,始终坚持向经济困难的其他发展中国家提供力所能及的援助,始终通过对外援助推进中国自身与世界其他国家和地区的共同发展。中国对外援助从帮助周边友好国家开始起步。20世纪50年代初期,中国在自身财力十分紧张、物资相当匮乏的情况下,开始向朝鲜和越南两国提供物资援助,开启了对外援助的序幕。此后逐步将援助范围扩大到亚洲和非洲友好国家。之后,中国的对外援助共经历了七个阶段。第一是初始阶段(1950—1963年),中国先后向朝鲜、越南、阿尔巴尼亚等21个社会主义国家和一些亚洲的发展中国家提供了军事援助和经济援助。第二是发展阶段(1964—1970年),援助支出比初始阶段增加1倍多,项目数量增加2倍多,援助范围从1963年的21国扩展到1970年的32国,尤其是增加了对非洲国家的援助。第三是急剧增长阶段（1971—1978 年），援助范围从 32 国增加到 66 国，援助地区从亚洲国家扩大到拉美和南太平洋国家。第四是调整改革阶段（1979—1992 年），实行改革开放后，中国根据国情适度调整了对外援助的规模、布局、结构和领域，进一步加强对最不发达国家的援助，更加注重提高对外援助项目的经济效益和长远效果，援助方式更为灵活。第五是进一步改革阶段（1993—2000 年），中国在加快从计划经济体制向社会主义市场经济体制转变的过程中，开始对对外援助进行一系列改革，重点是推动援助资金来源和方式的多样化，推行政府贴息优惠贷款。第六是全面快速发展阶段（2001—2010 年），中国加入世界贸易组织以来，经济不断发展，国力不断增强，对外援助规模不断扩大。中国政府利用联合国高级别会议和中非合作论坛、中国—东盟领导人会议、中国—太平洋岛国经济发展合作论坛等区域合作机制会议场合，推出了一系列有针对性的援助措施，扩大对外援助影响。第七是继往开来阶段（2011 年至今），2010 年 8 月，中国政府召开全国援外工作会议，全面总结援外工作经验，明确了新形势下进一步加强和改进对外援助工作的重点任务，中国的对外援助进入新的发展阶段。

改革开放以前，中国的对外援助是作为"严肃的政治活动"进行的，对外经济援助是中国对外政策的主要内容，这一政策受到无产阶级国际主义以及中国的反帝、反霸、支持民族解放运动政策的影响。这一时期对外援助的数额庞大，1967 年中国对外经济援助占国家财政支出的 4.5%；1972 年达到 51 亿元，占财政支出的 6.7%；1973 年上升至 7.2%，超出发达、富裕国家对外经济援助的比例。[①] 改革开放后，中国的对外援助政策进行了改革和调整，规模得到适当控制和压缩，方式更为灵活，意识形态在对外援助中的作用逐渐减弱，开始注重援外的经济功能和效益，并逐步改革实施经援项目的管理体制。与此同时，突出了"平等互利、形式多样、注意实效、共同发展"等内容，对外援助的经济意义超越了对政治利益的诉求。进入 20 世纪 90 年代，中国扩大政府贴息优惠贷款的规模，提高无偿援助的比例，将政府援外资金与银行贷

---

① 冯超：《中国对外援助六十年变迁》（http：//news.cntv.cn/2013/04/09/ARTI1365501153465345.shtml）。

款结合起来，引导企业参与援外项目。2011年4月21日，中国国务院新闻办公室发表《中国的对外援助》白皮书。该白皮书明确指出，中国对外援助主要有8种方式：成套项目、一般物资、技术合作、人力资源开发合作、援外医疗队、紧急人道主义援助、援外志愿者和债务减免。

2. 提供国际公共产品是中国政府履行"大国责任"的典型方式

国际公共产品是一个国家提供给其他国家，特别是国际社会共同使用的资源、制度、物品和设施，比如国际气候制度、世界粮农组织所需的救灾物品、国际水域水道上的灯塔航标之类。[①] 国际关系领域里的公共产品主要有三大类：一是建立在最惠国待遇、非歧视原则和无条件互惠原则基础上的自由开放贸易制度；二是稳定的国际货币；三是国际安全的提供。[②] 受制于国际体系的无政府状态，国家行为体往往倾向于"搭便车"战略，由此导致对国际公共物品的供给严重不足。此外，随着经济全球化和经济一体化程度的不断提高，一国的国内活动和生态环境的变化必然会对其他国家，特别是地理区位邻近、相关往来密切的国家产生外部性，仅仅依靠一国的力量很难将这种外部性内部化，必须通过加强国家之间在区域范围内的集体行动，共同提高地区公共产品来加以应对和克服。近年来，中国按照自己的能力、责任和权利相一致原则开始尝试参与提供了周边地区公共产品。在亚洲事务中，中国采取负责任的内政外交政策，把睦邻、富邻、安邻当作首要的外交政策，使中国的和平发展成果惠及周边国家，推进朝核问题六方会谈、支持东亚峰会和东盟一体化建设、大力援助周边国家应对灾难危机、劝和促谈伊朗核争端等。

在国际关系现实中，由大国主动承担国际责任，增加供给以缓解国际公共物品供给不足的困境，成为当今促进国际合作、推动全球治理实现的重要途径。中国作为一个成长中的大国要始终考虑到国际社会的实质需求，需要从自身国家利益的实现中体现国际社会的实质需求。因此，也就要求作为国家主权的管理者和行使者的中国政府将向国际社会提供

[①] 王逸舟：《中国需要大力拓展"高边疆"和提供国际公共产品》，《当代世界》2012年第5期。

[②] Charles P. Kindleberger, "International Public Goods Without International Government", *The American Economic Review*, Vol. 76, No. 1, 1986, pp. 1–13.

国际公共产品作为自身履行"大国责任"的典型方式。

1997—1998年的亚洲金融危机是中国负责任理念与行动得以展现的重要契机。中国政府积极参与国际货币基金组织对亚洲有关国家的援助，向泰国等国提供了总额为40亿美元的援助。同时，中国本着高度负责的态度，做出人民币不贬值的决定，为维护本地区乃至全球金融稳定发挥了重要作用。此外，中国政府还积极协调各方，推动地区和国际金融合作机制。中国在此次危机中的积极作为使中国负责任的大国形象逐渐赢得了世界范围内的普遍认同和赞誉，"负责任大国"的判断和评价也越来越频繁地见诸报端。1999年中国政府首次提出互信、互利、平等、合作的新安全观；2001年在中国政府的主动倡议下成立上海合作组织；2002年中国与东盟达成了建立自由贸易区的具有里程碑意义的框架协定。

3. 推动世界各地区的和平与发展是中国政府履行国际责任的一贯方式

全球化愈演愈烈的今天，中国作为世界上最大的发展中国家，在促进自身发展的同时，还扮演着维护世界和平、促进世界经济发展的重要角色。大国是国际体系中的主要行为体，对维护世界和平、促进共同发展负有直接的责任。中国作为国际体系中有一定影响力的大国，有必要和其他大国一道共同承担起这一重要责任。大国的迅速崛起客观上都会促使体系中主要力量之间权力的此消彼长，原有的力量关系出现调整乃至国际力量结构的重组。一直以来，中国政府以促进和平、发展、合作为己任，坚定不移地走和平发展道路，为促使国际体系和平转型、维护世界和平与稳定做出了自己应有的贡献。1954年，中国政府分别同印度和缅甸政府发表联合声明，共同倡导了和平共处五项原则。此后，中国一直高举和平的旗帜，将维护世界和平作为外交政策的宗旨，并身体力行地按照和平共处五项原则的要求处理同世界各国的关系，使和平共处五项原则成为目前世界上广泛认同的、处理国与国关系的基本准则，对人类和平与发展事业做出了重要贡献。此外，中国政府一直坚持通过友好谈判和平解决同邻国的领土、领海和海洋权益争端，自始至终顾全大局、保持克制，力尽一个地区大国维护区域和平、稳定与繁荣的责任，使中国不断增强的力量成为本地区和平与稳定的有力保障。

中国政府继续保持经济健康发展和政治社会稳定，是中国当前和今后一个时期最大的国际责任,这也可能成为中国对国际体系和人类进步的最大贡献。与此同时,中国以自身经济社会的迅速发展,成为促进世界共同发展的重要推动力。从地区性大国的现实身份出发,中国政府把推动建设和平繁荣的亚洲,扩大亚洲国家间在经济上的共同利益,推动亚洲各国和地区走向共同繁荣作为中国承担并履行国际责任的重点。从一个具有全球影响力的安理会常任理事国的身份出发,中国政府一直致力于推动国际政治经济新秩序朝更加公正合理的方向发展。

(二) 中国企业履行国际责任的方式及做法

改革开放以来,特别是随着"走出去"战略的实施,中国对外直接投资迅速发展,其规模不断扩大。2002—2010年中国对外直接投资年均增长速度为49.9%,2010年对外直接投资年度流量达到688.1亿美元,首次超过日本、英国等传统对外投资大国,名列全球第五位。2011年,中国对外直接投资净额(以下简称流量)为746.6亿美元,较上年增长8.5%。截至2011年年底,中国13500多家境内投资者在国(境)外设立对外直接投资企业(以下简称境外企业)1.8万家,分布在全球177个国家(地区),对外直接投资累计净额即存量为4247.8亿美元。[①] 2012年,中国境内投资者共对全球141个国家和地区的4425家境外企业进行了直接投资,累计实现非金融类直接投资772.2亿美元,同比增长28.6%。[②] 中国大型企业通过新建、并购等各种方式,在海外建立分支机构,对外直接投资规模较大,逐步成长为具有世界影响力的国际化公司。一部分中小企业也逐渐开展对外直接投资,迈出跨国经营的第一步。在海外经营业务的中国企业越来越多地参与国际社会的商品生产、资源开发、投资贸易等活动,成为中国参与国际社会活动的重要载体,同时也成了中国开展对外援助与公益事业履行国际责任的重要组成力量。

中国在海外的跨国企业所履行的国际责任主要是以企业社会责任(Corporate Social Responsibility, CRS)的形式出现的。企业社会责任主

---

① 中国政府网:《三部门发布"2011年度中国对外直接投资统计公报"》(http://www.gov.cn/gzdt/2012-08/30/content_2213920.htm)。

② 商务部:《商务部召开"中国企业走出去履行社会责任"专题新闻发布会》(http://www.mofcom.gov.cn/article/ae/slfw/201302/20130200040491.shtml)。

要是指：一个企业在创造利润、对股东利益负责的同时，还需承担对员工、消费者、供应商、社区和环境等的社会责任，包括遵守法规和商业道德、保障生产安全和职业健康、保护消费者合法权益、保护环境和自然资源、支持慈善公益、保护弱势群体等。这些企业社会责任不仅关系到中国"负责任的大国"国家形象的塑造，更直接参与并承担着中国在推动世界经济增长与减少贫困、提供国际公共产品、环境生态保护等方面国际责任的履行。

2006年通过的《中华人民共和国公司法》修订案中明确要求，中国在海外开展业务的跨国公司要以SA8000为代表的企业社会责任认证标准来履行企业社会责任。这一规定也推动了中国跨国公司主动承担社会责任。

中国企业履行国际责任的主要做法有：一是参与公益事业，改善当地民生。"走出去"企业在力所能及的范围内，义务为当地改善基础设施、医疗、教育等方面的落后状况，使东道国人民共享中国企业"走出去"成果。二是注重资源节约，做好环境保护。企业在海外履行环保责任最重要的是"入乡随俗"，遵守东道国环境保护法律法规，履行环境影响评价、达标排放、环保应急管理等环保法律义务。2013年2月，中国商务部和环境保护部联合发布《对外投资合作环境保护指南》，这是中国政府在对外投资合作领域针对企业环境保护行为发布的第一个专门性环保指南，其目的是引导中国企业在海外履行环境社会责任，与东道国实现互利共赢，共同发展。"走出去"企业通过科学设计、合理施工、有效管理等措施，努力实现节能减排，并将项目对环境的污染和危害降至最低限度。三是保护当地员工权益，共享企业发展成果。"走出去"企业为东道国培养了大批具备专业技能的管理及劳务人员。同时，对当地员工遵循同工同酬的原则，为员工参与企业决策创造公平、健康的长效机制，帮助员工拓展职业生涯发展空间，使其获得个人成长、实现自我价值。四是开展属地化经营，实现共同发展。"走出去"企业通过当地采购、与当地企业合作、雇用当地员工等做法，增加与东道国的利益交会点，谋求中外双方共同发展。

(三) 中国非政府组织 (NGO) 履行国际责任的方式及做法

NGO 是相对于政府组织和经济组织而言，致力于公益事业的介于政府组织与经济组织之外的非政治组织形态。不断出现的市场失灵和政府失灵催生了大量 NGO 的发展，它们以志愿性、独立性、非营利性、非政府性为基础，面向社会公众提供公益服务或互益服务，与市场、政府一起参与社会经济事务，成为推动经济、政治体制不断完善和社会不断发展的助力器。全球化的发展及其带来的全球性问题、危机事件的频发催生了大量 NGO，特别是国际 NGO 的发展。20 世纪 70 年代末期以来，国际 NGO 以保护环境、维护人权、实现可持续发展、促进公平与正义为目标，对资本和市场的逻辑进行抵抗，大量参与了环境、人权、女权、反贫困、对第三世界的发展援助等领域的活动，并广泛展开与政府组织、国际组织的合作。80 年代以后，NGO 与国际事务的范围和能力不断提升，联合国等政府间组织发起的国际援助也大量依托 NGO 进行，NGO 被视为政府机构的合作伙伴，与政府机构一起致力于全球问题的解决。伴随着企业社会责任运动的兴起，NGO 还以监督者和压力施加者的身份参与跨国公司生产准则的制定以及跨国公司与东道国的投资谈判等活动，在监督企业履行社会责任的过程中发挥了重要作用。NGO 正日益成为各国履行国际责任，树立"负责任"国家形象的"第三种力量"。

随着改革开放的不断深入，近年来中国 NGO 快速发展，不仅在国内社会、经济乃至政治事务中扮演着日益重要的角色，而且在国际事务中的作用也日益显著。根据中国民政部的统计数据，截至 2011 年年底，全国共有 NGO 46.2 万个，比上年增长 3.7%。在走向国际化的过程中，中国 NGO 凭借其灵活性、专业性特征，在特定领域推动政府间非正式对话，在双边、多边外交中发挥桥梁、纽带作用，成为政府间外交的有益补充者。与此同时，中国 NGO 一直将关注全球问题、参与全球治理、减轻贫困、保护环境、促进发展、维护公平和正义等视为自己的组织使命，积极投身于世界其他国家和地区的公益事业，为新时期中国履行国际责任发挥着独特的作用和影响力。

中国 NGO 作为独立的主体，履行国际责任的方式与路径主要体现在积极配合中国开展对外援助战略、监督中资企业履行企业社会责任两个方面。相对于政府和企业的对外援助，来自中国 NGO 的援助由于其"非政府"和"非营利"等特性，更容易受到受援国民众的接受与认可，并可以帮助中国政府和中国企业与当地社会建立沟通的平台，在对外援助中听取不同的声音，充分尊重当地的民意并降低风险。在监督中资企业履行企业社会责任的过程中，中国 NGO 致力于环境保护、劳工权益维护、促进公平贸易等目标，被视为合法的"利益相关者"，并在国际范围内赢得了信誉。同时，帮助在海外开展业务的中资企业学会与所在国 NGO 打交道，共同推进企业社会责任。此外，中国 NGO 可以作为新的行动主体，利用其掌握的专业知识和自身的灵活性等优势，积极参与国际谈判，不断获得话语权，在促进国际经济秩序向着公平、公正的方向发展方面做出一定贡献。

但是，应客观地认识到，中国 NGO 的国际化水平与西方国家相比仍处于初级阶段。在与政府、企业共同形成"三位一体"履行国际责任，树立中国"负责任"大国形象的过程中，中国 NGO 发挥的作用和影响力还是很有限的。从自身而言，中国 NGO 存在内部管理及能力建设不足、缺乏履行相应国际责任的实践经验等局限。从外部环境而言，中国 NGO 面临着缺乏稳定的资金来源，来自官方和民间的身份合法性认定欠缺，以及作为独立主体参与履行国际责任的重要性认识不足等问题。这些因素都是当前中国 NGO 走向国际化、参与履行国际责任的重要制约因素。

三 改革开放以来中国履行国际责任的成功经验

改革开放以及随之而来的全球化进程的不断深化使中国日渐成为一个有影响力的新兴国家或世界经济大国。同时，也使中国与世界其他国家和地区的联系变得日益紧密，彼此间的相互依存日益加深。在履行国际责任、树立自身"负责任"的大国形象的过程中，中国逐渐形成了更加包容和开放的国际责任观，所做的努力以及所取得的成绩得到了国际社会多数国家的认可和好评，并积累了许多宝贵的成功经验。

（一）中国在履行国际责任的过程中坚持共同但有区别的责任

共同的责任并不意味着责任相等，中国一贯主张履行国际责任应坚持"共同而有区别"的原则。一方面，国际社会中的每个成员不论大小、强弱都必须承担为解决全球问题做出力所能及贡献的责任；另一方面，每个成员根据自身能力、特点以及通行的国际法原则允许所承担责任的范围、大小、方式和时限等方面存在差异。"共同而有区别"的原则不是推卸责任，而是为了各国更加公平、有效率地承担责任和解决问题。从根本上讲，它所展现的是平衡权利与责任、兼顾公平与效率的理念。国际责任的分配不能脱离效率原则，世界各国对责任的分担进行合理分工是效率原则的重要体现。在解决双边、地区和全球等不同层次、不同领域的问题上，不同的国家各有所长。为了更加有效地解决国家间共同面临的问题，具备优势和长处的国家应在各自的优势领域发挥主导作用、做出更多的贡献，使合作更加富有成效。

改革开放以前，中国的对外援助支出曾长期超出国民经济承受能力，影响了中国自身发展和中国人民生活水平的改善。改革开放以后，中国对外援助形式与内容变得更加多元和务实，对外援助的效果和质量也有了很大的改进和提高。作为世界上最大的发展中国家，中国人口多、底子薄、经济发展不平衡，发展仍然是中国长期面临的艰巨任务。这决定了当前中国的对外援助仍主要属于南南合作范畴，是发展中国家间的相互帮助。在缴纳联合国会费、维持全球金融稳定、拉动世界经济复苏等公共产品的提供上，中国也坚持立足于自身的发展阶段、实力及国际地位等承担国际责任，做到积极而为、量力而行。

（二）中国在履行国际责任的过程中坚持对国际责任进行优先排序

中国在履行国际责任的过程中坚持国内责任优先、地区责任次之，同时继续追求适当的全球责任的优先顺序。

首先，国内责任是中国最优先的责任。中国是一个人口众多的发展中国家，从全球发展问题之解决的角度上说，当代中国要承担的最大国际责任，首先是要解决好自己的发展问题，不要让中国成为世界的负担，成为世界动荡的源头。中国继续保持经济健康发展和政治社会稳定，是中国当前和今后一个时期最大的国际责任，这也可能成为中国对国际体系和人类进步的最大贡献。改革开放以来，中国让两亿多人摆脱了贫困，占到全世界脱贫人口总数的60%—70%，这是中国的国际责任始于国内的最好例证。

其次，维护亚洲地区的和平、稳定与发展是中国的重要国际责任。中国国际责任的界定只能从地区性大国的现实身份出发，把推动建设和平繁荣的亚洲作为中国承担国际责任的重点。中国崛起所产生的国际影响将首先扩散至包括中国周边在内的亚洲地区，因此消除本地区国家对中国崛起所产生的疑虑和不安，直接关系到本地区的持久和平与稳定，中国有必要加强与本地区国家之间的政治互信，处理好与周边国家的政治和安全关系，塑造持久和平稳定的地区环境。同时，也需要在促进亚洲地区经济发展方面承担更大的国际责任，扩大亚洲国家间在经济上的共同利益，推动亚洲各国和地区走向共同繁荣。

最后，中国是一个具有全球影响力的大国，是安理会常任理事国，对于推动国际政治经济新秩序朝更加公正合理的方向发展具有重要作用和国际责任。所以，中国在全球层次也负有重要的国际责任，但中国应根据自己的国情和国家能力，力所能及并逐步提高。

（三）中国在履行国际责任的过程中坚持同国际组织与机构密切合作

在履行国际责任的过程中，中国政府先后加入了130多个政府间国际组织和国际机构，以及300多项国际多边条约，成为所有重要的国际组织、公约、条约等国际机制的成员，履行了大量重要的国际义务，特别是作为安理会常任理事国积极参加并支持联合国的各项工作，在联合国各个领域发挥着重要的建设性作用。在提供对外援助方面，中国不断加强同世界银行、国际基金组织、亚洲开发银行和非洲开发银行以及联合国机构，如联合国开发计划署（UNDP）、联合国粮农组织（FAO）、联合国粮食计划署（WFP）和世界卫生组织（WHO）等组织机构之间的相互合作，积极拓展多边援助。此外，中国政府还广泛参与全球和地区事务，在国际反恐、防扩散、全球变暖、环境污染、毒品走私、跨国犯罪等众多领域与众多国际组织加强合作，并从中发挥积极作用。

四 改革开放以来中国履行国际责任的局限及教训

改革开放以来,中国在履行国际责任的过程中取得了令人瞩目的成绩,"负责任"的国家形象已初步建立。但也必须承认,履行国际责任是一个曲折发展的过程。随着国际社会对中国"大国责任"的日益期待,中国在履行国际责任的过程中也暴露出许多的不足和局限,许多教训亟须深刻的反思和克服。

(一)对外援助工作存在诸多不足,导致对外援助遭到一些猜疑

1. 援助重点置于生产性基础设施,对惠及民生的项目援助有限

改革开放以来,随着中国发展进程的加快与国力的增强,中国对外援助的力度也不断加大。但是绝大多数援助项目都是"楼堂馆所,道路桥梁"以及能源设施等生产性基础设施,如办公大楼、会议中心、体育馆、大坝、水电站、公路、铁路等。这些项目数量多、金额大,能够较为迅速地提升援国的发展能力,也有利于巩固和发展与受援国政府间的友好关系。但这种方式离普通老百姓确实有一些距离,普通民众从这些大型项目中直接获得的实惠不多,感受也不深刻。中国对与普通民众生活紧密相关的民生工程如医院、学院、饮用水管道建设、综合性环境治理等援助力度一直不高,援助的数量和金额远远小于生产建设性的基础设施。对外援助与受援国普通民众生活密切相关的民生问题出现脱节,从而致使中国的对外援助效果受损,受援国人民并未因为中国的巨大援助而对中国产生好感,甚至招致部分西方国家对中国的对外援助战略"功利心"太强的批评和攻击。

因此,今后中国的对外援助工作中,应更加重视并加强惠及民生项目的援助力度。"花小钱,办大事",使受援国人民直接受益,提高对外援助的效率和影响力。

2. 援助方式以双边援助为主,与国际组织的多边合作不足

当前,中国对外援助的绝大部分是通过双边援助进行的,与国际组织合作进行多边援助虽然也是中国对外援助的组成部分,但所占比例仍非常有限。双边援助直接由援助方提供,援助活动由援助方执行或监督,

而不受多边制度框架的约束。因此，援助活动是援助国对受援国施加影响、密切双边政府"友谊"非常有效的政策工具。但也因为缺乏多边制度框架的监督与约束，容易带有援助国较强的政治经济目的，从而成为备受公共舆论抨击的援助方式，同时也容易招致猜忌和怀疑。例如，近年来时有所闻的是"中国对非洲和东南亚援助的目的是觊觎其能源资源"的论调，极大地伤害了中国对外援助的形象。

多边援助是指在对外援助中，积极参加并利用国际组织等"协同"对受援国进行援助的渠道和模式。因为需要受到世行、联合国援助机构或其他多边援助机构中复杂的多边政策制定程序的约束，较少带有援助方自身的利益，因而在近年来逐渐受到重视。

中国在今后的对外援助的过程中，应积极与国际上参与援助的国际组织进行合作，学习他们在项目组织与项目管理、项目评估方面的方式和方法，或者直接与其开展合作项目。这样做不仅可以减少中国对外援助的经济负担，将注意力集中在自己的比较优势领域，提高中国的资金利用效率，增强中国对外援助的能力建设，还可以降低受援国和国际社会上西方发达国家对中国的猜忌和怀疑。

3. 对援助的宣传力度不够，与受援国民间舆论的沟通与交流不够

改革开放以来，随着中国经济的发展和国家实力的上升，中国对外援助的规模和数量越来越大，这引起了国际社会，特别是西方发达国家对中国的质疑，认为中国的援助更多的是为了获取资源，考虑更多的是中国自身国家利益，而忽略了当地经济社会的发展，不利于人权和环境保护。造成这种情况的一个主要原因是中国对外援助的宣传力度不够，缺乏和国际社会一个有效的交流机制。事实上，中国的援助对于改善受援国当地群众的贫困情况，促进受援国的经济社会发展起到了重要的推动作用，这是有大量翔实的数据和事实可以作为证明的。但问题是中国却缺乏对自己所做的援助工作应有的行之有效的宣传，为误解和抹黑留下了空间。此外，中国在对外工作中一贯提倡"只做不说"或"少说多做"，强调"敏于事而慎于言"的传统思维观念，也使得自身在对外援助过程中缺乏与受援国民间舆论的沟通与交流，致使一些国家的民众甚至并不知道他们使用的设施是来自中国的援助。此外，媒体的不正确引导和民众的误解大大影响了中国在对外援助过程中的"负责任"的国家

形象的树立和塑造。

一般而言，受援国人民对援助项目的评价是项目实施效果的一个重要的衡量标准。因此中国对外援助过程中除了保质保量完成援助任务外，还应该更多地考虑受援国民众的利益和口碑，加强对外援助的宣传工作，树立中国援助的正面形象，发展和巩固中国与受援国的政治经济关系。

在今后的对外援助工作中，中国需要用事实说话，在受援国和国际社会广泛、细致并深入宣传中国的对外援助成果。一方面，深入受援国基层社区，在增加一些地标式的、直接使人民获益的援助项目的同时，积极向当地群众宣传中国援助和投资的目的和意义，强调所能给他们带来的好处并落到实处。另一方面，主动与国际 NGO 以及受援国 NGO、媒体等保持沟通与交流，用开放包容而不是抵触对抗的心态看待 NGO、媒体舆论等对中国援助工作的监督和质疑，通过及时发布援外信息，降低外界的顾忌，为中国对外援助发展营造友好的外部环境。

4. 援助主体较为单一，NGO 在援助工作中的作用未得到应有重视

中国的对外援助一直是由政府主导的，私人部门和民间社会团体等 NGO 在援助工作中的作用未得到应有重视。虽然中国已有 NGO 参与对外人道主义援助，但是规模仍比较小。NGO 在中国对外援助工作中的独特作用并未得到充分的展现和发挥。因此，相比部分 NGO 运作成熟并积极参与母国对外援助的西方国家，中国传统的"政府对政府"的援助方式就屡屡因"不接地气"而饱受受援国民众的质疑和批评。

事实上，在对外援助领域，政府虽然在筹资、政策配套等方面具有比较优势，但是 NGO 在成本管理、技术转移、人才培养、民间交流等方面具备更多优势。NGO 在参与发展援助时注重市场机制、政治体制和公民社会三者的共同发展。一方面，继续坚持参与、平等、赋权等公益的基本价值理念；另一方面，注重商业化原则的运用，利用市场化的方式提高组织管理效率和项目运营效率。因此，引入非政府组织参与对外援助势在必行。

首先，NGO 具有非政治性和非政府性，开展援助工作不带有"官方色彩"。此外，NGO 往往规模庞大，具有很强的政治影响力。在官方发展援助中纳入 NGO 的参与，可以适当缓冲和"稀释"官方发展援助的政治性，更容易被受援国民众接受，从而产生深远的影响。

其次，NGO 在援助活动坚持公益价值，吸纳 NGO 与官方援助相配合，在与受援国国民的日常接触中寻求认同，能起到更好的援助效果。NGO 可以扎根贫困国家的社区，与受援国亟待援助的人口进行频繁的日常接触，如城市贫民、农民以及边缘人群。因此，在援助项目上，它们可以专注于小型的、当地化的发展项目，直接使受援国最贫穷的群体受益，真正将发展援助送至最贫穷、最需要的人群。

最后，长期以来，援助各方普遍认为，官方发展援助数额不足是影响援助效果的主要原因。因而，增加援助数量一直是提高援助效果的主要方式。中国 NGO 可以凭借其"亲民"和"公益"的特性，扩充中国对外援助的融资渠道，筹集更多资金用于对外援助，提高中国对外援助的援助效果。

NGO 可以帮助中国政府和中国企业与当地社会建立沟通的平台，在对外援助中听取不同的声音，充分尊重当地的民意并避免风险。吸纳 NGO 与官方援助相配合，可以取长补短，形成政府、企业、NGO 三位一体的对外援助模式，发挥合力效应。因此，今后中国政府应在以政府为主体的框架内加大 NGO 在对外援助工作中的参与程度，使其发挥重要作用。

(二) 中资企业社会责任缺失，导致国家形象与企业利益双双受损

1. 企业社会责任意识淡薄，海外运营经验匮乏

在国外开展业务的中国企业，在追求自身经济利益的同时，必须承担并履行推进当地社会经济发展、增加就业机会、惠及百姓民生、减少人民的贫困、增加企业的本地化率、保障员工工资福利、环境保护等企业社会责任。

但是很多"走出去"的中国企业，由于企业管理者企业社会责任意识淡薄以及海外运营经验匮乏，把履行企业社会责任简单理解成公益、捐赠。履行企业社会责任时，主动性与积极性也不足，往往将其视为一种不得已而为之的负担，工作中具有明显的应付心态，做的表面工作比较多，长期的系统的责任意识不够。在追求自身利益时，忽略了社会责任的重要性，缺乏相应的社会责任内部控制，不能有效地进行监控和反馈，造成海外中国企业的国际社会责任缺失。导致在所在国漠视安全生产、

缺乏环境保护，以及违反劳工标准等事件时有发生。从而导致企业与所在国政府、民众关系紧张，不仅给企业声誉与品牌建设造成了严重影响，致使企业投资生产项目面临取消、搁置或被处罚的风险，更直接损害了中国"负责任"的国家形象。

因此，今后中资企业在海外承揽项目、追求经济利益的同时，应更加重视当地社会公益活动的参加，建设一些利民工程，回报当地社会。同当地人民分享劳动成果，赢得地方支持，实现长期、稳定发展。

2. 过于依赖政府的帮助与支持，缺乏与 NGO 的有效互动与相互支持

中国企业要想在海外长期立足，就必须遵循国际市场的竞争规则。从跨国企业所处的国际竞争环境来看，履行企业社会责任，无论是从提高核心竞争力的角度还是从获取东道国社会合法性的角度，都成为中资企业在国外生存的必要条件。

大多数中国企业"走出去"后还沿袭在国内的经营管理经验，仍将政企关系作为公共关系的重点，在生产经营过程中遇到困难和阻力后往往寄希望于母国政府出面帮助解决，对国外当地 NGO 缺乏重视和有效互动，导致企业的很多社会责任项目不能得到很好的实施与对接。不能与异国他乡的政府、社会、地方机构沟通，不能很好地争取和利用这些组织的支持和宣传。此外，中资企业在开展经营活动的过程中也缺乏与本国一同在海外开展业务的 NGO 之间的相互支持。这些企业在履行企业社会责任的过程中，未能重视并借助本国 NGO 在环境保护、劳工权益维护、促进公平贸易等目标中合法的利益相关者身份以及良好的国际信誉和形象这一宝贵资源，从而使自身在跨国公司生产准则的制定以及对企业已经履行的社会责任的宣传等工作中，失去了本国 NGO 的支持和帮助。同时，在履行企业社会责任过程中，这些企业也失去了本国 NGO 相对友好的监督和指导。因此，这些中资企业往往容易成为被攻击企业社会责任缺失的重要对象，甚至成为弱势群体怨恨的对象和利益争夺的焦点。这种情况不仅直接损害了中资企业在国外的生存与发展环境，还有可能成为母国外交的"负担"，甚至引发母国与投资国的外交风波。

第二章

中国在缅甸开展履行国际责任试点工作的必要性和紧迫性

缅甸拥有国土面积67.66万平方公里，其地缘位置北部与中国接壤，西部与印度和孟加拉国为邻，南部濒临印度洋的安达曼海，东部与泰国、老挝毗邻，是中国陆地连接东南亚、南亚，走向印度洋的必经之地，还处于中印缅孟经济走廊的中心地带以及中国向西南开放的关键节点。

中国和缅甸是传统的友好邻邦，自两国建交以来，缅甸一直是中国周边外交和对外投资的重要合作伙伴，是中国履行国际责任的重要对象国。中国对缅甸提供的大量援助以及中国企业在缅甸的投资与商业贸易，促进了缅甸的经济发展和社会进步。但是，2011年3月缅甸民选的吴登盛政府上台以来，缅甸政府在政治、经济、民族和解等领域推出系列重大改革举措。在这个大背景下，中缅关系以及中国在缅投资项目都出现了一些"微妙"的变化。2011年9月30日，中缅合作的旗舰项目——密松水电站建设项目被缅甸单方面叫停，不仅令作为投资主体的中方企业为之感到震惊，更引起了中国乃至世界舆论的高度关注，相关风波时至今日仍未消除。从2012年11月开始，中国在缅投资建设的莱比塘铜矿项目也发生大规模抗议事件，铜矿的建设工作被迫中断两个多月。更加令人担忧的是，包括中缅油气管道在内的其他中国在缅投资项目，也面临着更大的不确定性风险。在此背景下，中国在缅甸开展履行国际责任试点工作显得更加必要和紧迫。

一 在新时期下巩固和发展中缅友好合作关系

中缅两国有着友好合作的悠久历史。中缅依山傍水，两国人民之间存在源远流长的"胞波"友谊，缅甸是中国推动和平共处五项原则的创始国之一，也是新中国成立后第一个与中国签订边界条约与友好互不侵犯条约的国家。从中缅关系的历史来看，不论是1948—1962年期间的议会民主政体①，还是1962—1974年军人直接执政的革命委员会，抑或1974—1988年期间一党独大的缅甸社会主义纲领党政府，以及1988—2010年的军人政权期间，中国政府都坚持和历届缅甸政府发展友好关系。长期以来，中缅坚持睦邻友好，在国际和地区事务中保持良好合作，双边关系稳步发展。缅甸是第一个承认中华人民共和国的亚洲国家，中国则是缅甸自1988年9月军人执政导致被西方国家制裁以来相当长时间内屈指可数的盟友和贸易伙伴。中缅贸易额从1988年的2.55亿美元增加到2011年的50亿美元，增长了19倍多，中国已成为缅甸最大的贸易伙伴之一。在过去的数十年里，中国一直是缅甸的"全天候朋友"，在外交、经济和政治各个方面给予缅甸巨大支持。就对缅援助来说，据中国驻缅大使馆统计，截至2012年年底，中国政府在经济技术援助方面已向缅甸提供了30多个成套项目、9个技术合作项目以及27批单项物资援助，涵盖农业、工业、交通、通信、电力、体育、文化、教育、卫生、禁毒和生物技术等领域。

但也必须要看到的是，中缅关系也一直存在一些不和谐因素，近年来表现得尤为明显。缅甸与中国建交60多年来，对华一直存在着比较复杂的认知。在过去60多年里，尽管缅甸对华友好认知基本占主流，但是和其他中小国家对大国的担忧心理一样，缅甸始终对中国这个"大象级"②的邻居存在一定的疑虑和提防心理。缅甸这种心理时强时弱，当防华情绪强烈时，会采取封杀华文报纸等方式表现出来。近年来，伴随

---

① 1958—1960年期间是奈温领导的看守政府执政，但一般把1948—1962年的缅甸政体定性为议会民主政体。

② 这是缅甸对其与大的邻国关系的一种生动比喻。缅甸人称自己为草坪，认为周边几个大象（大国）在草坪上进行游戏和争斗，草坪就会遭殃。这反映了缅甸对周边大国的担忧心理。

第二章 中国在缅甸开展履行国际责任试点工作的必要性和紧迫性 / 129

着前往缅甸的中国企业与公民的不断增多，由于经济利益、价值观和文化理念、生活方式、宗教等方面的差异，中国人与缅甸人在交流过程中产生的碰撞和摩擦正在逐步升级。以前的中缅双边关系比较简单，主要是政府间交流，民间往来很少，比较理性的政府之间的分歧相对好解决，现在是问题出在民间，政府出面解决必须考虑民意，中缅传统友好合作关系增加了新的变数。

2011年以来，随着缅甸民主化进程的加快，政府放松了对社会的管控，社会自由度迅速提高，民众可以自由示威、自由发表言论，既可以表达合理诉求，也可以发泄对政府的不满。因此，缅甸军政府统治之下被长期压制的民怨出现井喷式爆发，2012年被称为"抗议示威年"。在此大背景下，缅甸民间对华不满情绪也在滋长，针对中国在缅甸企业和项目的抗议活动不断。缅甸民间对华负面认知在近两年明显上升，也日益公开化，且对缅甸政府对华关系决策以及中缅关系均产生了较大的负面影响。

缅甸民间对华的负面认知主要体现在以下几个层面。第一个层面，在1962年3月至2011年3月间，由于缅甸军政府实行高压统治，民众生活困苦，缺乏人权，无法参政议政和表达诉求，对政府敢怒不敢言。而军政府于2011年3月30日被解散后，民选政府上台，快速推进民主化改革，讲求自由，放开言论，允许民众示威。在此背景之下，民众不再畏惧当局，对前军政府的不满爆发，批评声浪此起彼伏。由于缅甸不少民众认为中国与缅甸前军政府关系密切，其对军政府的不满也自然而然地被有些人引到中国头上。第二个层面，缅甸民间很多人士认为中国企业在缅甸投资近210亿美元（含中国香港、中国澳门对缅甸投资）①，主要集中在水电、油气、矿产等开发能源资源领域，尽管带给缅甸一些利益，但也产生了诸多负面影响。缅甸民间对中国企业的负面印象和批评主要有：大量征地和移民，使缅甸一些农民失去生产和生活资料；破坏生态，却将大量资源和电力输往中国；中国企业信息不透明，被怀疑滋长缅甸官员腐败；中国一些价廉质次乃至假冒伪劣产品入缅，危害缅甸民众健康，而将优质产品出口西方，这是蔑视缅甸民众；中国企业忽视对

---

① 《中国驻缅甸大使李军华举办离任招待会》，[缅甸]《金凤凰》中文报2013年3月11日（http://www.mmgpmedia.com/sino-myanmar/3503-2013-03-11-05-51-38）。

缅甸医疗、教育、通信、交通的投入，在当地履行社会责任不够等。①

缅甸民间对华的负面认知情绪呈蔓延之势，导致一些民众对中国企业的抗议活动频发，对中国在缅甸的项目和投资、对中缅经贸关系均造成了较大负面影响，中缅经贸合作的三大标志性项目均受到冲击。由于缅甸部分人士大肆渲染密松电站电力90%输往中国、破坏圣地文化和环境等，民间掀起抗议声浪，缅甸总统于2011年9月30日宣布暂停电站建设；由于部分人宣扬莱比塘铜矿存在补偿不够、破坏生态等问题，迫使铜矿因为受到抗议冲击而一度停工数月，接受调查；因为"瑞天然气运动"组织等频频污蔑中缅油气管道存在侵犯人权、破坏生态等问题，导致缅甸民间对管道的反对情绪蔓延，对管道投产和运营造成较大舆论压力。

在上述大背景下，中国在缅甸开展履行国际责任试点工作具有重大而迫切的现实意义。自从密松电站2011年9月被搁置以来，中缅关系遇到了前所未有的挑战，主要表现在以下三个方面：（1）缅甸西化和向西方倾斜的趋势更为明显。西方式民主体制和价值观已越来越得到缅甸民众的真正认同，而对中国持某种批评态度。（2）知华友华力量在衰弱。目前在缅甸已难得一见会有人站出来强调中缅关系的重要性或感谢中国过去帮助的言论，以前巩发党主要领导人都说欢迎中国企业到缅投资，现在改成了欢迎"负责任"的中国企业到缅投资。以前华人社团都竞相接待国内文艺团体并举办相关活动，现在是都往后缩，甚至强调出钱可以，但不要出现社团或个人的名字。（3）中缅经贸合作项目总体上日趋政治化。尽管达贡山镍厂已投产，中缅天然气管道已通气，中缅双方重新签署了莱比塘铜矿协议，但这并没有改变中国在缅投资项目总体上被政治化的窘境。现在在缅甸国内要求对中国企业在军政府时期签署的投资项目重新进行谈判或重新评估的声音依然很强烈，中国企业在缅甸最困难的时期尚未过去。

目前缅甸普通民众对中国以及中国人的看法不容乐观。缅甸社会各

---

① "Chinese Investments Face Public Anger In Myanmar", *The Edge*, January 16, 2013, www.theedgemalaysia.com/.../227810-chinese-investments-face-public-anger-in-myanmar.html.

界对华印象的改变将是影响未来中缅关系发展的关键变量,将来中国对缅政策必须以争取缅甸民众的理解、重塑中国在缅甸的正面形象为主要目标。在此背景下,中国在缅甸积极开展履行国际责任试点工作具有十分重大而迫切的现实意义。中国政府和企业应以全新的眼光来重新评估对缅甸的投资策略和外交策略,在反思以往中国在缅以政府为主导的官方援助政策、规范和监督中国在缅企业社会责任的基础上,更加注重在缅甸进行互利共赢的投资,重视回应缅甸百姓的诉求,积极履行社会责任,帮助缅甸改善经济发展条件,给当地提供大量就业机会,增加当地民众的收入,缓解缅甸严重的贫困与失业问题,让中国投资惠及缅甸更多百姓。

二 维护与保障中国在缅投资安全

2011年3月30日缅甸新政府上台以来的改革措施之多、幅度之大,出乎绝大部分人的意料。尽管缅甸的政治改革并不是针对中缅关系的,未来的缅甸政府总体上仍将继续以国家利益为处理中缅关系的基本原则。但是,缅甸的民主化进程还是不可避免地对中缅关系尤其是部分中国在缅合作项目的投资安全形成了一定的冲击和影响。

首先,中缅经贸合作的负面影响在缅甸政治经济转型的背景下可能被放大。客观上,中国对缅投资大多集中在水电、矿产、木材等资源性开发行业,以往对于当地社会的发展和民生需求的考虑较少。同时,在缅甸的中资企业和从业员工的素质和经营能力亟待提高。部分企业把在国内的不良习气带到了缅甸,存在为了获批项目而贿赂当地政府官员的现象。还有一些企业和人员存在着较重"暴发户"的心态,喜欢追求超法律地位,不注意尊重当地风俗习惯,履行社会责任意识薄弱。因此,经济关系的密切并未密切中国与缅甸的政治关系;相反,导致中国企业和公民在缅甸受欢迎的程度明显下降。从缅甸方面来看,由于曾经被英国殖民统治以及发展中国家在现存国际政治经济体制中的不利地位,加之全球资源民族主义不断抬头,缅甸政府始终担心外资是来掠夺其自然资源的,并且禁止任何组织(包括少数民族地方武装)或个人与外方签订资源性开发合同,因此对部分中资企业却与缅北民地武合作开发木材与矿产以及中缅经贸合作中出现的自然资源被过度开采、生态环境遭破坏等问题不满。在缅甸政治经济转型的大背景下，上述中缅经贸合作的负面影响很容易成为西方国家以及 NGO 攻击中国对缅政策的把柄，并有可能被不断炒作和放大，从而成为影响中缅关系可持续发展、威胁中国在缅投资安全的重要原因。

其次，缅甸对外来投资的态度可能随着时间的推移和政局的变化出现不稳定性。缅甸新政府不仅放开了对媒体的管制让其能够自由地报道新闻，而且解除了对网络的管制，使缅甸进入了网络自由化时代，从而使民众在自由地获取各种信息和资源、接受各种新资讯和新思想的同时，也在用一种新的视角审视曾经熟悉的政府。随着缅甸选举的放开，以及外来自由、民主价值观的影响，缅甸国内普通民众的政治参与热情持续高涨，对外来投资的态度发生了极大的反差：从之前的不闻不问到现在的积极参与。缅甸现政府为体现尊重民意、重视环境保护的民主政府形象，可能将更多地表现出要降低对中国的依赖程度以及更积极地回应国内民众担忧的迹象，并根据其政府和国家的利益进行取舍。政治经济的转型使缅甸国内的政治环境和投资环境都发生了变化，利益主体的多元化带来了更多的利益诉求以及 NGO、媒体等多种多样的压力集团。中国还面临着新政府成立后不可抗拒的趋势，即一个被议会监督、更加遵从问责制的缅甸政府可能会造就一个更加稳定的商业环境，同时可能导致更多针对中国的多元声音，给双边关系带来不确定因素。

此外，缅甸的政治改革前景尚存在较大的变数。虽然缅甸新政府和民众对民主的期望值都比较高，但是谁也不敢保证其前景顺利。如果缅甸政治改革的速度推进过快，触动了前军人政权高级军官和目前军队的利益，同时又不能很好地解决社会经济发展和民族和解等重大问题，那么缅甸的改革可能夭折，并导致严重的社会动荡，这种状况对中国是非常不利的。

总的来说，快速的政治经济转型，使缅甸国内各类新旧冲突短时间内集中释放，导致中国在缅投资的安全性面临巨大挑战。中国企业在缅甸的投资相继受阻。2011 年 9 月密松水电站被缅甸总统吴登盛以民意为由叫停之后，2012 年 11 月，中国万宝公司总投资为 10.65 亿美元的中缅蒙育瓦莱比塘铜矿因当地居民反对抗议又被迫暂停。甚至有迹象表明，中国投资近 50 亿美元的中缅油气管道项目也因缅甸国内的政治经济转型而面临着某些风险。在此背景下，中国在缅投资金额出现了急剧下降。截至 2012 年 8 月，中国对缅甸投资总额达到 141.4 亿美元，位居外国对缅投资首位。[①] 缅甸日前公布的一份外国投资报告显示，截至 2013 年 3 月 31 日，中国企业 2012 年对缅甸的投资仅为 4.07 亿美元，占缅甸外资总量的 29%，而此前两年中国对缅投资额分别为 43.5 亿美元和 82.7 亿美元。[②]

另一方面，必须承认的是，中国原有的一系列在缅履行国际责任的方式方法暴露出许多不足和局限。多年来，中国的对外援助更多的集中于和受援国政府打交道，总体上呈现"多政府间援助、少民间草根项目"的结构性特点。再加上中国在缅甸援助项目信息的不透明，让缅甸部分民众和媒体认为，中国对缅甸的援助目的主要是援助缅甸政府，是"政府对政府"的援助，而不是援助缅甸人民。这种现象造成了中国虽然一直是对缅援助的主要来源国，但仍有很多缅甸普通民众受惠不多、感受不深或怀疑和猜忌的后果。与此同时，很多在缅中资企业却仍旧坚持"只做不说"或"多做少说"的低调作风，所做的许多公益活动，并不为当地民众、媒体和 NGO 所了解，援助效果没有得到很好的彰显。加上部分中资企业在缅甸投资经营过程中，只是与政府进行投资方面的磋商，没有重视与普通民众的沟通与互动，使自身的投资项目不足以获得公众的认同，甚至在缅甸的快速民主化背景下引发民众的抗议，面临搁置或者终止的风险，致使中国企业在缅投资过程中蒙受了巨大的损失。

综上可以看出，在缅甸快速转型已对中国在缅投资构成重大影响，以及中国对缅履行国际责任存在不足的情况下，中国如何通过开展履行国际责任的试点工作在缅甸重新树立以往的威望，积极探索对缅援助模式和投资模式，以从根本上维护中国在缅投资安全，具有重要的现实意义和紧迫性。

[①] 《中国对缅投资达 141.4 亿美元　居外国对缅投资首位》，新华网（http：//news.xinhuanet.com/fortune/2012 - 09/21/c_ 113167608. htm）。

[②] 《中国对缅甸投资下降　中企在缅发起形象公关战》，环球时报（http：//finance.huanqiu.com/world/2013 - 08/4200258. html）。

三 消弭与应对西方国家及缅甸本土 NGO 的冲击

自 2003 年至今，以联合国以及国际非政府人道主义援助机构为名义在中缅边境地区开展工作的 NGO 多达 10 余个。这些 NGO 背景和人员构成复杂，既有隶属联合国机构的，也有隶属美国、欧盟以及日本的。但不管如何复杂，这些来自西方的 NGO 都有一个共同的特点，那就是他们的经费来源大部分都是来自于美国、欧盟、日本及其盟友的援助。2010 年以来，受缅甸国内民主转型导致的政治生态多元化、经济社会矛盾复杂化以及域外大国势力频频介入等影响，西方 NGO 和缅甸本土常常会接受西方国家的资金支持，歪曲抹黑中国在缅项目，使缅甸国内部分民众滋生了对中国的疑虑、疏离心理，并对缅甸政府决策形成重要影响，给中缅经济合作甚至双边关系都带来了严重冲击。

西方 NGO 的活动对中国"负责任"的国际形象以及中国在缅甸的投资项目产生了非常不利的影响。一是把中国政府在缅甸形容为"新殖民主义者"、"资源掠夺者"，中国企业被描述为只关注缅甸的资源、破坏缅甸生态环境并且拒绝履行企业社会责任的不良公司，中国公民则是素质低劣、不尊重当地风俗习惯和法律的群体。二是对中国在缅重大投资项目构成了威胁。继密松电站被搁置和莱比塘铜矿抗议事件之后，包括中缅油气管道在内的其他重大中缅合作项目也受到攻击，值得高度重视并需制定相关预案。

西方的 NGO 还积极从资金、组织建设与运作等多个方面支持缅甸本土 NGO 的发展，从而与缅甸本土的很多 NGO 有着密切联系。两者相互支持，大肆攻击和歪曲中国在缅甸的援助以及中资企业在缅甸所履行的企业社会责任，反对中国在缅企业开展正常的投资经营，攻击和损毁中国在缅甸"负责任"的国家形象，试图削弱中国在缅甸的影响力。例如，一些西方 NGO 与缅甸本土 NGO 相互勾结，大肆传播修建密松水电站"有百害而无一利"的说法，这些都使缅甸公众对密松水电站的修建产生了严重的负面情绪。

缅甸一些非政府组织和精英人士深受西方后工业化社会的环保理念影响，片面追求没有任何环境、资源代价的经济发展，对包括中国企业在内的外国企业奉行极为严苛的投资标准，后者稍有占地、污染等行为，便会遭遇抗议。不少NGO简单地认为反政府、反中国就是民主的表现，这是一个危险的，同时也是不负责任的做法。

从蒙育瓦莱比塘铜矿事件以及国内的宗教冲突来看，缅甸国内出现了一股以88学生组织和969运动（激进僧侣成立）为代表的极端民粹主义势力，他们是与民盟不同的政治力量，也不受昂山素季的节制。这些组织在民众中本来没有多大的影响，为了在2015年大选中扩大影响，现在是剑走偏锋，有通过激进的手段再度成为缅甸政坛的领袖人物，甚至谋求美国青睐的可能。

中国人在缅甸的负面形象，缅甸一部分媒体的"塑造"起了相当大的作用。私营媒体90%对原缅甸军政府有负面印象，同样对与原缅甸军政府保持友好关系的中国也有很大意见。2011年缅甸开放媒体后，私营媒体更是如雨后春笋般出现，鱼龙混杂，一些媒体从业人员素质不高，不明白新闻的客观性以及民主与责任之间的关系，其新闻报道往往带有偏见。一旦出现有关中国人的负面事件，这些媒体一边倒地作夸大性报道，一些记者和专栏作家往往宣泄情绪、走极端，在媒体上发表反华文章，煽动反华情绪。这些文章往往很有市场。

面对上述严峻的形势，我们遗憾地看到，目前中国对缅工作中几乎忽视了NGO层面问题。这一进一退之间导致了形势的恶化。过去中国企业在海外投资经营活动时，更多的是与所在国政府、企业和社区社团高层打交道，对所在国的社会舆论与公共关系关注不多，对积极利用NGO来促进经营也重视不够。密松事件发生之后，中国企业开始更多地关注投资项目的社会舆情、危机处理和企业社会责任实践等方面问题，但几乎找不到熟悉情况并能够提供实际帮助的NGO，甚至往往陷于求助无门的窘境。如果不采取切实措施，未来缅甸市场乃至其他国家市场出现类似的问题，其结果同样是措手不及、应对乏力。新时期，为应对西方及缅甸本土NGO对中国在缅利益带来的消极影响，中国有必要充分认识到中国NGO在履行国际责任的过程中，"非政府性"、"非营利性"和"亲民性"等天然优势，积极利用援外资金支持中国NGO赴缅开展公益活动，监督并帮助中国在缅企业更好地履行企业社会责任，使中国NGO融入到缅甸基层社会和普通民众中间，充分发挥其在专业知识、舆情调研、人脉资源、宣传推介等方面的积极作用，改善中国企业境外投资环境，重塑中国的国际形象。

四 应对西方国家调整对缅政策的现实需要

自缅甸政治经济转型以来，种种迹象表明，缅甸对华政策出现了摇摆和调整。与此同时，美国、日本、印度等国却纷纷向缅甸示好，加快进入缅甸的步伐，试图使缅甸从过去对中国的单一外交转变为多元外交和大国平衡。

2009年奥巴马政府上台后，随着国际国内形势的变化，美国战略重心东移，并高调提出"重返东南亚"战略。在这一大背景下，考虑到美国之前的对缅政策的失败、缅甸在东盟之中的作用、中国在东盟日益增长的影响力以及缅甸领导层有意与美国接触等因素，奥巴马政府在对美国过去对缅政策进行了7个月的认真评估后，提出新的对缅政策，即务实接触政策。美国曾长期对缅甸实施制裁和封锁政策，但2010年年末缅甸举行大选并组建民选政府后，美缅关系迅速"解冻"。近年来，美国愈加重视与缅甸的关系，将缅甸视为美深化亚太"再平衡"战略的突破口和关键点。2012年11月19日，奥巴马"历史性访缅"，成为美国首位在职访缅的总统。奥巴马访缅，意在"稀释"中国对缅甸的影响力。

美缅关系的解冻和改善，客观上对中缅关系造成了一定的消极影响。这种影响表现在官方和民间两个层面。在官方关系方面，对于今后中缅之间的合作，尤其是涉及战略和安全领域的合作，缅甸将变得更加谨慎、小心，并且始终会把美国的态度和反应作为重要考量因素，以免得罪美国。这在客观上增加了中国与缅甸合作的成本和难度。在重大国际和地区事务方面，一旦中美双方意见不一致，缅甸不再是坚定地和中国站在一起，而是在中美之间谋求平衡，有时甚至倾向于美国为首的西方阵营。在民间关系层面，随着美缅关系的进一步改善，美式民主与价值观对缅甸民众的影响将不断扩大，缅甸民众对中国政治体制和意识形态的认同感将逐渐下降，进而削弱中缅友好合作的文化基础。此外，随着美缅关系的改善，过去被缅甸军政府长期打压的亲西方人士将重新活跃在缅甸政治舞台，其影响也会越来越大。这就意味着缅甸政府内部和民间的对华友好人士在缅甸政坛的影响力有可能降低。

日本是西方阵营中对缅政策比较特殊的一个国家。缅甸军政府于1988年9月上台后，日本是第一个承认军政府并恢复援助的西方国家，而且并不赞成制裁缅甸的政策，反对美国、英国提出的由联合国安理会通过的关于缅甸问题的决议草案倡议。日本认为中国将军事影响力延伸至印度洋畔的企图，将直接威胁到日本依赖波斯湾、印度洋，经过东南亚到太平洋的商品及能源海运生命线，因此中缅关系过于密切不符合其国家利益。[1] 前日本国防官员在一次非正式场合指出，如果中国能避开马六甲和南中国海，而从其西南省份途经缅甸进口石油，将不符合日本的长远利益。[2] 因此，日本也试图用胡萝卜政策而非大棒来诱导缅甸与中国保持一定的距离。[3]

缅甸目前的改革也吸引了日本的注意力，日本希望不断扩大其对缅甸的影响。日本在推动发展与缅甸经济关系方面采取了积极行动。从2012年至今，日本取消了缅甸的大部分债务，并提供了新的官方发展援助。2012年4月，缅甸总统吴登盛访问日本，会晤时任日本首相野田佳彦并参加日本与湄公河流域国家首脑会议。日本政府宣布将分批免除缅甸3000亿日元（约37亿美元）债务，并恢复已中止约20年的对缅发展援助。2012年11月，在柬埔寨举行的东亚峰会期间，野田佳彦宣布将向缅甸提供500亿日元（约为6.15亿美元）的贷款。据日本贸易振兴会统计，截至2012年10月，日本商工会议所成员企业已有60家进驻仰光。

缅甸不仅是印度通往东南亚的陆路门户和印度东部海域的重要屏障，还是印度20世纪90年代初"向东看"政策以及近年来"东进战略"陆上的战略重点。在1988年9月至1992年期间，印度曾和西方国家一起打压缅甸军政府，支持昂山素季和民盟根据1990年的大选结果上台执政，印度还一度成为流亡海外的缅甸民运分子的活动基地。但是，为了遏制中缅关系的不断发展及其对印度国家利益的影响，平衡中国在缅甸

---

[1] 陈劲：《缅甸在东协的角色及影响》，《问题与研究》（台北）2000年第9期。

[2] David I. Steinberg, *Burma: the State of Myanmar*, Washington D. C.: Georgetown University Press, 2001, p. 235.

[3] J. Mohan Malik, "Myanmar's Role in Regional Security: Pawn or Pivot?", *Contemporary Southeast Asia*, Vol. 19, No. 1, June 1997, p. 60.

不断增长的影响力,并增强与缅甸的经济和能源关系,印度逐渐减少了1988年以来对缅甸民主化问题的批评,转而同缅甸军政府进行接触,不断改善印缅两国关系。自1992年致力于提升印缅关系的层次以后,印度与缅甸关系的密切程度就一直仅次于中国。印缅两国在政治、经济、安全、文化教育等领域均进行了深度合作,其中军事安全领域的合作甚至超过了中缅。2000年2月,印度外长辛格访问缅甸,同年11月缅甸和平与发展委员会副主席貌埃率团访印。2004年10月,缅甸国家和平与发展委员会主席丹瑞大将率高级代表团对印度进行了正式访问,两国签署多项安全、经贸和文化合作协定,将两国关系推向全面合作。2010年7月,丹瑞大将再次对印度进行国事访问,凸显了印缅关系的加深。访问期间,印度和缅甸签订了经济、法律、科技合作协议,并宣布在缅甸的天然气田开发和管道建设项目上将投资13.5亿美元。

在军政府时期,缅甸需要中国在政治、经济和军事上的支持,视中国为"最重要盟友"。但是,缅甸军政府实际上一直具有强烈的独立自主意识。缅甸转型之后,在外交和经济上都有了新的选择余地,自然不愿意再过分依赖中国。特别是,中国是缅甸的第一大外资来源国与外贸伙伴国,中国对缅甸投资200多亿美元,占缅甸吸引外资总额的一半左右。缅甸政府正通过民主改革来改善国家形象和国际环境,大力发展与美国、日本、印度等的关系,希望借助美、日、印等国的投资和援助来平衡中国的影响,从而回归传统的中立主义或者说是大国平衡外交政策,以摆脱对华过度依赖的局面。目前,这一政策已收到一定效果,缅甸与美国、日本、印度等国已形成了较为微妙的关系。

在缅甸民主化进程不断推进的情况下,美、日、印等国家开始努力寻求与新生的缅甸政权结交,并纷纷借此"进入缅甸",这一方面是自身利益的驱动使然,另一方面是制衡中国、压缩中国在缅传统地缘战略利益的需要。在这一严峻的形势背景下,中国在缅甸开展履行国际责任试点工作,巩固和发展与缅甸的战略互信,提升中国在缅"软实力"不仅显得意义重大,而且也显得格外迫切。

五 探索中国履行国际责任的创新路径

改革开放以来，中国在履行国际责任、树立自身"负责任"的大国形象的过程中所持有的国际责任观逐渐变得更加包容和开放，所做的努力以及所取得的成绩得到了国际社会多数国家的认可和好评，并积累了许多成功经验。但也必须承认，履行国际责任是一个曲折发展的过程，任何国家的任何现有模式都不可能尽善尽美，中国自然也不例外。一方面，伴随着中国综合国力的快速上升以及不断走向全球的脚步，无论是西方发达国家，还是广大的发展中国家，都对中国在国际舞台上的角色和形象有了新的期待、定义和要求。国际社会越来越期待中国在国际社会扮演更广泛、更积极、更主动的角色，在推动世界经济增长与减少贫困，实施人道主义救援，提供国际公共产品以及在世界和平建设、安全治理、环境生态保护、历史遗迹保护与文化传承等领域，期待中国都能作为一个世界性大国，承担更多的国际责任。另一方面，中国履行国际责任的国际环境也在持续不断地发生变化。特别是 NGO 等大量公益组织的出现，使国际责任的履行不再仅仅局限于传统的"政府对政府"模式，而是将目光更多地转向了普通民众和社区基层，具有了更多的"草根"性质和人文关怀。在此背景下，中国履行国际责任的传统模式就显得不再能完全适应新时期国际社会对中国的期待与要求。传统模式在履行国际责任的过程中暴露出许多的不足和局限，并对中国的国际形象以及国家软实力形成了一些消极影响。因此，在深刻反思中国履行国际责任的传统模式的不足和局限的基础上，积极探索中国在新时期履行国际责任的新模式就具有了特别重大的现实意义。

在过去几十年里，中国与缅甸便一直维持着亲密的"胞波"情谊，中国对缅甸的大量援助以及中资企业在缅甸的巨大投资在很大程度上缓解了缅甸长期以来由于遭受西方国家的制裁所带来的负面影响，切实改善了缅甸普通民众的生产生活条件。而缅甸也充分发挥了自己的地缘战略优势，在国际和地区事务中给予中国力所能及的支持。中国在缅甸所履行的国际责任曾取得过辉煌的成绩。但是，正如中国在世界其他国家和地区也曾遇到过困难和挫折一样，伴随着缅甸民选政府的上台以及一系列令人眼花缭乱的国内政治经济改革，中国在缅甸履行国际责任的过程中也暴露出自己的诸多不足和局限。

缅甸作为中国对外援助、中资企业"走出去"战略的重要对象国，不仅是中国履行国际责任的典型国家，更是中国履行国际责任的传统模式是否仍旧成功和有效的"试验场"。缅甸国内政治经济的快速转型、本土 NGO 等自由民主力量的大量出现以及西方国家政府和 NGO 等的所谓"监督"与推动，都使得缅甸成了需要国际社会履行新型国际责任的重要国家和典型代表。在此背景下，中国在缅甸开展履行国际责任试点工作不仅是巩固和发展中国在缅传统友好合作关系、维护缅甸对中国的地缘战略意义、保障中国在缅投资安全等重大利益的需要，更是中国在新的国际环境和时代背景下，探索中国履行国际责任的创新路径，树立中国负责任的大国形象的需要。

第三章

当前世界主要国家在缅甸
履行国际责任的主要做法

承担国际责任是全球化时代对世界各主权国家的根本要求。国际社会中的每个国家都负有一定的国际责任,包括遵守国际规范、履行国际条约、维护国际秩序、参与全球治理等。大国在安全、经贸、制度建立、全球问题等领域发挥着领导作用,而承担责任意味着大国通过对国际事务的参与取得了国际规则制定的话语权,有助于本国利益诉求的实现。因此一部分从现行体系中获得了较大收益的大国,他们愿意承担更多的责任去维护现行体系的稳定,确保既得利益;而另外一部分后起国家,也希望承担责任,改革现有体系的不合理方面,实现自己的利益。同时,随着国际社会的发展,国际法和国际规范不断内化到国家的对外行为中,追求国际社会的和平、稳定、正义也成为国家承担责任的一个重要因素。对利益的追求和国际规范的内化成为国家承担责任的内部动力,而单纯追逐本国利益忽视国际规范必将招致其他国家的反对,同时大国承担领导责任还与国际社会的期待有关。[1]正如赫德利·布尔(Hedley Bull)所指出的,"大国宣称自己拥有或者被赋予这样一种权利,即在涉及整个国际体系的和平与安全的重大问题上发挥着决定性的作用。它们负有义务根据所承担的管理责任对自己的政策加以调整,而且其他国家也认为大

---

[1] 胡文秀:《论大国的国际责任——兼论中国的国际责任》,《国际关系研究:探索与创新——2009年博士论坛》,昆明,2009年,第220页。

国负有这个义务"。①

对于如何在缅甸履行国际责任，美国、日本、欧盟等西方主要国家注重的是民主、人权、法治、减贫、健康、防灾减灾、环保等全球公共问题的"共同责任"或"集体责任"，同时也对民族和解、善治、发展等领域保持关注。其中，在缅甸履行国际责任的过程中，如何有效利用政府以外的民间的智慧和力量，也成为西方主要国家的重要课题。这是由于，发达的非营利组织、志愿组织本身也是国家软实力的标志。志愿组织和志愿者的发展是一个国家和民族社会责任感的重要体现。②而NGO等民间组织作为弥补"政府失灵"的有效方式，能够在政府不愿涉足或没有能力涉足的领域发挥作用。由于NGO在处理国际或国内事务时，没有政府或企业的利害关系问题，具备应对灵便和易见成效等特点，因此各国非政府组织作为本国政府的重要实施机构和伙伴逐渐受到重视，各国对NGO的活动予以高度评价成了国际社会普遍的价值观。

据瑞士巴塞尔大学曾公布的报告《NGO：超级组织之路》称，随着世界政治全球化，NGO在世界的力量也越来越大。与此同时，美国等西方国家政府加大金钱渗透。1979年，西方国家政府补助在NGO资金的总来源中不到5%，现在已约为50%。实际上，在缅甸等许多转型国家或发展中国家，美国等西方大国NGO或明或暗，不但能在这些国家内部发起大规模行动，而且可调动全球舆论的力量，影响其他国家的产业政策甚至政治机制，为其幕后的"金主"开道。实际上，在许多转型国家或发展中国家，这类有外国背景的NGO越来越活跃，并且热衷于干预所在国的政治。2012年年初，在埃及引起巨大风波的美国NGO"自由之家"副总裁沃克高调宣称，干涉俄罗斯事务是他们的责任。对于这样的倾向，英国《经济学家》称，尽管从"NGO"名词的表面含义看，NGO应该独立于政府，但只要看看它们的资金来源，就知道，这些机构几乎都是

---

① ［澳大利亚］赫德利·布尔：《无政府社会：世界政治秩序研究》，张小明译，世界知识出版社2003年版，第162页。
② 丁元竹：《"软实力"产生于文化吸引力》，2006年11月24日，光明观察刊网（http://guancha.gmw.cn）。

"特定政府的傀儡"①。NGO 在世界各国越来越活跃，从表面原因来看，是因为 NGO 希望自己的观点能够影响到社会。从深层次角度来看，它们这样做的动机还是与背后的利益集团有关。

在社会主义和奈温孤立主义时期，缅甸很少有国际 NGO（INGO）存留下来。1988 年军政府建立后，INGO 开始进入缅甸。在随后的 20 余年，除了缅甸军政府对 INGO 活动的严重限制外，美国和其他西方国家对缅甸的政治和经济制裁对大部分 INGO 也是一个主要障碍。2008 年 5 月，缅甸遭遇了纳尔吉斯风暴。对受灾区伊洛瓦底三角洲的救援和重建使缅甸的 INGO 数量从 40 个左右激增到 100 多个，创造了历史新高。此后，陆续有 INGO 撤出缅甸。2011 年年初，吴登盛政府成立时，缅甸境内约有 65 个 INGO。2011 年 8 月，吴登盛总统与昂山素季举行突破性会晤后，情况发生了巨大转变。目前，全球每个角落、活跃在各个领域的 INGO 都希望在缅甸的改革中发挥作用，向本组织的支持者证明自己可以"有所作为"，许多 INGO 的项目最佳执行者都将缅甸作为工作地首选。

据缅甸信息管理机构（Myanmar Information Management Unit，MIMU）统计，活跃在缅甸的 INGO 有 87 个。但这个数字远低于实际数目，因为在其统计中，有一些 INGO 并未被纳入其中。而且，在缅甸的新 INGO 正以每周至少 1 个的速度成立。另外，这里还没有统计为在泰国的缅甸难民和民间团体服务的 INGO。绝大多数 INGO 主要是开展人道主义援助，尤其是健康和社区发展项目。它们的另外一个共同特征是与缅甸政府保持一定距离，但与当地 NGO 合作密切。大多数 INGO 与一个或多个政府部门签署了谅解备忘录。因金融制裁和声誉风险，它们避开与政府开展联合融资项目和政府能力建设项目。随着吴登盛政府的政治和经济改革获得了认可，INGO 已经开始与政府开展更紧密的合作。

INGO 作为一个群体，将有助于缅甸的政治、社会化和经济发展。因为它们的活动不局限于对贫困地区的直接人道主义援助，还包括在其他部门发起项目、帮助政府和当地 NGO 开展能力建设。在援助者协调方面，INGO 已经采取了值得称赞的做法。它们在仰光建立一个 NGO 资源

---

① 黄培昭、廖政军、丁大伟、纪双城、青木、陶短房、柳玉鹏、刘左元：《美国 1.5 万 NGO 撒在全世界，成为"推动民主"工具》，《环球时报》2012 年 2 月 28 日。

中心，进行经验分享，避免竞争或项目重复，以同一个声音与缅甸政府开展对话。缅甸政府也认识到获得 INGO 对其发展项目强有力支持的重要性。在 2013 年 1 月的缅甸发展合作论坛中，政府给 INGO 分配了 5 个席位，不久又与他们建立了更正式的协调机制。目前，INGO 代表已被邀请参加部门工作组。①

一 美国通过 NGO 履行国际责任的做法和经验

冷战后，由于国际战略对抗的消失，国家利益不再受到冷战的直接威胁，美国充分利用对外援助来增加自己的"软权力"，在开展对外援助时，将民主、人权、法治和"善治"等作为提供发展援助的先决条件，使美国政府和民众的价值观能够通过意识形态的号召力，在广泛的领域里享有越来越重要的国际领导能力。2004 年，美国国际开发署发表了题为"美国对外援助：迎接 21 世纪的挑战"的报告。报告明确地为外援定了 5 个核心目标：促进转型发展，尤其是在治理、制度建设和经济改革方面的发展；加强脆弱国家；提供人道主义援助；支持对美国有地缘战略意义的国家，尤其是伊拉克、阿富汗和缅甸等国。② 奥巴马政府将对外援助纳入全球发展的战略框架，将对外援助、气候变化、新能源、医疗保健、教育发展等诸多现实问题整合在一起，提出了一个最为系统的全球发展新战略。在此背景下，如何利用 NGO 来推行美国的战略构想，遂成为美国政府的重要选项。除了双边援助，美国在多边援助机制中也占有重要地位，并发挥支配性作用；美国官方援助在援助国中始终位列榜首，在鼓励私人资本流动和组织 NGO、志愿者方面也是效率最高、额度最大。③

对于 NGO，莫斯科大学学者玛施金娜表示，跨国 NGO 是全球化的产

---

① ［美］雷克斯·瑞菲尔、詹姆斯·W. 福克斯：《过多，过快？——对缅援助的困境》，杨祥章译，李晨阳校，《缅甸简报》总第 12 期，2013 年 7 月。

② U. S. Foreign Aid, *Meeting the Challenges of the Twenty-first Century*, Washington D. C.: U. S. Agency for International Development, 2005 p. 5.

③ 夏咸军：《美国对外经济援助——特点、目标和变化》，硕士学位论文，上海社会科学院，2011 年，第 130 页。

物，美国作为文化强国，其政治制度和文化理念对世界其他国家都产生了深远的影响。依靠 NGO 的活动，推广美国"公民社会"的价值理念，是美国"软实力"的体现。她说，许多转型国家和发展中国家广泛兴起的 NGO 具有相同的特征：试图影响社会观念、试图掌握话语权，但"没有什么组织是不带有政治色彩的"。

德国"全球视角"网站说，美国 NGO 在"9·11"事件后出现"大改变"。很多 NGO 越来越散发着"国家的情绪"，它们与 CNN 一样担负起更多的"美国责任"。该报道称，美国 NGO 的政府化也导致它们缺乏全球正义的目标，成为人们指责的对象。

2009 年，美国国务卿希拉里·克林顿在一场被美国国务院高调宣传的"重大外交政策演说"中，继"巧实力"外交之后又提出一个新概念"多伙伴世界"，即美国不仅要和各国政府合作，更要将包括 NGO、私人企业在内的非国家个体纳入合作体系，来发挥美国在世界上的领导作用，把世界从"多极"变成"多伙伴"。[1]

（一）资金扶持

美国 NGO 接近 30% 的收入来自美国地方、州和联邦政府，政府跟慈善组织有很多合同关系或有合作。据美国在华 NGO 向美国国税总局提供的 2009 年财务信息，总体来看，美国在华 NGO 的总部资金来源如下：44% 来自基金会、24% 来自公众捐款、16% 为政府资金、9% 为其他收入（投资或利息等）、6% 为会员或服务费用、1% 来自企业捐赠。政府资金是美国在华 NGO 第三大资金来源，占 16% 左右。其中，2009 年度接受美国政府资金超过该机构年度总收入 80% 以上的部分美国 NGO 为美国发展基金会、美国全国国际事务民主学会、团结中心、国际关怀、美国家庭健康国际，以及美国特灵格研究中心（RTI International）等。此外，美国在华 NGO 中，还有一批与美国政府关系比较密切，如亚洲基金会、美国民主基金会、福特基金会等。[2]

---

[1] 祝鸣：《解读西方非政府组织的"非政府性"》，2012 年 3 月 9 日，新民晚报网（http://xmwb.news365.com.cn/xmhq/201203/t20120309_299569.html）。

[2] 刘佑平：《美国 NGO 在华慈善活动的现状和影响》，2012 年 5 月 22 日，共识网（http://www.21ccom.net/articles/qqsw/zlwj/article_2012052260218.html）。

美国民主基金会（The National Endowment for Democracy）是一个私人的非营利的基金会，旨在促进全球民主机构的成长和巩固。该基金会利用美国国会的拨款，每年支持 90 多个国家中为民主目标工作的 NGO 提出的 1000 个以上的项目。从 2012 年美国民主基金会在缅甸实施的项目的基本情况[①]来看，在对相关机构的资助中，美国民主基金会仅对美国国际劳工团结中心、国际共和学会、全国国际事务民主学会三个机构就提供了 124 万美元的经费，其目的是通过这些机构，促进缅甸的劳工权利保护、民主运动、民主改革与民主发展。此外，2012 年美国民主基金会在缅甸各个领域中的具体项目资助情况为：第一，在公民教育方面，提供了 18.245 万美元的经费，通过培训、研讨会等方式，进行缅甸公民社会活动家和掸邦民主青年的能力建设；通过教育、社区组织和宣传等方式向缅甸新一代青年宣扬关于民主的基本理念。第二，在民主理念与价值方面，提供了 3.8 万美元的经费，通过支持一系列研讨会，向钦邦公民宣扬民主原则和人权。第三，在信息自由方面，提供了 40.9 万美元的经费，通过培养缅甸国内记者的专业能力，支持缅甸独立媒体，支持用缅语和少数民族语言通过短波广播和卫星电视发表独立新闻和观点，建设与维护缅英双语网站，出版电子周刊、月报等刊物，使缅甸公民了解缅甸的新闻和事件，促进缅甸国内与国际社会的信息交流，促进缅甸言论自由。第四，在人权方面，提供了 181.4 万美元的经费，支持佛教僧侣的非暴力亲民主活动，支持东盟国家促进缅甸民主的努力，构建和推动国际社会对缅甸亲民主运动的支持；通过网络、培训等方式，提高国际社会和当地民众对缅甸资源开采项目的关注；提供人道主义援助，对缅甸的政治犯和前政治犯、难民、妇女和儿童等进行人权状况的记录和维护。第五，在加强 NGO 能力方面，提供了 3 万美元的经费，支持缅甸小型公民社会倡议，提高缅甸记者的调查技巧。第六，在法治方面，提供了 2.8 万美元的经费，通过设立法律资源中心、图书馆，出版法治月刊等方式，促进缅甸的法制改革，提高法定权利和责任意识。

美国政府对 NGO 资金的援助，就使得这些 NGO 在开展活动的时候可能会带有美国政府的影子和色彩。例如，2011 年 9 月 30 日，美国赞扬

---

① 详见附录一。

了缅甸总统吴登盛暂停建设密松大坝的决定,称此举表明了得到军方支持的缅甸领导人正在听取民意。美国国务院发言人纽兰对记者说:"我们欢迎缅甸政府总统吴登盛今天宣布的暂停修建密松大坝的决定。我们还注意到,他在声明中声称他所关切的是这个项目违背了缅甸人民的意愿,这是意义重大而且积极的一步,缅甸政府正努力在这件事上回应人民的关切,同时至少在这个问题上促进民族和解。"但是,在反对密松大坝的运动中,根据英国《卫报》的说法,美国驻缅使馆就曾通过"小额资金"支持了反对修建密松大坝的民间组织。① 通过对这些组织资金、信息资源等方面的支持,营造国际舆论,同反坝运动一唱一和。②

(二) 政策扶持

美国政府还会通过一些关于海外援助的政策来鼓励、帮助美国 NGO 的海外非营利性活动。例如,2012 年 4 月 17 日,美国财政部外国资产管理处发表声明称,美国人将被允许在缅甸从事非营利性的发展援助、教育、宗教、民主建设和改善政府治理等活动,涉及这些活动的金融交易将免受制裁。具体来说,这些活动包括为缅甸流离失所民众提供援助,向缅甸提供食品和医疗等援助,以及在缅甸开展英语培训和扫盲培训的教育项目等。财政部一名官员表示,这一决定旨在支持美国私人组织和个人在缅甸进行的非营利性活动,以加强两国人民间的合作。③

(三) 政府机构与 NGO 合作

美国 NGO 在与美国政府的合作中建立了伙伴关系。尽管美国国际开发署(the U. S. Agency for International Development, USAID)④ 与 NGO 的动机、利益和责任并不完全一致,双方各自追求与自身利益相关的目标,

---

① 丁刚:《美无资格谈缅甸民意》,《中国能源报》2011 年 10 月 24 日。
② 王冲:《缅甸非政府组织反坝运动刍议》,《东南亚研究》2012 年第 4 期,第 80 页。
③ 《美国财政部宣布将放松对缅甸部分制裁措施》,2012 年 4 月 18 日,环球网(http://world. huanqiu. com/roll/2012 - 04/2628325. html)。
④ 美国国际开发署成立于 1961 年,是隶属于美国国务院的援外机构,在美国对外援助中发挥着重要作用。美国国际开发署的关注点较为广泛,主要有农业、民主人权和治理、经济增长与贸易、环境、教育培训、全球伙伴关系、人道主义援助等。

但双方利益有重叠之处，同时也在共同重点关注的领域合作。到 2005 年，美国国际开发署超过 35% 以上的对外援助计划是通过 NGO 来执行的。共同合作、相互依赖已成为开发署与 NGO 伙伴关系的基本特征。NGO 与开发署合作，有利于开发署达成策略性目标。一是鼓励经济增长与农业发展。二是深化民主与良善的治理。三是人口增长的稳定与保障人类的健康。四是通过教育与培训达成人类的能力建构目标。五是促进世界长时期的可持续发展。六是人类生命财产的维护，减少因为自然灾难或人为灾害所引起的痛苦。[1]

美国国际开发署有很多 NGO 伙伴，比如国际美慈公司，是一个大规模的对外援助 NGO，在 40 个国家开展减轻苦难、贫困和压迫的工作。其初衷是帮助全世界的弱势群体，有 3600 名雇员、合同人员，是名副其实的跨国 NGO。美国政府和这些 NGO 的合作非常密切，美国国际开发署 2008 年向国际美慈公司提供了 4700 万美元支持他们的人道主义项目。比如海地发生地震时，政府不仅直接资助海地，而且把部分经费提供给 NGO，通过这些 NGO 进行人道主义援助。为什么这样做？如果政府直接做这个项目成本过高，效果也不是很理想，而 NGO 的效率要好很多。[2]

美国国际开发署的《2009 年从事海外救济发展援助的志愿机构报告》指出，截至 2009 年 3 月 31 日，在该开发署注册的有 563 个美国 NGO、71 个 INGO、6 个美国合作发展组织（Cooperative Development Organizations, CDOs）。著名的美国 NGO 有凯尔国际（CARE）、美国关怀基金会（Americares Foundation）、美国救助儿童会（Save the Children）、世界宣明会（World Vision）、天主教救济服务会（Catholic Relief Service, CRS）、信义宗世界救济会（Lutheran World Relief）、世界基督教协进会（World Council of Churches）、美国公谊服务委员会（American Friends Service Committee,

---

[1] 桑颖：《美国对外援助中的私人支援组织》，《世界经济与政治论坛》2010 年第 5 期，第 159—160 页。

[2] 梅儒瑞：《如何合作，怎么监督——美国政府和 NGO 界的关系》，2011 年 3 月 11 日，南方周末网（http://www.infzm.com/content/56153）。

AFSC)、国际美慈组织（Merey Corps）等。①

2012年4月4日，美国国务卿希拉里·克林顿宣布，美国国际开发署在仰光重新设立办事处。美国此举，将使其援助机构与在缅NGO之间建立更加密切的联系和合作关系。美国国际开发署在缅甸开展的项目主要涉及四个方面，包括公共卫生、教育、民主和人道主义援助。公共卫生方面，美国国际开发署为缅甸预防禽流感、艾滋病和肺结核提供帮助，并对社区医护机构人员进行培训。教育方面，美国国际开发署为缅甸的市民组织培训英语教师，为泰缅边境的缅甸难民提供奖学金。民主方面，主要是加强独立媒体的能力，为他们提供信息。人道主义援助方面，美国国际开发署在2008年纳尔吉斯风暴后为缅甸提供了8.4亿美元援助；2011年9月，在缅甸中部启动了一个涉及母婴健康、民生、粮食安全、水、污水处理的项目。②

（四）NGO的自主援助活动

除了接受官方的资助之外，美国NGO更多地利用自身的筹资能力和资金实力来自主地开展对外援助活动。美国哈德逊研究所（the Hudson Institute）全球振兴中心（Center for Global Prosperity）发布的2009年版《全球慈善事业索引》显示，2007年所有来自援助国的民间资金流——慈善、汇款（汇入受援国的款项）、私人投资——的金额共计5190亿美元，是官方发展援助金额的5倍多。其中，美国民间提供的援助已经大大超过美国政府的援助。民间援助是指工商企业、基金会、宗教组织、私人志愿组织提供的援助，还包括个人向原居住国汇出的款项。如表3—1所示，2007年美国政府和民间为发展中国家提供的经济援助达2352亿美元，其中仅民间资本的输入就达369亿美元。可见，民间援助在美国对外援助中作用日益显著。③

---

① 桑颖：《美国对外援助中的私人支援组织》，《世界经济与政治论坛》2010年第5期，第150—151页。

② USAID, *Highlights of US Assistance to Burma*, 2012, http://transition.usaid.gov/locations/asia/countries/burma/fact_sheets/USAID_Burma_assistance_highlights.pdf.

③ 桑颖：《美国对外援助中的私人支援组织》，《世界经济与政治论坛》2010年第5期，第156—157页。

表 3—1　　　2007 年美国为发展中国家提供的经济援助

援助类型	金额（亿美元）	所占比例（%）
美国官方发展援助	218	9
美国民间慈善	369	16
基金会	33	9
公司	68	18
私人志愿组织（PVOs）	108	29
志愿者	35	9
大学	39	11
宗教组织	86	23
美国汇款	790	34
美国私人资本流动	975	41
美国全部经济援助	2352	100

资料来源：2009 年经合组织发展合作报告；来自世界银行移民汇款组织数据基础上的哈德逊研究所从发展援助委员会援助国到受援国的汇款统计；2009 年哈德逊研究报告。

（五）通过 NGO 活动来实现其民主和人权的发展

美国国际开发署每年从国会得到财政拨款，分配给几家主要的 NGO，通过他们的网络在几个主要目标国进行再分配。这些资金被用来组建反政府网络、出版各种政治性论著、免费发放教人如何从事反政府活动的小册子、把选中的积极分子送到美国进行培训，等等。这些努力的最终结果是导致目标国的政权更迭，实现所谓的民主化。美国国际开发署官员毫不掩饰地透露了他们的如意算盘："给改革派提供资金，让其创立联盟发动群众。当政局变化使改革派掌握大权后，前期提供的资金援助就成了对未来的一笔投资。"从机会成本的角度来看，省钱就等于赚钱，NGO 的方法比起军事手段花费的美元简直是天壤之别。

民主与人权领域是 NGO 的一个主要活动领域，通过在这一领域的活动，往往会对当地国家与政府的政治发展产生影响，而美国也就通过 NGO 来实现其影响力。例如，2009 年 4 月，缅甸军政府拟订了全缅民族武装的整编计划，但遭到绝大部分后者的拒绝，新一轮武装冲突的隐患开始出现。此轮战争爆发前的 2011 年 5 月初，作为缅甸最为强大的少数民族武装克钦独立军在泰国清迈得到美国和欧盟 NGO 资助，成立了统领缅甸 6 个少数民族武装的缅甸全国民族联合联邦委员会（后发展为 12 家），其后克钦军委主席恩板腊受邀前往美国和欧洲访问。①

2012 年 2 月 26 日，埃及开始在开罗北部的一家法院审判 43 名 NGO 成员，其中包括 19 名美国人和 8 名其他国家的雇员。法新社称，即将受审的人当中，包括美国交通部部长雷·拉胡德的儿子塞姆·拉胡德，他是美国"国际共和研究所"埃及办事处负责人。其他几个涉案的美国 NGO 也大有来头，"全国民主研究院"、"美国国际中心"和"自由之家"，它们的头脑多为前美国政要，这些组织的很大一部分资金也由美国政府提供。②

埃及《金字塔报》26 日晒出美国 NGO 对埃及的一些主要 NGO 资助的具体金额，如国际共和研究所 2200 万美元、全国民主研究院 1800 万美元、自由之家 400 万美元等。该报称，这些组织虽然美其名曰"NGO"，但是它们是有深厚的政府背景的。它们都是由美国监督海外选举和促进外国民主的工具。美国"全国民主研究院"在埃及革命期间一直帮助埃及一些反对派起草政党纲领、制定选举战略以及为候选人编写训练手册等。该组织董事会主席是前国务卿奥尔布赖特。③

对于埃及当局刑事起诉包括美国人的 NGO 成员，美国白宫发言人卡尼暗示此举将影响两国关系，奥巴马政府可能会重新评估对埃及的援助。白宫发言人卡尼称："我们已经明确指出会严肃看待这个问题，它可能产生后果。这些行动可能会影响我们的关系，包括我们的援助方案。但我不想推测会采取什么行动，什么样的行动可能促使我们沿着这些线路上做出的反应，只是说我们会非常认真看待。"当时美国对埃及的援助每年约 13 亿美元。④

---

① 《记者亲赴缅甸克钦邦：已烧至中缅边境的战火》，2013 年 1 月 1 日，加拿大华人网（http://www.sinonet.org/news/military/2013-01-11/246335.html）。

② 黄培昭、廖政军、丁大伟、纪双城、青木、陶短房、柳玉鹏、刘左元：《美国 1.5 万 NGO 撒在全世界，成为"推动民主"工具》，《环球时报》2012 年 2 月 28 日。

③ 同上。

④ 《埃及起诉美国 NGO 成员，白宫警告或重估对其援助》，2012 年 2 月 7 日，凤凰网（http://news.ifeng.com/world/detail_2012_02/07/12345406_0.shtml）。

而在俄罗斯大选的背后，也有着美国 NGO 的影子。① 在俄罗斯，每次随着总统大选的日益临近，各种 NGO 也越来越活跃，其中许多组织背后都有美国 NGO 的影子。俄罗斯《共青团真理报》称，美国国家民主基金会 2011 年 8 月公布的年报显示，该基金会已渗入俄罗斯全境。该基金会在俄资助了许多青年组织和各种形式的研讨会，用以培养俄罗斯的青年反对派领导人。仅 2010 年一年就花费 278.3 万美元在全俄境内资助数十个项目。此次杜马选举期间，该基金会就直接资助一个名为"声音"的俄罗斯团体，专门搜集投票舞弊行为，并通过因特网对外发布舞弊线索和照片等。

2012 年 2 月 24 日，俄"新大陆"网站称，美国"自由之家"副总裁沃克日前公开表示，干涉俄罗斯事务是他们的责任，而俄呼吁美国不要干涉俄内政是毫无意义的。他称，美将干涉俄罗斯大选进程，因为这是西方民主的责任。对此，俄罗斯政治家库普利科夫表示，这些 NGO 就是试图搅乱俄罗斯局势，在俄发动"颜色革命"。俄罗斯《观点报》称，目前美国有 1.5 万多个 NGO 在世界其他国家从事活动。许多间谍都是以这类机构作为掩护，干涉他国内政。②

美国的一些基金会，是带颜色的 NGO。③ 例如，美国金融大鳄乔治·索罗斯创建的开放社会基金会尽管是一家私人基金会，但也是具有较强政治性的 NGO。2003 年以来，格鲁吉亚、乌克兰和吉尔吉斯斯坦三个独联体国家相继发生"颜色革命"，国家政权被颠覆，反对派纷纷上台。许多分析认为，以美国开放社会基金会为代表的 NGO 在"颜色革命"中扮演了重要角色。

索罗斯曾经说过："革命"不应该被引向防御工事，不应在街道上，而应在平民的思想里。这种"革命"是和平的、缓慢的、渐进的，但从不间断。到最后，它终将导致"民主"在一些国家中诞生。

创设于 1954 年的亚洲基金会，由美国国会拨款成立，与美国政府关

---

① 黄培昭、廖政军、丁大伟、纪双城、青木、陶短房、柳玉鹏、刘左元：《美国 1.5 万 NGO 撒在全世界，成为"推动民主"工具》，《环球时报》2012 年 2 月 28 日。
② 《美国 NGO 成为"推动民主"工具》，《新闻晨报》2012 年 3 月 5 日。
③ 《你不了解的美国 NGO》，2012 年 8 月 27 日，网易（http://gongyi.163.com/12/0827/11/89TMR96J00933KC8.html）。

系密切，是美国国会的影子。基金会成立的宗旨为促进各国（美国与亚洲国家）之间的尊重与合作。1983年，美国众议院在关于《公法》的决议中专门有关于亚洲基金会的条款，对亚洲基金会的工作予以肯定和表扬。由此可以窥见亚洲基金会复杂的政治背景。

亚洲基金会在美国与亚太国家设有15个办公室，协助亚洲国家发展立法制度。自1989年起，亚洲基金会协助中国举办村级选举。亚洲基金会也常常邀请专家举行有关中国大陆的圆桌会议。亚洲基金会在华合作对象中，政府部门占重要地位，其中与外交部的合作最为持久，但这一合作在中美两国都引起一些争议，尤其是美国国会对亚洲基金会的干预较为直接，因此此类项目在政治上的敏感性较强。

此外，在中亚的"颜色革命"背后，也有美国NGO的活动。[①] 苏联解体后，美国为实施其"民主扩张"的计划，在"地缘核心要地"的中亚派驻了大量的NGO，通过长期渗透已具有较强的活动能力和政治影响力。据不完全统计，截至2005年5月，包括其他西方国家在内已有近3000家NGO在中亚注册，其中在吉尔吉斯斯坦更是多达1000多家。其中美国的NGO影响力最强，比较有名的有美国国际共和党学院、美国全国国际事务民主学院、索罗斯基金会和自由之屋。

这些无处不在、形形色色的NGO，就是改变欧亚大陆政治地图的"颜色革命"的实施者。据统计，仅2005年3月，吉尔吉斯斯坦"黄色革命"前后，就有50多个美国NGO参与其中。这些庞大的NGO之间的复杂联系，造就了向世界传播美国"民主"的平台。而且由于这些NGO具有独立性、社会性、非营利性并得到美国政府资助，因此既充当了美国政府的代言人，又避免了那种美国政府亲自出面、引人反感的尴尬与无奈，极易以NGO特有的亲和力和独立形象迷惑受众，潜移默化地输出美式"革命"。

美国国际共和党学院总部设在华盛顿，直接由美国国际发展署领导，并得到美国国务院的支持，在全球有25个分支机构，大多数建立在包括俄罗斯、乌克兰、白俄罗斯、哈萨克斯坦和格鲁吉亚等在内的前苏联国家。

---

① 李立凡：《中亚颜色革命的背后：透视美国NGO》，2012年5月17日，大学网（http://www.haodaxue.net/html/97/n-12897.html）。

该学院是中立的非贸易组织,其宗旨是:发展民主,推广民主的全球化。它在中亚的发展规模比较大、影响力广,而且分布较广,不光集中在各国首都。

民主党国际事务研究所(National Democratic Institute for International Affairs, NDI)是一个独立的非营利性民间组织,成立于1983年,总部设在美国首都华盛顿,并在拉丁美洲、亚洲、非洲和欧洲设有办事处或发展项目。NDI不仅拥有150多名专业的全职工作人员,而且还有一个庞大的国际专家网络,为其在各个不同国家的专案提供实用性援助和技术性建议。NDI不仅与政府机构合作,也与民间的NGO进行合作。NDI的宗旨是:支持不同的国家为改进政府工作、提高政府对公民的责任、加强民主建设而做的努力。

索罗斯基金会是对特殊国家和地区所成立的独立机构,它的每一项基金的颁布与实施都是在乔治·索罗斯和他的顾问团所制定的纲领下进行的,索罗斯基金会的基金来源有多种渠道。

在独联体国家,该基金会还创建了如美国中亚大学等学术教研机构,如在阿拉木图的哈萨克的美国中亚大学、在比什凯克的美国中亚大学等。学校的宗旨是:增加国际交流和各国间的教育合作。它体现了美国在中亚的政治影响和对地方及社会的影响。学校为一些在校的青年精英颁发奖学金让他们去美国留学,从而造就了一大批亲美的"社会精英层",他们回到自己的国家后成了美国在中亚的"民主布道士"及反政府的中坚力量。

索罗斯—吉尔吉斯基金会、美国国际援助署和欧安组织三家机构还共同资助吉尔吉斯社会事务论坛(2005年4月19日至20日),也邀请大量其他NGO①参与讨论如最新国家发展、宪法改革、大众媒体作用及南北冲突等问题,也吸引了新政府的成员与会。另外,索罗斯基金会与吉尔吉斯文化部于1997年共同成立的"吉—美艺术中心"打着"美的艺术,美的人文"的旗号对文艺界进行广泛的渗透。

"自由之屋"是美国在世界各国推广民主和自由的"传声筒",它在60多年前为马歇尔计划和北约的建设而创建。自由之屋大量介入美洲国

---

① 如国际宽容基金会、民主国内社会联盟、"西滋姆"危机中心和"基勒姆萨姆"基金会等。

家和智利的事务以及对苏联入侵阿富汗、南非的种族战争和古巴、伊拉克等地的人权斗争。在吉尔吉斯斯坦设有办事处，在吉议会大选期间特地成立了一个"人权保护支持项目"，并派驻大量的国际观察员来实施对大选的影响。在吉尔吉斯斯坦的"颜色革命"中扮演"急先锋"角色的反对派报纸《MSN》就是由"自由之屋"出资 7 万美元并提供印刷工具，而成了民主的肇事者。

自由之屋还设立自由之屋访问学者课程（FHVFP），用来吸引那些正在从事民主改革或按美国的民主模式发展国家"中东欧和前苏联"的学者。

美国 NGO 对中亚的渗透，除了发掘、扩大和利用目标国国内政治矛盾外，还有以下一些惯用方式：

第一，重点扶持各国的独立媒体，并以卫生、文化、教育和女权运动等作为突破领域迅速扩大影响；利用选举争议作为突破口，同时还把现政权高层腐败和强力部门犯罪作为攻击点，煽动群众对当局的敌对情绪。

第二，组织网路化。比如建立"青年俱乐部"，用免费的小东西和奇谈怪论吸引年轻人参加，然后逐步政治化、组织化，形成一批骨干队伍。大多数成员年龄在 18 岁至 25 岁之间，这个年龄段的人政治辨别能力有限，易于冲动，是各种政治运动的首选动员目标。他们还在各国选举前做年轻选民的思想工作，把本组织的工作人员从一个国家派到另外一个国家充当"革命导师"。如在 2005 年吉尔吉斯斯坦议会选举前，索罗斯基金会早早安排骨干到各地观选；特别是在南部反对派势力比较强大的地区，他们与美国驻吉使馆配合得非常默契。

第三，通过提供培训、咨询和直接的资金支援等多种方式，培养基层群众和知识分子的亲西方情结。在莫斯科，一些大学生的课程表上会突然增加一门传授西方民主和价值观念的课程，美国 NGO 为此不惜向校方提供大笔资金；在多数独联体国家的首都，从官员、学者到记者都可能得到索罗斯基金会提供的免费培训，一些社会精英则会受邀访问西方的名城重镇，并在那里进行"知识更新"。在吉尔吉斯斯坦，索罗斯基金会将重点放在制定和推广"公共政策"上，它通过举办国家学术会议，资助吉官员、学者和学生短期赴美留学等方式，向他们灌输西方的民主价值观。

第四，善于总结斗争的实践经验，举办骨干分子参加的跨国培训班，传授组织游行示威的诀窍，以及派发大量现金给当地示威群众。"颜色革命"呈现"骨牌效应"应归功于这种跨国交流网路。

第五，把行动刻意保持在"非暴力"的界线内，为的是能够"让普通人敢参与到其中来，同时，国际社会也因此可以源源不断地送来物质和道义支援"。但是这种非暴力活动中却显示出较高的战略战术水准，比如在进行游行的前一夜从几百里外雇来大量示威者以实现"决定性点上的战略集中"。这并非偶然，而是有组织或个人在背后指点。他们指出，"非暴力的战争是和平的战争，是另类战争，但是作战使用的各种基本原理在此也是非常适用的，比如在决定性的点上集中最大兵力，为了时刻掌握主动，应当采取进攻而不是防守策略"。

第六，向目标国反对派提供大量资金。美国政府每年"为推动全球民主"开列的预算高达10亿美元，而通过NGO向目标国的反政府组织输送的资金占了其中很大一部分。美国民主基金会官员公开宣称，仅2003年和2004年，美国就花费6500万美元资助乌克兰的反对派。

（六）通过NGO活动来开展环境保护、人道主义援助、社会服务

环境保护、人道主义援助和社会服务是NGO活动的主要领域，美国通过NGO来履行在这些领域的国际责任。

印度亚洲新闻社2012年2月26日称，印度总理日前在接受美国《科学杂志》采访时称，印度联邦政府在泰米尔纳德邦投入1.3万亿卢比兴建的库敦库拉姆核电站日前正受到示威抗议的骚扰，这些抗议目前已导致两座1000兆瓦核反应堆停止运转，而这些抗议的背后支持者正是"外国代理人"——这是美国NGO的代名词。辛格对此公开表态："美国NGO就是这些活动的'幕后黑手'。"辛格称，这些远在美国的NGO根本不懂印度人的需要，印度是个发展中的大国，能源对于印度发展至关重要，如今因为这些NGO支持和操纵的抗议，库敦库拉姆的核电站已

陷入困境。[①]

国际河网（International Rivers Network，IRN）成立于1985年，总部位于美国。1989年，国际河网开始发展一批有经验，受过经济、生物、工程水利、人文和环境科学培训的工作积极分子。20多年来，国际河网增加了永久工作人员，并创建了由支持者、赞助人、顾问、实习生和志愿者组成的全球网络。

国际河网是国际反坝运动中最积极的NGO。缅甸NGO的反坝运动得到了一些地区与INGO和西方势力在资金、信息和组织等方面的支持，甚至缅甸某些联合性的NGO的组成就有地区与INGO的参与。国际河网就是其中的代表。国际河网非常关注缅甸的水电开发问题，与"缅甸河流网"和"萨尔温观察"等缅甸本土NGO结成地区合作伙伴，并发布《大坝、河流和权利》报告，该报告被缅甸NGO视为反坝运动的行动指南。2009年6月18日，在柬埔寨召开的NGO论坛的执行理事Chhith Sam Ath代表以国际河网为首的25个[②] NGO组成"拯救湄公河联盟"（Save the Mekong），向泰国总理阿披实提交了一份带有湄公河下游各国民众的16380个签字的联合声明，对湄公河上游流域国家计划修建的一系列大型水坝提出反对，并指责湄公河委员会没能对湄公河干流大坝所造成的威胁做出充分的反应。[③] 而湄公河委员会也随之做出了许多努力来明确自己所扮演的角色，并发起或"快速追逐"了一系列的活动，尤其是与干流大坝相关的活动。[④]

（七）通过美国企业来联系NGO

许多美国公司往往结合企业自身的业务特点进行重点捐赠，或者成立自己的基金会，因此形成了许多与企业关系密切的美国NGO，通过美

[①] 黄培昭、廖政军、丁大伟、纪双城、青木、陶短房、柳玉鹏、刘左元：《美国1.5万NGO撒在全世界，成为"推动民主"工具》，《环球时报》2012年2月28日。

[②] Save the Mekong, *Member's List*, http：//www.savethemekong.org/link.php? langss = en.

[③] Save the Mekong, *Save the Mekong Coalition Statement to H. E. Abhisit Vejjajiva, Prime Minister of Thailand*, June 22, 2009, http：//www.savethemekong.org/news_detail.php? nid = 35&langss = en.

[④] Australian Mekong Resource Center（AMRC）, *The Governance Role of The MRC Vis-à-vis Mekong Mainstream Dams*, Mekong Brief, November 10, 2008, p. 4.

国企业在海外的活动，美国政府就可以和与这些企业关系密切的 NGO 形成一定联系。①

孟山都公司作为一家农业公司，一方面通过技术创新为全世界的农民带来成功收益，帮助他们生产更多的粮食和更好的动物产品；另一方面致力于减少农业对环境的污染。

孟山都基金会的主要项目也集中在农业领域，主要包括种子和基因研究，以及农业生产力。例如，为应对中国农民面临的资源匮乏、耕地减少以及污染等挑战，孟山都基金会在中国农村建立资源回收利用系统，并对农民展开科学知识培训。这些项目不仅为农民带来经济效益和社会效益，同时也实现了以沼气代替木头、煤炭等传统燃料，减轻对环境的破坏。

但是，孟山都也因为大力引进转基因产品而引发很大争议，反对者称这将危及中国的粮食安全和生物安全。

二　日本通过 NGO 履行国际责任的做法和经验

对于受援助国，日本表示意在"强化社会能力"，将当地民众参与视为提升实现援助效果的手段。奈认为"无论采用什么战术，外交风格都非常重要，谦卑的外交政策风格可以带来软权力的提升"。日本对外援助不是单方面的决定，而是注重受援助国国民的实际需求，把援助的触角直接深入到受援助国内部，而不是单纯的两国政府的接触。其表现为日本在受援助国通过利民工程直接对地方政府、NGO，甚至个人提供无偿援助。

与此同时，日本 NGO 的发展在冷战后也出现了新的变化。一是日本 NGO 的活动领域逐渐多元化。冷战前日本 NGO 的功能主要是为发展中国家提供紧急援助，但是 20 世纪 80 年代起，除了国际救援行动，日本 NGO 在公共卫生领域、环境保护领域、妇女和儿童权益保护领域等方面也开展了卓有成效的活动。与此同时，也出现了以政策建议活动为主要活动内容的 NGO。二是日本 NGO 开始积极参与构建新型国际制度的政策

---

①《你不了解的美国 NGO》，2012 年 8 月 27 日，网易（http://gongyi.163.com/12/0827/11/89TMR96J00933KC8.html）。

建议活动。20世纪90年代后，在全球问题意识高涨以及国际化的影响下，日本NGO以更加积极的姿态参加到各种国际会议、国际制度的建设过程中去。1992年在巴西里约热内卢召开的地球高峰会议上第一次出现了日本NGO的身影，此后，在国际人口与发展会议、世界妇女大会、人类居住会议、气候变动框架条约缔约会议等国际会议中，都可以看到日本NGO的活跃表现。特别是在1997年的京都会议期间，日本NGO发挥了重要的作用。

受上述因素的影响，日本政府在开展对外援助、履行国际责任的过程中，开始认同NGO存在的意义和发挥的作用，甚至接纳NGO参与到其外交决策的过程中，主要表现方式就是推动了日本NGO和官方发展援助（ODA）相关机构合作机制的形成和发展。

（一）通过立法来保障、促进NGO海外活动的健全发展

1995年日本发生了震惊全球的阪神大地震。当时，与政府在紧急救援中的迟缓行为相反，数以百计的NGO快速地抵达受灾现场展开积极的救援活动，其优秀表现促使日本社会特别是日本人民认识到NGO的重要性，有人甚至将1995年称为"日本NGO元年"。在此情况下，日本公民社会逐渐成熟。而NGO在阪神大地震的突出表现也使政府认识到NGO能够对政府活动起到重要的补充作用，从而决定要积极推动日本NGO的发展，其中最为重要的举措就是通过《特定非营利活动促进法》。这是一部关于民间团体组织的专门法律。该法第1条明确指出："本法律通过对举行特定非营利活动的团体予以法人资格，来促进以志愿者活动为主的、以社会服务为内容的特定非营利活动的健全发展，目的是进一步增进公益事业。"该法的颁布对于日本NGO具有非常积极的意义。此外，因为之前一部分国家只允许具有法人地位的NGO进驻，所以日本NGO的海外活动受到较大限制。该法颁布后，许多NGO申请了法人资格，从而能够合法地开展更多的海外活动。

在NGO日益成为日本公民社会的重要组成部分的情况下，日本政府要想获得日本人民对ODA政策的理解，就不可能忽视NGO的作用。因此在日本ODA改革后，政府选择的重要方式之一便是将NGO纳入ODA活动中。可以说，以日本NGO为重要组成部分的日本公民社会的成熟进

一步推进了 ODA 相关机构和 NGO 合作关系的发展。

（二）制度和行政监督指导

自 20 世纪 90 年代以来，NGO 为减少开展国际援助事业的障碍，通过各种渠道与日本政府部门保持对话，而日本政府为切实加强对 NGO 的指导，借助 NGO 之手有效实施 ODA 也急需一个能与 NGO 经常交换信息和意见的渠道，于是 1995 年由"日本民间非营利组织国际协作中心"牵头设置了外务省和非政府组织的"定期协议会"。定期协议会每年约召开 3—4 次，主要围绕非政府组织的国际协作活动及政府扶持方向等问题开展活动。2002 年外务省设置了"非政府组织大使"职位，参与到国际性非政府组织的活动中，了解和收集 NGO 的信息，并在非政府组织中宣传和贯彻政府的主张，扮演了政府与非政府组织的对话窗口和关系协调人的角色。此外，外务省政务网站还适时向社会公布非政府组织的有关活动信息，向非政府组织提供咨询服务，进一步发挥了导向作用。[①]

（三）提供资金资助

日本外务省先后设立了"NGO 事业辅助金"、"草根无偿资金合作"、"民间非营利组织紧急人道主义无偿支援"、"日本 NGO 无偿支援资金合作"、"国际志愿者存款"等项目，以财政手段资助 NGO 的活动。外务省对 NGO 提供的资金和项目情况如表 3—2 所示。2011 年，日本政府决定对保健、农业等领域的 NGO 对外合作项目以每年 1 亿日元的规模无偿支援 3 年。诸如此类的资金资助是日本外务省扶植 NGO 对外援助事业的重要方式。但不可否认的是，从政府那里获取资助的申请手续比较烦琐，需要提交会计审计等多种报告材料，外务省审查、批准申请的过程最短也需 1 个月的时间，而且只有特定对象事业才有申请资格，所以很多 NGO 宁可选择从企业或个人那里获得捐赠。但是，为了避免政府对 NGO 的资金支持只是某些特定领域 NGO 的专享权利的现象，日本政府在法人税征收上采取了"原则上非课税"的准则，对 NGO 给予各种各样的税收

[①] 张文彬：《日本 NGO 的发展及其对我国的启示》，《外国问题研究》2012 年第 1 期，第 44 页。

优惠政策。例如会费、捐款不课税,开展活动的收入一般不课税。虽然对公益法人从事33种行业的营利活动的收入仍需课税,但相对于营利法人30%的税率,公益法人营利活动税率减轻为22%,并允许收益事业收入的20%可视同捐赠转入非收益事业收入不予课税,税收上的优惠直接促进了NGO的健康发展。①

表3—2　　　　　　日本政府对NGO提供的资金资助

单位:千万日元、个

年度	2001	2002	2003	2004	2005	2006	2007	2008	2009	2010
日本NGO合作无偿援助	49.6	59.1	75.8	103.8	119.7	102.6	137.2	183.5	208.1	248.9
日本平台援助	54.4	58.9	79.6	199.5	177.1	101.3	133.1	164.9	157.7	315.7
项目合计	75	71	73	108	103	88	128	129	154	160

资料来源:[日]外务省国际合作局:《国际合作与NGO》,2012年1月,第2页。

(四)人才培养

外务省每年都会举行不同主题的"NGO研究会",主要目的是帮助NGO提高事业执行能力和专业性,以调查研究、研讨会、论坛等形式提出具体的改善措施和增强组织能力的方案等。2011年"NGO研究会"的主要议题是:"千年发展目标"、"国际合作中的平等贸易"、"企业与NGO的合作"、"大学与NGO的合作"以及"国际合作中NGO的作用"。2007年开始,外务省创立了NGO长期学习项目,主要是将日本NGO的中坚力量派遣到发展较为成熟的欧美NGO内部或国际组织中学习,针对每个NGO的实际需要进行长期培训。通过活动战略、事业管理、组织运营等实务方面的学习,切实提高NGO的能力。与此同时,外务省还设立了NGO专业调查员制度、NGO咨询员制度等,帮助非政府组织培养专门的国际合作人才。②

---

① 张文彬:《日本NGO的发展及其对我国的启示》,《外国问题研究》2012年第1期,第44—45页。

② 同上。

（五）接受 NGO 的监督

日本于 1996 年 12 月发起了气候论坛，这是由致力于解决地球温暖化与能源等问题的 NGO、在地区或其他环境领域活跃的 NGO，以及青年会议所、农业协同组合联合会等共计 225 个市民团体加盟的网络型 NGO。在日本各地 NGO 和研究人员等的协助下，气候论坛在全国举行讲演会，通过制作小册子、幻灯片等手段发动舆论支持，宣传 NGO 的有关主张。此外，还数次举办 NGO 国际会议，主导讨论内容，并对于日本追随美国的外交姿态提出严厉批评。[①] 为推动京都会议的成功，气候论坛还举行了一些大型游行示威活动，向全世界表达了要求大幅削减温室气体的声音，引起全球媒体的广泛关注。[②] 此外，该团体还在一些国际会议的会场上对政治家和政府高级官员开展游说活动。同时，日本 NGO 还注意与国外的环境 NGO 等保持联络，如日本 NGO 成员参加了由世界自然基金会（WWF）、绿色和平和地球之友等 INGO 的小组，通过游行活动向欧盟、日本、美国和加拿大等国施加环保压力[③]，并取得了显著的成效，体现了日本 NGO 在政策建议功能发展上的成熟，得到了日本政府相关人士的肯定。如当时的公明党众议员田端广正等人就认为日本 NGO 能够提供环境政策制定所需要的详细资料和数据以及非常精致的宣传材料，并善于进行院外活动。[④]

在积极参与国际会议的过程中，日本 NGO 自身的能力得到了快速发展。日本 NGO 善于通过各种方式如动员市民力量、联合 INGO 影响日本政府甚至他国政府的对外政策，这充分显示了日本 NGO 在其专业活动领域拥有强大的政策建议功能，而这一点也正是日本政府在与 NGO 开展合作中所看重的。这就为日本 NGO 进一步参与同政府的对话渠道打下了坚

---

① ［日］《NGO5 团体网络方式以及对议长国的批判》，2011 年 3 月 24 日，京都 NGO（http://www.kyoto-np.co.jp/kp/cop3/news/71202/05.html）。

② ［日］《COP3 京都会议公害地球环境问题恳谈会》，2011 年 3 月 24 日，日本 NGO 公害环境问题座谈会（http://www.jnep.jp/kako/jp65.htm#「日本案」を批判）。

③ 同上。

④ 宋志勇、王振锁：《全球化与东亚政治、行政改革》，天津人民出版社 2003 年版，第 404 页。

实基础。

在内外环境的影响下，一些 NGO 积极与政府互动，推动了日本对外援助政策的改革。一方面，鉴于政府实施对外援助项目时可能会引发各种各样的问题，如环境上的影响或对草根阶层的负面影响，这时 NGO 可以对政府的援助活动提出质疑。另一方面，NGO 的参与可以使得普通市民的意见得到反映的机会，以及提高援助的透明性。对于外务省而言，NGO 可以说是其在实施开发援助案件时适度表现民众意志的"试金石"。在有关对缅双边援助政策领域进行建言活动的 NGO 可以举例如下：湄公河观察（Mekong Watch）的主要活动就包括与缅甸境内的社区和 NGO 建立合作网络、倡议日本政府改进对缅援助政策等。

（六）不断完善合作机制

日本政府在 2001 年完成了对中央省厅的改革，改革后日本 ODA 相关机构和 NGO 合作关系的开展和发展主要集中在外务省以及负责实施 ODA 项目的日本国际协力机构（JICA）[①]、日本国际协力银行（JBIC）和 NGO 之间。可以说，日本政府与 NGO 合作关系的主要组成部分就是外务省同 NGO 的合作体制。

在 1992 年 ODA 大纲明确指出要加强 NGO 的作用后，日本政府采取了一系列具体的措施开始展开同 NGO 的对话以及合作活动。外务省于 1994 年在经济合作局中设立"民间援助支援室"（NGO 支援室），用以作为支援 NGO 的专门部门。1999 年，外务省出台《关于政府开发援助中期政策》，以显示政府对 NGO 发展的重视。同年，日本政府为了增加对 NGO 的支援，提升组织的国际水准，并促使组织的经营能力和专门性的改善，导入"NGO 活动环境完善事业"制度，以"NGO 协商人员制

[①] JICA 成立于 2003 年 10 月 1 日，是直属日本外务省的政府机构。其前身是成立于 1974 年 8 月的日本国际协力事业团，2003 年改称日本国际协力机构，成为独立行政法人；2008 年 10 月，JICA 与 JBIC 的海外经济协力部门合并，成为世界上最大的双边援助机构。JICA 总部设在东京，设有理事长、副理事长和理事；在国内的本部有数十个分支机构，包括理事长室、监察室、总务部、情报政策部、对外宣传和公关室、人事部、预算管理部等；在全球范围内的中国、柬埔寨、老挝、缅甸、泰国和越南等国家和地区设有 100 多个事务所。截至 2011 财年末，JICA 共有全职雇员 1827 人。

度"、"NGO 研究会"、"NGO 专门调查员制度"为该制度之主轴，试图从根本上健全 NGO，并另设 "NGO 活动环境完善支援事业会"，用以宣传政府对 NGO 的各项支援方案。① 经过十余年的发展，日本 NGO 在海外活动已经涉及各个领域，并且遍布全球。

目前，外务省与 NGO 的合作机制主要包含三个方面：合作、支援和对话。其中"合作"关系主要体现在两大方面：一是 1997 年开始的"NGO—外务省的相互学习与共同评价"制度；二是从 2000 年 8 月起设立的由 NGO、经济界、政府在"平等伙伴"基础上参与的"日本平台"(Japan Platform)② 网络。外务省对 NGO 的支援表现在：一是通过 NGO 无偿资金合作、NGO 事业补助金以及基层技术合作三个项目对 NGO 的活动规模及活动能力等提供资金支援；二是通过日本活动环境完善事业以及促进 NGO 发展的调查活动推动 NGO 的能力建设。在对话方面，通过 NGO—外务省定期协议会、NGO 大使馆、NGO—JICA 协议会以及 NGO—JBIC 协议会定期开展与 NGO 的对话，与 NGO 交流相关信息，以实现通过对话构建政府与 NGO 对等伙伴的目的。图 3—1 为外务省与 NGO 建立"合作关系"的主要框架图。

针对缅甸的扶贫、医疗保健、教育等领域，日本外务省每年均与多个 NGO 签署协议，委托这些 NGO 在缅甸各地实施援助项目。例如，2011—2012 年，日本外务省在对缅 ODA 无偿援助项目中拨付 41 万美元，委托日本 AMDA 社会开发机构在掸邦果敢特区实施母子保健项目，有效缓解了果敢地区农村贫困家庭的经济和生活困难，为其适龄母子提供了基本的医疗和保健服务，提升了当地医疗卫生意识和能力，受到了当地人民的衷心欢迎。③

---

① 毛莉：《关于日本 NGO/NPO 对日本外交决策影响途径的研究》，硕士学位论文，外交学院，2009 年，第 14 页。

② 2000 年 8 月，日本平台作为 NPO 法人成立。它是在 NGO 主导的基础上，在外务省、经团联等的协作下设立的国际人道援助体系，旨在灵活利用各自的特性与资源，迅速且有效地对海外发生地区纷争和自然灾害的受害者提供包括重建支援在内的人道援助。

③ Ministry of Foreign Affairs of Japan, *Maternal and Child Health Program in Kokang Self-Administered Zone*, July 6, 2013, http://www.mofa.go.jp/mofaj/gaiko/oda/data/zyoukyou/ngo_m/e_asia/myanmar/120621.html.

```
                    合作
            日本平台
            NGO—外务省的相互学习与共同评价


  支援                              对话
NGO 无偿资金合作              NGO—外务省定期协议会
NGO 事业补助金                NGO 大使馆
基层技术合作                   NGO—JICA 协议会
NGO 活动环境完善事业           NGO—JBIC 协议会
促进 NGO 事业发展的相关调查
```

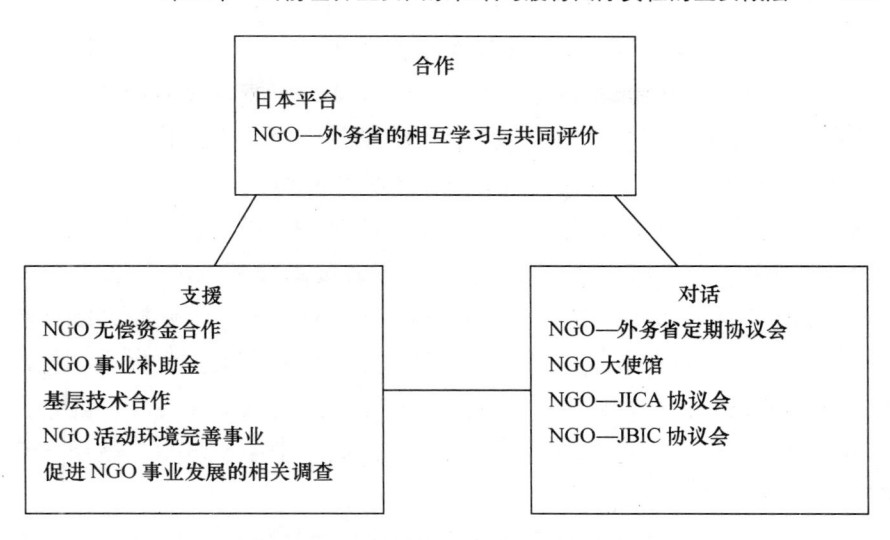

图 3—1　日本外务省与 NGO 的合作机制

资料来源：根据日本外务省网站汇编而成。

针对缅甸的环境保护领域，2006 年 5 月，为保护植物多样性和实现植物资源的可持续利用，JICA 与缅甸林业部开始在钦邦与 Nat Ma Taung 国家公园接壤的 3 个村庄对村民进行相关教育。该项目投入 5000 万日元，教村民培育药用兰花及其他作物，减少非法砍伐；寻找林业管理部门和生活在当地的村民间的共同点，进而建立可持续的森林管理体系。目前，这些村庄正在种植药用兰花、魔芋等作物。同时，JICA 也对村民们的环保意识进行了培育，以实现植物资源的可持续利用。①

伊洛瓦底江三角洲生长着大片的红树林，但几年来人为的威胁将红树林推到了灭绝的边缘，补种和保护该地区的红树林迫在眉睫。2006 年 9 月，JICA 与缅甸林业部合作，投入 7.1 亿日元保护伊洛瓦底江三角洲的红树林。该项目致力于让当地居民参与林业管理，减少对红树林的破坏，实现林木资源可持续利用。2008 年 5 月，纳尔吉斯风暴袭击了伊洛瓦底江三角洲红树林保护项目实施地，许多红树林被摧毁。风暴过后，

---

① JICA, *Education and Training of Myanmar Personnel for the Realization of Phyto-diversity Conservation and Sustainable Use of Plant Resources to Improve Economy of the Rural Population*, http://www.jica.go.jp/myanmar/english/activities/activity12.html.

项目继续实施，同时新增了重建和恢复活动。①

为推动缅甸国内民族和解进程，2013年2月，日本政府特别任命日本财团会长笹川阳平为"日本政府缅甸民族和解特使"，其任务是代表日本政府与缅甸政府、少数民族和致力于民族和解的其他国家政府进行接触。自1976年至2013年1月，日本财团对缅甸提供的援助金额累计达4868万美元，含62个项目；仅2012年的援助金额就高达2887万美元。② 日本财团在农业、医疗、教育和人力资源开发等领域援助缅甸积累了多年经验，并承诺向缅甸新提供300万美元的人道主义援助。自被任命为特使以来，日本财团向缅甸少数民族地区提供了食品和医药进行紧急救援，还帮助一些少数民族解决教育、医疗卫生、电力、饮用水等问题。③

据统计，日本外务省近年对缅甸提供的无偿援助总额及资助日本NGO实施对缅援助的情况如表3—3所示。由该表统计可知，2007—2012年期间，日本对缅无偿援助累计223.03亿日元，其中日本NGO参与的对缅援助项目有47个，金额累计为11.01亿日元。据此，在日本政府对缅无偿援助中，日本NGO获得的拨款约占总额的4.9%。

表3—3　　　　　　　　日本对缅无偿援助情况表　　　　　　单位：亿日元

年份	无偿援助总额	其中日本NGO参与的无偿援助	
		项目（个）	金额
2007	11.81	4	0.54
2008	41.29	5	0.97
2009	25.94	9	2.06
2010	13.51	8	1.55
2011	46.44	10	2.04

---

① JICA, Ayeyawady Delta Integrated Mangrave Rehabilitation and Management Project, http://www.jica.go.jp/myanmar/english/activities/activity13.html.

② [日] 外务省：《为解决缅甸实现民主化后的遗留课题》，2013年1月23日，日本财团（http://www.nippon-foundation.or.jp/what/spotlight/myanmar/overview/）。

③ [日] 外务省：《支持缅甸和解，任命日本财团会长笹川阳平为政府代表》，《朝日新闻》2013年2月19日。

续表

年份	无偿援助总额	其中日本 NGO 参与的无偿援助	
		项目（个）	金额
2012	84.04	11	3.85

资料来源：Ministry of Foreign Affairs of Japan, *ODA Date Book* 2012, 2012, p.94；[日] 外务省：《对缅 ODA 协议情况》，2013 年（http://www.mofa.go.jp/mofaj/gaiko/oda/region/e_asia/myanmar/exchange.html）。

除外务省外，在国内外环境的变化下，日本其他政府部门也开始重视 NGO 的作用，决定推进与 NGO 的合作关系，并在此基础上建立了同 NGO 的合作体制。1991 年，日本邮政省设立了国际志愿者储蓄制度，将邮政储蓄利息的一部分（20%—100%）以捐赠形式支援在发展中国家开展海外公益活动的 NGO。1992 年，日本国土交通省开始设立"日本人民参与型国际建设合作支援事业"。而环境省在对 NGO 具有政策建议能力的认知下，应 NGO 等的要求，从 2001 年起设立了"NGO 环境政策建议的推进事业"，通过建构"伙伴关系"来提高其政策建议能力，以进一步推动环境政策的形成。[1] 此外，日本厚生劳动省也通过国际紧急保健医疗援助支援事业加强与保健型 NGO 的合作。

日本通产省在 2000 年发布的通产省白皮书中明确指出要加强同相关 NGO 的合作。日本财务省也认为有必要通过推进与 NGO 的合作提高政策决定过程的透明性。1997 年，在社民党众议院议员秋叶忠利和 NGO 的共同努力下，财务省决定召开与 NGO 的定期会议，并于 2001 年导入了外部评价制度。至今，已经有包括国际合作 NGO 中心（JANIC）、湄公河观察、名古屋 NGO 中心、亚洲太平洋资料中心（PARC）在内的 35 个左右的 NGO 参加了该定期会议。[2] 除了召开定期协议会外，财务省还通过其他方式支持日本 NGO 在对外援助中的活动。2000 年，日本对世界银行实施的"越南土著住民的稳定民生和扶贫项目"提供了 100 亿日元以上

---

[1] [日]《各省厅的主要相关措施》，2011 年 3 月 30 日，环境省网站（http://www.env.go.jp/council/02policy/y023-01/sankou_02.pdf）。

[2] [日]《财务省定期协议会的经过、评价和参与方式》，2011 年 3 月 23 日，财务省网站（http://www.jacses.org/sdap/mof/process.html）。

的资金，日本财务省提出该项目必须以日本 NGO 作为实施团队，并强调，"由日本人民的税金做出的国际贡献应当灵活利用日本的 NGO 来完成"。①

概言之，日本政府从"制度"和"财源"两大方面来建构其与 NGO 之间的合作关系。首先，从制度层面来看，一方面，日本外务省除了导入 "NGO 活动环境完善事业制度"，设立各项 NGO 研究会或专门人员制度以协助 NGO 的正常发展外，还设置"NGO 担当大使"，用以作为政府与 NGO 之间对话的窗口与平台，希望借此达到政府与 NGO 的伙伴关系"制度化"之目的。另一方面，借由 NGO、外务省定期协议会的召开，ODA 大使馆协议会的举行，以及 NGO 和其他相关事业团体恳谈会的办理，可以达到开放、畅通外务省与 NGO 之间对话管道的目的，让 NGO 有正式公开发表意见的机会。同时，日本政府还通过设立交流平台——"日本平台"来达成彼此间交流的合作功能，也显示了外务省愿意与 NGO 分享并交换在从事国际外交或救援事务时的经验。其次，就财源方面而言，为鼓励 NGO 积极参与国际事务，同时也为协助 NGO 解决财政问题，外务省主动创设 NGO 事业补助金制度、NGO 紧急活动支援无偿制度、草根性无偿资金协力、NGO 活动环境完善支援事业等，都意味着日本外务省肯定 NGO 所能发挥之功能与其重要性，为了促进 NGO 的发展而设置扶助金、无偿协力金等制度性的"支援"措施，并协助其国内外机构合作，此种做法或许可以视为外务省对于 NGO 的协力，不仅是提供技术与经费，还提升到制度环境的建构。②

(七) NGO 对日本履行国际责任的积极作用

1. 改善了日本的国家形象

第一，减少了国际社会对日本的批判。日本的 ODA 长期以来由于其具有的"利己主义"（旨在扩大日本企业的海外生存市场，附带很多限制条件）以及"不露面"（投资大量资金在受援国建造公路和水坝）的

---

① [日]《AMDA 实施的 NPO 活动》，2011 年 3 月 23 日，亚洲医生联络协会（http://www.sonpo.or.jp/business/library/public/pdf/yj203amda.pdf）。
② 毛莉：《关于日本 NGO/NPO 对日本外交决策影响途径的研究》，硕士学位论文，外交学院，2009 年，第 21 页。

特点而遭到国际社会的批判。国际社会也一直要求日本 ODA 要改变其传统的援助方式，在促进人类的可持续发展方面做出更大的贡献，并且在推动国际援助上发挥主导作用。与政府通过对外援助追求经济政治利益的形象截然相反，具有"非政府"、"非营利"性质的 NGO 主要关注的是环境保护、社会发展等领域的问题，这些问题是与当地百姓的生活息息相关的，且它的活动体现的是一种人道主义的关怀，更容易赢得受援国人民的好感。[1]

除了一般 NGO 共有的优势，日本 NGO 具有区别于欧美国家 NGO 的特性，欧美的 NGO 一般通过提供资金援助委托受援国的 NGO 开展项目活动。而日本的 NGO 则侧重开展具体项目活动和合作，常常派工作人员亲自迁往受援国进行实地考察，与当地社会的民间组织和受援人民一起进行项目策划和项目管理。此外，日本 NGO 的工作人员几乎都认为应该同受贫困之苦的人一起生活、共同吃苦流汗、分享经验。这种"现场主义"的方式使得当地百姓能够直接感受到来自日本人民的善意。有许多受援国的人民在同日本 NGO 工作人员共同工作后，都表示非常敬佩他们身上那种严谨认真、艰苦朴素的精神。虽然也有学者认为这种进入受援国进行援助的方式有时会对该国文化、传统等方面造成破坏或引起混乱，[2] 但是不可否认的是通过 NGO 实施的援助项目，日本展现了"官民一体"的合作方式，使日本的对外援助以一种更为"人道"的形象出现在世人眼中。这在很大程度上改善了受援国人民对日本的印象，减少了国际社会对日本 ODA 的批判，并进一步提升了日本政府的海外形象。此外，相较于欧美 NGO 而言，日本 NGO 在发展中国家活动的领域主要集中在资金与技术援助等非政府领域，且对 ODA 政策的某些失误也敢于在联合国等国际场合提出批评。由此，日本 NGO 在发展中国家更容易被当地政府与民众接受，对树立日本的正面国际形象发挥了重要作用。[3]

---

[1] 胡澎：《日本 NGO 的发展及其在外交中的作用》，《日本学刊》2011 年第 4 期，第 125 页。

[2] 王名、李勇、廖鸿、黄浩明编著：《日本非营利组织》，北京大学出版社 2007 年版，第 162 页。

[3] 中国现代国际关系研究院课题组编著：《外国非政府组织概况》，时事出版社 2010 年版，第 118 页。

日本对受援助国的援助内容主要包括：消灭极度贫困和饥饿，改善儿童营养失调、成人识字率以促进初等教育的完全普及，推进社会性别平等，提高妇女地位，削减婴幼儿死亡率，改善孕妇和产妇的健康，降低孕妇和产妇死亡率，防止艾滋病、疟疾、结核病等其他的疾病的蔓延，改善水源，实现环境的可持续发展，改善卫生设施等。这些事项基本都属于原本的国内政治领域，日本将援助深入到一国国内，且援助内容都是国民生活的最基本问题，对打动受援助国国民对日本产生感激之情，具有深远的影响。同时，由于大多数受援助国家的国内政治体制及援助资金运行制度不完善，绕过受援助国政府，可以在一定程度上减少资金的浪费。①

第二，加强了日本同非国家行为体的联系。许多国际上耳熟能详的NGO，如国际特赦组织、拯救儿童（Savethe Children）、绿色和平（Green Peace）、地球之友（Friends of the Earth）、世界自然基金会都在日本开设了支部，这些支部同他们的总部及其他支部都保持着密切的联系。借助于便捷的交通及通信工具，他们能够及时地获取各种信息和技能，并且可以同其他同伴在全世界开展联合项目。许多由日本市民创设的NGO也注重发展同领域INGO和其他国家NGO的关系。如1990年JVC便与英国乐施会（OXFAM UK）共同在柬埔寨开展了灌溉工程建设项目。在越南，JVC也同英国乐施会密切合作，派送了许多员工到英国的NGO接受培训。②

同时，日本NGO同国际组织特别是联合国下辖的各个部门也都保持着密切的往来。他们的许多海外活动都离不开各种国际组织的大力支持，如在JICA发布的《理解日本NGO》③的报告列举的几个实例中，都可以看到NGO和国际组织的紧密联系，其中国际保健合作市民会（Services for the Health in Asian and Africa Regions, SHARE）在泰国实施的关于提高泰国流动人口HIV免疫力的活动是与联合国开发计划署（UNDP）共

---

① 季芳：《软权力视角下的日本对外援助》，硕士学位论文，中国政法大学，2011年，第34页。

② Kazuhiro Yoshida, *Japan International Cooperation for Educational. Development: Review of Prospects for Scaling up Japan Aid to Education*, July 22, 2010.

③ JICA, *Understanding Japanese NGOs from Facts and Practices*, July 15, 2010.

同开展的。而日本援助难民救助协会（Association for Aid and Relief, AAR JAPAN）在苏丹开展的地雷风险教育及公共健康教育的活动则得到了联合国排雷行动（UNMAS）、联合国难民署（UNHCR）、联合国儿童基金会（UNICEF）的大力支持。由此可以看出，日本 NGO 同世界各国的 NGO、INGO 以及国际组织的联系已经交织成一张紧密的网络，在国际社会中发挥的作用不容小觑。

虽然国家仍然被视为当今国际关系的唯一主体，但是不可否认的是，各种国际组织在国际社会中的重要性也日益凸显。当今的国际关系不只是建立在国家与国家相互交往的网络上，而是发生在更为复杂的国家与国家之间、国家与国际组织之间以及国际组织与国际组织之间错综复杂的联系之中。日本政府在成为世界经济强国后迫切希望在国际社会中获得与其经济地位相当的政治地位，这就使得它无法忽视各种国际组织包括国际政府组织和 INGO 的作用。在这种情况下，日本 NGO 和 ODA 相关机构的合作使得 NGO 能够成为连接日本政府和其他国际组织的桥梁。通过日本外务省、JICA、JBIC 等政府机构同 NGO 定期举办的一系列座谈会和研讨会，日本政府能够广开言路，从多方面获取来自其他 NGO 和国际组织的信息。日本政府机构同 NGO 的合作还能够使日本政府加入到日本 NGO 及其他 NGO 和国际政府组织开展的联合活动中，从而进一步提高了日本政府在国际社会的美誉度。

2. 为日本对外援助的实施提供了良好条件

第一，加强了日本人民对对外援助活动的理解。日本国内长期不景气，再加上外务省的一些问题不断地被曝光、ODA 政策的不透明等因素，日本人民对 ODA 的支持出现日益减弱的倾向。然而，ODA 的财政来源是日本人民的税收，因此获得日本人民的理解和支持是实施 ODA 的重要前提。日本 NGO 在 ODA 中地位的提高在推进国内社会的国际化、增进市民对"对外援助"的理解等方面发挥了很大作用。一方面，因为 NGO 是由市民基于共同信仰或理念自发组织的，所以将 NGO 纳入对外援助体系中首先就是对日本人民主观能动性的肯定，日本人民通过 NGO 亲自参与到 ODA 政策的决策和实施过程中有利于增强 ODA 的透明性，减轻日本人民对 ODA 的怀疑和批判。另一方面，NGO 擅长利用大众传媒和因特网传递信息与知识，它们通过与传媒的合作，或通过因特网的网页上公开团体信息（建立网站），以及通过电子邮件或推特等工具向大众传递援助的理念，更新所实施的ODA项目的信息，从而进一步加深了公众对ODA政策的理解。① 总之，NGO的参与在一定程度上增加了普通市民在ODA政策中的发言权，同时向日本人民传递了对外援助中一些项目的信息，有助于提高援助的透明性。对于外务省而言，NGO可以说是其在实施开发援助案件时适度表现日本人民意志的"试金石"。②

第二，构建了官商民三方合作的新机制——日本平台。日本政府对NGO的重视进一步促进了政府、企业和NGO的合作，促使日本NGO的海外活动能够更为有效地开展。在海外援助活动中，政府和企业虽然拥有充足的资金和资源，但是缺乏救援的经验，而且政府、企业冗杂的机构设置、复杂的行政手续导致它们无法有效地实施紧急援助活动。而NGO虽然具有组织的灵活性以及丰富的援助经验等优点，但是缺乏援助的资源。在这种情况下，政府、企业和NGO的合作便显得十分必要。然而，由于以前NGO没有受到政府的有效关注，所以日本的对外援助多为日本政府与企业合作的形式，这样也就无法解决日本政府和企业在对外援助活动中存在的弊端。随着日本政府对NGO的重视，日本政府、企业和NGO的合作成为可能，最为成功的例子便是日本平台的成立。日本平台为政府、企业和NGO的交流提供了一个联系对话交流的场所，实现了三方共享信息资源的目的。

日本平台在阿富汗、伊拉克及约旦等地已经取得了实际成效。在2001年9月日本平台决定对巴基斯坦的阿富汗难民提供支援之后，日本平台中的NGO从日本政府得到了5.8亿日元的项目启动资金。同年11月，日本平台决定对阿富汗境内的难民开展支援活动，日本政府为支援NGO在当地开展活动，还派遣了外务省职员参加活动。③ 为应对伊拉克

---

① ［日］毛受敏浩：《东京财团研究报告书：国际合作NGO活性化的方针》，2010年7月15日，东京财团（http：//www.tkfd.or.jp/publication/research/2004-7.pdf），第31页。
② ［日］目田加说子：《有关六国NGO的比较研究——为了与多边发展银行的合作》，2010年7月8日，财务省（http：//www.mof.go.jp/jouhou/kokkin/tyousa/1603NGOikkatu.pdf），第153页。
③ ［日］《2002年外交蓝皮书》，2010年8月25日，外务省（http：//www.mofa.go.jp/mofaj/gaiko/bluebook/2002/gaikou/html/honpen/index.html）。

危机，日本平台从2002年11月起向伊拉克周边国家派遣调查团，并在与联合国和当地政府进行协调的基础上，于2003年1月在评议会上通过了伊拉克事业，以及由"日本平台—伊拉克危机应对小组"实施的约旦事业。[1] 这些NGO在援助过程中的表现获得了海内外的好评。

在汶川大地震发生后，日本平台马上展开了对汶川的救援活动。2008年9月，通过实施救援受灾者共同调查活动，JICA中国事务所向日本平台的参加团体——日本国际民间合作组织（NICCO）介绍了中国国际民间组织国际合作促进会（CANGO）。正是因为得到了CANGO四川省支部的大力支持，NICCO的现场救援活动才能够顺利实施。此后，NICCO同JICA也在救援活动中一直保持密切的联系，随时互换情报并分享经验。[2] 日本平台的建立使得政府、企业和NGO三方在面对国际社会发生的重大灾难时能够及时协调，动用一切渠道和资源，从而能够及时地对受灾地区进行紧急援助活动，提高援助活动的效果。据统计，2000—2009年，日本平台已经在30个国家和地区开展了约456项支援事业，总计金额107亿日元。[3]

3. 推动了日本NGO的发展

第一，相关资金扶持机制缓解了日本NGO资金困难的问题。由于日本缺乏西方教会传统，企业和民众没有"捐赠"的习惯，NGO的资金来源很少，这导致日本NGO始终面临着资金匮乏这一难题。正是意识到这一点，为了更好地发挥NGO的作用，日本政府建立了一套完善的资金支持体系，诸如NGO事业补助金制度、日本NGO无偿资金合作机制等。日本政府对日本NGO的各种财政支持在一定程度上缓解了日本NGO资金匮乏的问题，使得部分NGO能够在海外开展原本因缺乏资金而无法实施的援助活动。

例如，地处中国山西省北部的大同市一直严重缺水，地下水位急剧下降，进而带来有关生态环境、生存与生产等一系列问题。日本绿色地

---

[1] ［日］《NGO运动走向何方？》，2011年4月2日，日本国际志愿者中心（http://www.ngo-jvc.net/jp/event_report/20050605_sympo.pdf），第3页。

[2] ［日］《援助中国四川汶川大地震难民的报告书》，2010年8月7日，日本平台（http://www.japanplatform.org/area_works/china/china_s.pdf），第9页。

[3] 同上。

球网络代表高见邦雄通过对大同生态资源环境的研究，策划了一个针对水资源问题的项目——"大同环境林中心水利机能建设项目"，但日本绿色地球网络缺少足够的资金。所幸通过政府提供的"利民工程无偿援助"，该项目得到日本大使馆的支持，他们为此计划提供了93254美元（约539万日元）的资金。2001年9月17日，该项目赠款合同签字仪式在北京市举行，时任日本大使馆公使的杉本信行在仪式上说："这个项目是将中国政府信赖的NGO和ODA综合在一起的ODANGO（日语'美味点心'的意思）项目。直到今天这个ODANGO项目还受到中方人士的高度评价，是极为成功的典型范例。"①

第二，发布的各种调查研究报告推动了日本NGO自身能力的建设。通过各种定期协议会的召开以及各种评估活动的开展，日本政府同相关NGO还联合发布了一系列研究报告，报告关注的领域十分全面，且内容也非常细致详尽。既有针对不同领域NGO开展的调查报告以及相关指导手册，如双方共同发布的《日本保健领域NGO的指导手册》（2003年）、《NGO教育合作指导手册》（2003年）、《NGO在建构和平领域中的作用》（2003年）、《紧急人道救援NGO调查报告》（2004年）等；也有通过对不同国别NGO开展调查，借鉴其他国家NGO的优势经验发展本国NGO的报告，如《斯里兰卡NGO》（2003年）、《重新思考贫困——向非洲NGO学习》（2006年）、《主要援助国NGO报告》（2008年）等。此外，还非常重视如何使NGO能更好地同ODA相关机构以及企业进行合作，如《如何推进国际合作中NGO同外务省的伙伴关系》（2009年）以及《如何加强NGO同企业的合作》（2009年）等。同时，双方还就日本NGO面临的一系列困境展开调查并力求提出解决方案，如发布了《完善NGO资金体制的对策》（2007年）、《如何加强NGO的宣传能力》（2008年）等报告。②

这些报告都可以在日本外务省的网站上通过免费下载的方式获得，这种做法能够让相关政府机构以及其他的日本NGO共享信息。对于一些

---

① 周冬霖：《日本对华无偿援助实录》，社会科学文献出版社2005年版，第20页。
② [日]《NGO相关资料》，2010年3月28日，外务省（http://www.mofa.go.jp/mofaj/gaiko/oda/shimin/oda_ngo/houkokusho/kenkyukai.htm）。

小型 NGO 来说，它们可能无法开展这种大型的调查研究活动，但是可以通过这些发布的报告获取相关信息，并针对自身的不足加强能力建设、完善组织运营方式。同时，这种方式也为对 NGO 活动感兴趣的人们和企业提供了解 NGO 的便捷渠道。

当然，本质上日本 ODA 与 NGO 的合作关系依旧是不平等的，两者的合作机制也是有限的。日本 NGO 和政府之间不平等的相互依赖关系是阻碍双方合作伙伴关系的重要因素之一，它导致在日本 NGO 与政府互动的过程中真正占据主导作用的仍然是政府，NGO 很可能在被纳入体制内的同时丧失自身的自主性，沦为政府的代理人。同时，两者的各种机制在一定程度上削弱了日本 NGO 对政府进行监督的作用。

三 英国通过 NGO 履行国际责任的做法和经验

作为缅甸的前宗主国和老牌资本主义国家，英国 NGO 发展历史悠久，公民社会比较成熟，同时也在国际合作事务中起到了主导、倡导和推广的作用。在开展国际合作过程中，NGO 与政府相关部门建立了平等的合作伙伴关系，它既利用了政府的官方网站援助基金和渠道，又发挥了 NGO 在国际合作方面的优势。

英国 NGO 还利用多双边的合作渠道，以项目合作为基础，与受援国所在的政府组织、民间机构和当地的民主建立起较为和谐的合作关系，得到了受援国人民的欢迎和支持。同时为英国政府外交、经济战略服务，有效地配合政府开展国际交流与合作。

（一）英国开展国际合作的 NGO 概况

根据英国海外发展 NGO 网络（British Overseas NGOs for Development，BOND）的统计，与国际合作和海外发展援助有关联的 NGO 有 340 个，这一批 NGO 都得到了英国政府主管海外发展事务的国际发展署（Department for International Development，DFID）的支持。根据 BOND 的 2007 年度报告，其会员中有规模较大的参加国际合作和海外发展援助比较活跃的 NGO，比较著名的机构有英国乐施会（OXFAM-UK）、英国救助儿童会（Save the Chilaren）、英国基督教援助（Christian Aid）、英国天主教海外发展基金（The Catholic Fund for Overseas Development，CAFOD）、世界自然基金会、英国红十字会、泪水基金等。这批 NGO 都具有非政府性、非营利性、自治性和志愿性等特征，并具有法人地位的民间组织。英国 NGO 的国际合作方式也体现了其国家外交的需要和特点，即 NGO 向受援国的 NGO 提供资助，或与受援国的民间组织、私人基金会建立合作伙伴关系，发挥受援国的 NGO 和人民的作用；当然也根据受援国的项目需要，派遣英国的志愿者和专业人员直接参与发展项目的执行和行动。随着国际形势的变化和国际关系的演变，发展援助也逐步形成新的合作内容，例如 21 世纪欧洲和非洲的关系、推动青年领袖成长、政策倡导、气候变化、社区发展、推广质量与安全意识及行动等。[1]

英国 NGO 资助的对象多为受援国的最贫困阶层，包括缺乏土地的农民、城市贫民等。与 ODA 项目相比较，NGO 的项目一般资金较少、规模较小、项目周期较短，其优势是能够在与受援国的受益群体合作方面拥有互动性、参与性、创新性和灵活性等，深受受援国受益人权的拥护和欢迎。[2] 就英国的情况而言，NGO 比官方的发展援助项目能够更加切实地落实在"发展"领域之中，即采用很少的资金而达到较为明显的效果。

英国政府非常重视 NGO 的作用。根据英国国际发展署（DFID）的报告[3]，英国海外发展援助的资金规模从 1996 年开展以来逐年增长，增长率为 32%，到 2002/2003 年度海外发展援助通过 NGO 项目执行的资金规模达到 2.23 亿英镑，其中有 120 个 NGO 参与了英国政府千年发展目标中的减贫计划。

英国 NGO 开展国际合作的业务广泛，涉及社会发展、机构的能力建设和专业化等内容，主要包括倡导能力建设、冲突政策、发展和环境、残障人士支持和开发、救灾和风险预防、欧洲成员邻国友好、欧洲政策、筹资、拉丁美洲和加勒比海 NGO 合作、质量标准、小型 NGO 的发展、

---

[1] 王名、黄浩明：《英国非营利组织》，社会科学文献出版社 2009 年版，第 12 章。
[2] 周弘：《对外援助与国际关系》，中国社会科学出版社 2002 年版。
[3] HM, Government, *The UK's Contribution to Achieving the Millennium Development*, Goals, London, 2002.

机构学习的战略管理网络、粮食、性与生殖卫生和权利网络、水务问题和年轻人成长等领域。①

英国政府的对外援助一直是实现其政治、经济利益的一种重要手段，而英国NGO与政府关系密切，部分援助资金来自于政府的支持，因此其海外活动往往也就成为英国政府履行国际责任的重要方面。

（二）英国NGO开展国际合作的主要特点

英国政府的对外援助一直是实现其政治、经济利益的一种重要手段。但作为NGO在开展国际合作过程中，表现形式与政府的对外援助并不完全一致，主要有以下五个方面的特点：

第一，国际人道主义和利他主义目的。例如，第一次世界大战结束后，在英国率先成立的紧急救助儿童会（后来迅速发展为救助儿童会国际联盟），向中东欧各国派遣志愿人员，派发救灾物资。当时，获胜的协约国仍旧对德国实施惩罚性的经济制裁。在当时特别的年代和特殊的国际形势下，埃格兰泰恩·杰布女士（Eglantyne Jebb）——英国救助儿童会的主要创始人之一，因公开散发名为"饥饿的婴儿"的传单、谴责英国政府漠视德国儿童的营养不良和饥饿，而被伦敦警方逮捕。最终，审判这个案子的地方官员本人为该基金捐了款。同时，杰布女士继续撰写《儿童权利宪章》，被国际联盟所采纳，其后又成为1989年联合国《儿童权利公约》的基础。这是经过个人努力得以制定的第二部重要的国际法。

第二，国际合作拥有明显的网络结构。这一特点的主要成因来自三个方面：首先是英国作为与美国拥有"特殊关系"的中等强国的世界性政治利益；其次是作为欧盟成员国的地区性政治利益；最后是作为英联邦主导国家的政治利益。英国政府的国际政治行为基本上是在这三个圈子里进行的。在国际合作方面，NGO也不例外，它们受英国政府政治利益的影响，NGO在发展过程中利用了政府的网络开展工作。英国NGO遍布全球，而且每一个组织项目的活动范围都超过了10个以上的国家和地区，部分NGO的项目和人员几乎遍布了全球。这样的影响力是通过组织

---

① 英国海外发展NGO网络（www.bond.org.uk）。

国际网络进行的，而多数 NGO 建立的网络利用了英国国际地缘上的优势。

第三，英国 NGO 不仅服务领域广泛，而且机构专业化特征明显。目前，英国 NGO 开展国际合作涉及的领域主要包括扶助贫困、救助儿童、环境保护、能力建设、政策倡导、医疗卫生、紧急救灾和劳动权益保护，而机构的专业化日益明显。从机构宗旨方面来分析，多数从事国际合作的 NGO 主题明确、业务专业，并不是组织方面的求大求宽求广。实际上，每一个 NGO 都拥有一批自己的专家队伍和专业志愿人员，作为开展专业服务的支撑系统。这就在客观上提高了它们在开展国际活动和国际合作中的地位，并能够发挥其领导作用。

第四，英国 NGO 与政府关系密切，部分援助资金来自于政府的支持。例如，英国行动援助国际 2007 年收入为 1.86 亿欧元，其中来自英国政府援助机构的资金为 2870 万欧元，占机构总体收入的 15.4%；再如，英国海外志愿服务社（Voluntary Service Overseas, VSO）2007/2008 年度共筹款 4310 万英镑，其中 64.9% 来自英国国际发展署。无国界医生组织 2007/2008 年度 610 万英镑收入中，22% 来自英国国际发展署，20% 来自欧盟。2012 年 1 月，英国外交大臣黑格访缅时表示，英国将在未来 4 年里通过 NGO 向缅甸提供 2.89 亿美元的卫生和教育项目援助。[①]而英国无国界卫生组织（Health Unlimited）在缅甸佤邦、掸邦第四特区、克钦邦第一特区、克钦邦第二特区等边远地区开展医疗卫生合作项目，也得到了英国国际发展署的资助。[②]

第五，NGO 筹资能力强，资金规模较大。一般来讲，作为开展国际合作的 NGO 从国内筹资是不具备优势的，因为它们服务的人群都在海外，对本地社区的贡献并不明显，而且远离当地的老百姓。但英国从事国际合作的 NGO 具有较强的筹资能力，机构的运作资金规模也较大。

（三）英国 NGO 与政府的伙伴关系

在开展国际合作方面，英国 NGO 与政府有着良好的合作关系，并创

---

① 张云飞：《英国首相卡梅伦访问缅甸》，2012 年 4 月 13 日，新华网（http://news.xinhuanet.com/world/2012-04/13/c_122977200.htm）。

② 详见无国界卫生组织网站（http://www.healthunlimited.org.cn/）。

建了重要的合作伙伴机制，以保证 NGO 有序开展国际交流和合作活动。而 NGO 利用自己的工作优势，有效补充了政府在国际合作过程中的不足，达到政府与 NGO 共赢的结果。

20 世纪 70 年代后，英国开始建立政府与开展国际合作的 NGO 的合作机制，这一机制主要有以下六个特点：

第一，政府援助资金并不直接给受援国，而是通过英国的 NGO 开展项目实施和合作。此模式也是欧洲和北美洲主要发达国家普遍采用的合作机制。即英国政府与英国的 NGO 建立合作伙伴关系，英国的 NGO 又与受援国的 NGO 建立合作机制，简称为政府加援助方国家的 NGO 加受援国的 NGO 三方联盟合作方式。

第二，设立政府专门基金支持 NGO 的海外发展工作。英国政府设立联合基金计划（The Joint Funding Scheme），旨在帮助英国的 NGO 援助发展中国家的最贫困地区。按照这个计划，英国国际发展署将向 NGO 承担长期发展项目的一半费用，也称之为"一英镑配一英镑"方案。例如，提出申请发展项目的 NGO 将承诺 50% 的资金从政府援助项目之外的渠道获得。而联合基金计划项目的年度预算为 5370 万美元。单个项目总额达到 7.9 万美元时需要从联合基金计划支付另外的 50% 资金。而联合基金计划项目由英国国际发展署和外交部共同负责审查。项目执行时间一般不超过三个财政年度；每年的政府拨款有最高限额；在项目执行过程中，NGO 每年需要向政府汇报一次项目进展和财务状况，项目结束时需要提交一份完整的项目最终报告。

第三，英国政府与 NGO 合作的基本要求。对于申请英国政府"联合基金计划"的 NGO。联合基金计划项目起始时间是当年的 4 月份，项目周期为一年。想要申请下一年度基金计划，必须要在当年的 11 月底向政府提交申请。

第四，NGO 在申请使用政府援助资金的同时，坚持自己的独立性原则。由于 NGO 向英国政府申请了资金支持，NGO 能否保持其独立性原则，这也是 NGO 之间经常争论的问题。例如，英国国际发展署向海外志愿人员组织提供资助，根据志愿支持计划，英国海外志愿服务社人员的工作经费来自英国国际发展署，而天主教国际关系学会、国际志愿者组织的经费 90% 来自于政府补贴。尽管以上组织的大部分项目经费来自政府，但是它们的项目运作和执行并没有受到政府的影响，从项目的设计、管理到评估均保持了独立的原则。

第五，规模较大的 NGO 垄断政府援助项目，有了一定的"官方"色彩。越来越多的 NGO 申请政府的援助资金，但这些 NGO 的实力与背景差异明显，给政府增加了审查项目的难度。为了提高效率，英国政府采取了变通的办法，主要向英国乐施会、基督教援助基金、天主教海外发展基金、救助儿童会和世界自然基金会等规模较大、实力较强的 NGO 提供资助，目前它们可以得到政府 60% 以上的支持。从某种意义上讲，集中资助少数 NGO 有利于政府加强对资金的控制，而这些"主要"的 NGO 也就有了一定的"官方"色彩。

第六，英国 NGO 在开展国际合作过程中，其中立性也是相对的。例如，在英国官方援助已经终止的地区，NGO 如果要进行援助，是不能从联合基金计划项目中得到支持的。如果英国的 NGO 援助一些政府已确认的"政治敏感地区"，如智利、危地马拉、尼加拉瓜、南非和巴勒斯坦等，基金项目申请必须经过外交部的严格审查。

（四）英国政府对国际合作 NGO 的支持重点

英国政府对开展国际合作 NGO 的支持重点在不同的历史时期是不一致的。但通常英国政府坚持通过资金援助方式，提出援助重点。

1. 非常关注软件方面的建设

1958 年成立的英国海外志愿服务社已经向全世界 124 个国家派出了 3.3 万多名的海外志愿者为发展中国家服务，它也是目前世界上最大的国际志愿者机构。机构成立阶段，英国海外志愿服务社招募 18—25 岁的年轻人，后来随着受援国的需要，希望得到有专业知识、经验和熟练技能的志愿者，现在志愿者的年龄介于 20—75 岁之间，平均年龄为 41 岁，一般要求服务两年时间。而且，志愿者在全球范围内招募，不再局限于英国国内。正在服务的志愿者来自加拿大、印度、肯尼亚、荷兰和菲律宾等国家。

2. 设立支持非营利组织的专项基金

英国政府鼓励公民社会参与国际合作。客观上讲，作为从事国际合作的 NGO 也需要更多政府资金的支持。为此，英国政府设立了专项基金，主要有如下四个重要的基金：一是公民社会挑战基金。其目的是支援英国的 NGO 向发展中国家贫困的社区和边缘群体提供必要的持久支持。二是发展意识基金和小额援助计划。英国非营利组织或网络成员共同承担义务，提高发展意识和理解发展观念。三是合作伙伴方案协议。英国国际发展署与有重大影响的公民社会组织签署协议，确立战略水平的合作伙伴一起工作。根据联合国千年发展目标的各项指标，政府向 NGO 提供战略资金，共同努力以达到目标。四是治理和透明资金。其目标是将治理和透明作为非营利组织的基本原则。同时也可以考虑参与地方和区域政府机构和营利部门的建设等（也包括媒体的参与）。它们的参与也可以作为项目建设中的一部分。

3. 开展冲突、人道主义和安全援助项目

冲突、人道主义和安全援助资金是英国政府与非营利组织合作的传统项目。其目的是扩大英国政府在发展中国家的影响力，保持英国在第三世界国家中的特殊地位。它主要有如下五个重要的基金：一是冲突、人道主义和安全基金。英国国际发展署的人道主义共同基金（CHSF）向广大的非营利组织开放，并接受开展冲突、人道主义和安全项目申请。二是人道主义响应基金。这一基金通常分配给特别紧急事件和灾害事务，主要有非营利组织、联合国系统机构和红十字会等单位提出的资金请求。三是降低灾害风险。在重大的突如其来的灾害发生之后，英国国际发展署响应基金 10% 的资金可以迅速调配用于降低灾害风险（DRR）活动。包括预防、缓解和准备未来灾害的预案，这也是一种有效减缓灾害和风险的办法。降低灾害风险资金的有限额度为 50 万英镑，这样的资金使用权限通常由英国国际发展署驻受援国或当地办事处来负责和使用。四是冲突预防联营（CPP）。通常由英国国际发展署、英国外交部和英国国防部共同管理。五是禁雷行动（Mine Action）。英国国际发展署准备方案是全球禁雷行动的一部分。他们通过联合国系统挑选的 NGO 作为合作伙伴，推动全球的禁雷行动。当然，英国政府与开展国际合作的 NGO 的合作是多渠道和多途径的。它们通常还设立特别的地区方案和特别专业的活动领域，以推动英国 NGO 走向世界、影响世界，为英国的国家外交事务提供全方位的服务。

（五）NGO 与英国政府开展国际合作的特点

众所周知，英国的 NGO 发展历史悠久，公民社会发展比较成熟，在英国的经济、社会发展中作用明显，而与政府的合作伙伴关系的经验也值得世界各国的公民社会组织学习和借鉴。英国 NGO 与政府合作有以下五个方面的特点：

第一，NGO 对利用政府的援助资金达成了基本共识。NGO 在强调机构的独立性的同时，对于使用政府资金没有不同的声音。客观地讲，英国的 NGO 对政府的资金依赖性并不明显。但在开展国际交流和合作过程中，资金缺乏依然是 NGO 面临的新挑战。从 20 世纪 70 年代到现在近 40 年的实践，英国的 NGO 对利用政府的资金达成了共识，不仅利用英国政府的资金，还积极开发利用欧盟、联合国和世界银行系统的资金为 NGO 本身发展提供较好的机会。

第二，NGO 利用政府现有合作渠道扩大自身的国际影响。1972 年在英国成立的行动援助，起初通过资助儿童的方式筹款，以支持发展中国家的儿童接受基础教育。随着儿童项目迅速扩展，在政府机构英国国际发展署的支持下，业务已拓展到扶贫和社区发展等领域，活动区域已拓展到 40 个国家和地区，行动援助已成长为在海外工作的最大的英国 NGO 之一，也成为英国国际发展署的主要合作机构之一。

第三，英国 NGO 利用政府渠道和声誉，扩大与发展中国家政府和 NGO 的合作和影响。一般来讲，利用名人的威望和声誉开展筹资活动对世界各国 NGO 来说都是一种挑战，英国的 NGO 也不例外。英国的皇室成员安妮公主担任英国救助儿童会的主席，这对救助儿童会国际合作起到非常重要的推动作用。

第四，NGO 利用与政府合作的平台，开展项目合作和倡导活动。众所周知，开展项目合作和倡导活动的关键问题是政府与 NGO 之间人员的交流、互信、相互理解和支持。1942 年，一批英国居民成立了牛津救灾委员会，即现在的乐施会，旨在争取为在第二次世界大战中被纳粹德国占领的希腊提供援助。乐施会原文"OXFAM"就是该组织当时使用的电报编码。此后，它逐步发展成为在 13 个国家拥有乐施会机构的国际网络，项目遍及非洲、亚洲、中东和拉美。与政府合作是乐施会工作的一大特征，乐施会是英国国际发展署五大重要合作伙伴之一，并承担政府的一些长期的发展项目。

第五，利用宗教NGO的特点，使项目资金直接进入社区。宗教NGO有着明显的优势，它能够很快与社区组织建立联系，起到间接扩大政府影响、弥补政府项目的弱点的作用。英国作为具有传统慈善观念的国家，在开展国际合作过程中，能够将项目的援助资金通过受援国的NGO的帮助，直接进入基层、进入社区组织，直接服务到最贫困的群体和需要帮助的弱势人群，深受受援国的欢迎。这与英国利用了宗教背景的NGO开展工作有密切关系。例如救世军、基督教援助基金，是具有基督教派背景的慈善机构；而天主教海外发展基金、天主教国际关系研究所（CIIR）是具有天主教派背景的慈善机构。

（六）英国NGO在国际合作中的作用

第一，NGO与受援国NGO的合作是英国政府双边外交的重要手段。英国NGO在国际双边合作中显得非常活跃，在发展和环境领域的NGO之间，它们的工作和任务既有分工又有合作，覆盖国家的面比较广，也是英国政府双边合作的一个重要补充。作为英国发展类NGO，主要包括天主教海外发展基金、英国救助儿童会、行动援助、乐施会等机构；以环境为主的其他类的NGO，主要包括环境与发展国际研究所（IIED）、天主教国际关系研究所（CIIR）、水援助（Water AID）、发展计划机构（DPU）和无家可归国际（Homeless International）等。上述NGO与政府关系密切，加之它们的资金来源有相当一部分得到英国政府的大力支持，所以它们也成为英国政府双边外交的重要手段。

第二，NGO尽管资金不多，但覆盖的国家面却比较广，项目涉及经济、社会发展中的各个领域。以英国天主教海外发展基金会为例，项目共分布在全世界60个发展中国家和地区。2007/2008年度在亚洲19个国家和地区共支出808万英镑项目资金，平均每一个国家/地区为42.5万英镑。在非洲22个国家共支出1392万英镑的项目资金，平均每一个国家为63.3万英镑。而在拉丁美洲14个国家共支出329.6万英镑的项目资金，平均每一个国家支出23.5万英镑。在东欧3个国家共支出67.6万英镑的项目资金，平均每一个国家支出22.5万英镑。2008年总支出

252.7万英镑项目资金分布在亚非拉中欧57个国家，平均每一个国家支出4.4万英镑。为了让项目成功实施，天主教海外发展基金会在10个国家设立办公室，在9个国家拥有自己的工作人员。项目涉及社会、经济等多个领域，其中包括无偿援助、气候变化、信息技术、冲突与和平、企业社会责任、债务、教育、紧急救灾、农业和粮食、社会性别、全球化、卫生、艾滋病预防、人权、土地和住房、煤矿、难民和移民、贸易、就业等内容。

第三，NGO宗旨明确，支持最贫困的人群，扩大受援国NGO人员的互动和能力建设。作为一个成熟的公民社会的国家，英国NGO广泛地开展筹资活动，支持更多需要帮助的发展中国家。例如，以实现减少贫困为目标，增强受援国公民社会建设，推动实现公民参与和强调平等发展。又如，国际行动援助的宗旨是"与贫穷人和边缘人群一起工作根除贫困和不公平"；英国无国界卫生组织的宗旨是"我们支持最贫困和最弱势的人们努力实现更好的医疗和福利。优先考虑受冲突和政治不稳定影响的当地人和当地社区。我们和社区医务工作者，以及政策制定者一起制定出长期项目，开发出恰当的和有回应的初级医疗保健体系，影响各个层面的政策和实践"。

第四，通过国际合作，支持并促进受援国公民社会的发展。近十年来，英国NGO在促进和支持受援国公民社会的发展方面取得了长足进步，旨在帮助受援国公民社会的健康发展，以保证政府援助资金的有效性，扩大其社会影响，强调公民社会的良好治理、公开、透明和问责。例如，乌干达行动援助曾有严格的问责和报告体系，但主要是通过核心控制和官僚机制来实现的，所设计的问责体系能够符合向管理者、捐赠者和赞助者的问责，然而却没有向合作伙伴和贫困社区的问责提供便利。因此，乌干达行动援助便借鉴不同国家项目经验，并经过漫长的讨论和对话后，最终设计出一个新的体系：行动援助问责、学习和规划体系（ACPS）（Action Aid Uganda，1999）。这一个新型问责体系得以成功实施，推动了乌干达NGO问责体系的建立。[①]

总之，英国NGO在推动受援国NGO健康成长方面起到了非常重要的推动作用，也对传播英国文化和理念起到了积极的作用。

[①] ［美］丽莎·乔丹、［荷兰］彼得·范·图培尔：《NGO问责》，康晓光等译，中国人民大学出版社2008年版。

四 欧盟及其他欧盟国家通过 NGO 履行国际责任的做法和经验

欧洲国家 NGO 的历史悠久，数量庞大，参与人数众多，涉及领域十分广泛。例如，德国仅在环保领域就有上千家环保 NGO，人员达 200 万人左右。德国最大的环保 NGO"自然保护联盟"有 105 年的历史，拥有成员约 40 万人。该组织 90% 以上的成员都是义务兼职人员，无偿地为环保做大量工作。NGO 在欧洲拥有非常好的群众基础，在欧洲起着举足轻重的作用。近二三十年来，欧洲进入了公共部门管理尤其是政府管理改革的时代，现在的"新公共管理"是由个人、营利部门、非营利部门等各种组织一起扮演不同的角色而达成的结果，更具有现实性和生命力，而 NGO 在其间营造了政府与社会之间的对话、沟通、协调和协作机制，促进了社会的和谐稳定。[1]

（一）资金扶持

同美国等西方国家一样，资金扶持是欧盟国家利用 NGO 履行国际责任的一种主要做法。例如，在缅甸的反对密松大坝运动中，对于缅甸政府暂停密松大坝的建设，欧盟发表声明，欢迎缅甸政府暂停修建有争议的水电站项目。欧盟高级官员阿什顿的发言人声称对缅甸领导人开始向其承诺的要做人民的政府的行动表示赞赏。但实际上，最早公开所谓密松大坝环评报告的"缅甸生物多样性与自然保护协会"接受的就是欧盟的资金赞助。[2]

在挪威，NGO 是挪威政府对缅甸援助的主要媒介。[3] 1991 年，挪威授予昂山素季诺贝尔和平奖，此后对缅甸产生了特殊兴趣。昂山素季自 2010 年 11 月解除软禁后，特别是 2011 年她与吴登盛总统会晤后，挪威

---

[1] 陈晓薇：《NGO 参与欧洲"新公共管理"》，《人民政协报》2007 年 3 月 27 日。
[2] 王冲：《缅甸非政府组织反坝运动刍议》，《东南亚研究》2012 年第 4 期，第 80 页。
[3] ［美］雷克斯·瑞菲尔、詹姆斯·W. 福克斯：《过多，过快？——对缅援助的困境》，杨祥章译，李晨阳校，《缅甸简报》总第 12 期，2013 年 7 月。

政府采取大幅度措施走在西方对缅援助的前沿，尤其是在和平建设方面。2012年，挪威外交部对缅甸的援助全部是通过 NGO 和联合国机构实现的。

挪威是缅甸和平中心（Myanmar Peace Center）的主要支持者。该中心由私营部门资助，是一个独立的机构，致力于使缅甸政府与少数民族的停火协议成为持久状态，实现永久和平。2012年1月，挪威制定了缅甸和平支持倡议（Myanmar Peace Support Initiative, MPSI），通过教育、扶贫和排雷项目支持停火协议。挪威也为2012年6月成立的和平援助支持团（Peace Donor Support Group）提供资助。该组织协助缅甸政府与援助者开展对话，协调援助者为冲突区提供援助，支持和平建设。挪威援助活动涉及的其他领域包括：公共部门能力建设（首要关注缅甸国家发展规划进程）、灾害防治、医疗卫生、难民、环境和人权。

2011年，挪威为缅甸提供的援助约为3000万美元，预计以后会大幅增长。挪威宣布无条件取消缅甸总计32亿挪威克朗（相当于5.82亿美元）的债务，有助于缅甸在2013年1月的巴黎俱乐部债务免除磋商过程中获得特别优惠的条件。

（二）合作

合作是欧盟国家利用 NGO 履行国际责任的一种主要做法。自1992年起，无国界医生组织[①]一直为缅甸数以百万计、来自不同民族的人提供医疗护理。组织一直在缅甸各地为超过3万名结核病/艾滋病毒合并感染患者，提供赖以为生的抗逆转录病毒治疗。台风纳尔吉斯和吉瑞吹袭时，无国界医生组织也是首批应对风灾的组织，为当地数以万计的实民提供医疗协助、救命物资和清洁的饮用水。[②]

[①] 无国界医生组织（Doctors Without Borders）于1971年12月20日在巴黎成立，最初的成员皆为深信世界人类都有获得医疗权利的法国医生和记者。但目前成员已遍及全世界，每年有2000多位志愿人员在约60个国家中服务，是全球最大的独立人道医疗救援组织，在全球各地设有19个办事处。

[②] 《缅甸寻找新方法应对耐药结核病的紧急健康威胁》，2013年8月31日，无国界医生（http://www.msf.org.cn/news/14958）。

五　印度通过 NGO 履行国际责任的做法和经验

印度是发展中国家中 NGO 发展最好、组织化程度最为完善的国家之一。自印度独立以来，NGO 在印度社会中的影响就一直存在，并逐渐扩大。如今，它已成为独立于政府和市场之外的第三大力量。在印度社会，尤其是中下层社会中拥有广泛的影响和支持。许多政府决策的制定和项目工程的实施都由 NGO 提供咨询和参与。[①]

（一）资金扶持

赤脚学院（Barefoot college）成立于 1972 年，是印度最有影响力的 NGO 之一。40 多年来，赤脚学院已成为全球动员社区资源和可持续发展的楷模。班克·罗伊是赤脚学院的创办人，现在，班克·罗伊在印度的 13 个邦建立了 20 所赤脚学院。学院的经费 40% 来自政府，40% 来自国内外的援助机构，15% 来自生产经营，5% 来自村民捐款。赤脚学院不仅获得了包括联合国亚太经社理事会人力资源开发奖等多种奖项在内的各种荣誉，甚至还被艺术家作为活的建筑搬进了博物馆，其模式正在被许多国家所借鉴。埃塞俄比亚、阿富汗、莫桑比克、塞拉利昂等欠发达国家都先后来这里学习经验。太阳能和雨水收集项目也已经得到政府支持。罗伊还奔赴非洲，把在那里生活的祖母们带回印度接受培训，教她们使用太阳能。[②]

（二）支持、鼓励与外国相关组织与机构的合作

2011 年 6 月，来自印度企业发展学院的 11 名交换生 15 日到云南财经大学开展为期 10 天的交流学习。这是云南与印度之间举行的首次 NGO 交换学习活动。近年来，随着中印经贸往来的加强，云南与印度互派交流学者与留学生的规模也不断扩大。目前，云南有 10 多所高校与印度的

[①] 袁帅:《NGO 对印度社会稳定的建设性作用》，硕士学位论文，云南大学，2010 年。
[②] 外滩画报:《专访印度 NGO 赤脚学院创始人班克·罗伊》，2008 年 12 月 16 日，搜狐网（http://news.sohu.com/20081216/n261241967.shtml）。

大学建立了合作交流关系。此外，政府方面每年提供有 25 个交换生名额。① 印度赤脚学院也十分注重与外国 NGO 合作，2008 年，在接受《外滩画报》专访时，赤脚学院创始人班克·罗伊表示，赤脚学院打算与李连杰的壹基金合作，希望中国农村的祖母成为赤脚学院的客人。

（三）政府官员退休后创办 NGO

印度由于人口众多，道路、交通等基础设施早已不能满足现实需求，人满为患的状况随处可见，导致了严重的环境问题，引起了印度民众的高度关注。近几年，印度的民间环保组织如雨后春笋，发展迅速。据介绍，仅在册登记的农业环保组织就达 2700 多家。这些民间组织积极引导广大群众开展绿化造林、保护水源等活动。②

万纳莱环保组织是一个民间环境保护的社团组织，是印度众多民间环保组织中规模和影响较大的一个。该环保组织在全国的 12 个邦有 2700 多个分支机构，有 30000 多名志愿者。该组织的创办者是穆罕·达里亚（Dr. Mohan Dharia），他在年轻时就投入印度争取自由的运动，印度独立后，历任国大党全印委员会委员、印度议会议员、印度商务部部长、印度政府内阁成员国家计委副主任、高层政策委员会主席。穆罕·达里亚退休后，为了协助政府推动环境保护工作，创办了这个民间环保组织。20 多年来，该组织一直在倡导推行"为了农村发展和绿化的人民运动"项目，其主要包括保护水源、植树造林、利用土地、科技培训等内容，同时还包括计划生育、技术致富等方面的内容。在穆罕·达里亚的带领下，万纳莱环保组织通过向农民免费发放资料、举办培训班及其他形式，在农村中开展环境保护的宣传教育，并且在一些水土流失严重的地区和受污染而废弃的小河做治理示范工程，引导当地农民保护环境，不少水土流失和受污染的小河得到了治理，原有的环境功能得到了恢复，取得了令人瞩目的成绩。万纳莱环保组织得到了政府的大力支持，在印度农民中产生了广泛而深远的影响。

---

① 《印度首批非政府组织交换生来滇交流》，2011 年 6 月 16 日，中国新闻网（http://www.chinanews.com/edu/2011/06 - 16/3114231. shtml）。

② 何惠明：《印度的环保 NGO》，2007 年 10 月 18 日，豆瓣小组网（http://www.douban.com/group/topic/2089025/）。

植树造林是"为了农村发展和绿化的人民运动"项目的重要内容。经过十多年的不懈努力，万纳莱环保组织仅在马哈拉施特拉邦就植树2亿多棵，昔日不少的荒山现在已披上了绿装，1.1亿公顷的森林得到了有效的保护。在保护水源方面，每个雨季到来之前，该组织通过引导人们用传统的方式，即用水泥或化肥袋装满沙石在小河中筑坝，来降低河水的流失，提高河水的利用率，最大限度地保存和利用雨水资源。这种河坝被群众亲切地称为"万纳莱堤岸"。万纳莱环保组织在全国各地建了大约12万个"万纳莱堤岸"，其贮存的水成了许多村庄的"免费水箱"。该组织还利用自身的优势开发了两款高科技实用软件"省水省土的全过程"和"全面供水"，其中"省水省土的全过程"软件已被政府认可，联邦政府要求在全国各邦推广使用。

为了提高广大农民的文化素质和环境意识，万纳莱环保组织编印资料、出版刊物并免费发放给农民，组织对农民的培训；同时通过志愿者将环境保护的意识融入农民的日常生活中，引导农民有效利用废弃的土地，使用人畜粪便等自然肥料；亲力亲为教农民科学种养，教农民做甜品、香料，用各种方式帮助农民保护环境，发展经济，改善生活。万纳莱环保组织的工作得到联邦政府的肯定。据穆罕·达里亚先生介绍，按照联邦政府的目标，全国的绿化率在十年内要从目前的23%提高到25%。他们正在协助政府为实现这一目标而努力。

（四）网络建设

印度的NGO一般具有五个主要特征：第一，大部分NGO都有一个核心人物。虽然各个组织都是一个团队，但核心人物对于团队的凝聚和运作非常重要。第二，大部分NGO都和政府有一种伙伴关系，它们获得政府的资金支持以执行政府的项目。第三，大部分NGO都致力于项目开发。第四，因为政府提供了丰富的资金支持，印度NGO在最近20年数量激增。第五，组织发展的持续性仍有欠缺，许多组织可能今天存在，明天就消亡了。在这五个特点之下，印度NGO网络化建设虽然处于复杂、艰难的境地，但仍取得了令人欣喜的成就，在其形成的六大类型网络①中，第一类就是政府指导型网络。由于印度政府大力支持 NGO 的发展，国家发展计划当中又有支持 NGO 的规定，这在为 NGO 的存续确立法源基础的同时，也为其发展提供了充分的资金保障。这种政策环境中产生的 NGO 网络被概括为政府指导型网络，其特点是主要由政府资助，并遵从政府指导。②

（五）企业重视履行国际责任

近年来，随着印度自由化改革的日益深入，数量众多的印度企业走向海外市场。由于历史和政治的原因，印度的私营企业凭借雄厚的财力、先进的管理理念和良好的信誉，在海外市场开始崭露头角。需要指出的是，印度企业受其民族文化影响，具有重视社会责任的理念。印度 Infosys 公司合作创始人之一拉纳亚纳·穆尔蒂曾提出一套"悲悯资本主义"的企业经营理念，他认为"企业的首要职责是在法律以及职业道德允许的范围内创造财富。但是在印度这样的发展中国家，企业所要承担的还远不止于此。它还必须为社会做好事，为社会公益做出贡献"。印度烟草公司董事长德韦什瓦尔则倡导"普惠大众的资本主义"，号召企业树立"三重盈余"（水资源盈余、碳排放盈余和固体废物排放盈余）绩效的理念，以此承担企业的社会责任。两种理念植根于印度的民族精神，而这种人本主义的民族精神也对企业的经营战略产生了重大影响，"促使企业制定出对印度的价值链有利的战略，促使企业积极应对社会性问题，寻求惠及大众的、可持续发展的道路"。③

印度跨国企业在其经营活动中践行上述两种理念，最突出的表现就是印度的跨国企业很好地做到了本土化，为拉动当地就业做出了贡献。

---

① 六大类型网络：政府指导型网络、自愿型网络、微网络、职能型网络、E 网络、学术 NGO 网络。详见邓海峰、乐园《NGO 网络化建设的理论与实践——以印度 NGO 网络建设经验为鉴》，《学会》2005 年第 8 期，第 5 页。

② 邓海峰、乐园：《NGO 网络化建设的理论与实践——以印度 NGO 网络建设经验为鉴》，《学会》2005 年第 8 期，第 5 页。

③ Y. C. Deveshwar, *Vision, Values and Vitality Powering ITC's Transformation*, Speech of the Chairman, 95th Annual Greneral Meeting, http：//www.itcportal.com/chairman_ speechs.chairman_ 2006.html, Jul. 21, 2006.

印度跨国企业在非洲的员工招募以本土化为主，合作对象从政府机构到当地私营企业者，生产所需辅助物资主要也是从非洲或国际市场获得，很少从印度国内获取。以印度企业的人才本土化为例，比如在安哥拉的改造铁路系统工程中，中国人带来了大量自己的工人，而印度只是派了专家负责监督当地人工作。此外，据撒哈拉对外关系研究中心专家 Karen Monaghan 所说，印度企业更能融入非洲社会和经济之中，他们不但雇用当地人，而且强调对其培训，使其能够维修生产设备，印度对非洲的投资项目对当地人也比较公平，当地人在印度人的投资工程项目中占有更大份额的股份。①

其次，印度的跨国企业还积极承担对投资地社会发展的责任，参加当地社会公益事业，回馈社会。例如，2008 年 5 月印度著名药业公司 Cipla 向乌干达当地的合资公司转让药物生产技术，使后者生产治疗艾滋病的关键药物抗逆转录酶病毒药品的单位成本降低到 10 美元，此种做法不但为当地艾滋病治疗做出了贡献，而且有助于拉动当地就业。印度的跨国汽车公司还对当地人进行技术培训，教会当地人如何保养汽车，并且对当地公司进行技术转移。显然，印度企业向社会外溢利润的做法是一种承担社会发展责任的做法，有助于消除当地的贫困，得到了当地民众对印度的好感。②

六　澳大利亚通过 NGO 履行国际责任的做法和经验③

澳大利亚十分重视 NGO。澳大利亚政府为提高行政效率，分解政府职能，并把政府的一些权力下放给公民社会，让 NGO 去发挥重要作用。例如，澳大利亚政府主要负责的是制定政策，而执行政策的权力则被分解给 NGO，从而形成了政府、社会和公众之间的良性互动。

澳大利亚的 NGO 主要有两大类：一类是本国政府组织的 NGO，也就

---

① Sudha Ramachandran, "India pushes people power in Africa", *Asian Times*, Jul. 13, 2007.
② 刘二伟：《印度走向政治大国的非洲外交政策研究——基于软实力的理论分析》，硕士学位论文，上海师范大学，2010 年，第 34—35 页。
③ 史妍嵋：《澳大利亚的 NGO》，《学习时报》2005 年 10 月 17 日第 2 版；澳大利亚国际开发署网站（http：//www. ausaid. gov. au/searchcentre/Pages/home. aspx？k = NGO&start1 = 1）。

是由澳大利亚各级政府支持以从事政府指导活动的 NGO。例如，澳大利亚地方政府联合会（ALGA）、新南威尔士州农村火灾服务、卫生和老龄部下属的各种社会福利服务组织等。另一类是外国 NGO。例如透明国际组织，这类 NGO 与澳大利亚本国的 NGO 不同，其在全世界 60 多个国家都有常设机构，与当地政府没有任何关系，其经费来源全部是欧洲银行。

澳大利亚 NGO 主要通过以下方式来履行国际责任。

（一）资金资助

澳大利亚 NGO 的资金大部分来自政府资助。对于资金的投向，澳大利亚的做法是采取政府公开招标的方式，政府公布招标的项目以及资助的原则和标准（例如对于老年护理机构，规定住院人数及护理标准），相关组织都可以来竞标。同行业的机构也可以联合起来参与竞标，以扩大自己的竞争力。一些大的组织在中标后也可以分包给较小的组织。无论官办机构还是民办机构，都必须平等竞争，择优资助。这样，一方面可以提高政府资金利用的效率，将自主投向管理水平较高的机构；另一方面，这也有利于提高社会服务组织的素质，服务机构在争取资金的竞争中优胜劣汰，必将促使它们千方百计地提高自己的管理水平。

（二）项目合作

澳大利亚各级政府与 NGO 已经形成了较好的合作关系，而且政府与 NGO 之间分工明确，由政府负责提供全部或部分资金，由 NGO 负责执行运作，例如办各种服务机构、志愿者组织等。

在澳大利亚，NGO 的主要内容是各种社会福利服务组织，包括为老年人、儿童、残疾人、妇女、家庭、失业者、吸毒者、无家可归者以及难民提供生活照顾、培训、住所、咨询等，以及一些多功能的服务机构。这些福利组织均由民间经办，与政府形成一种合作关系，政府负责规划福利服务的发展方向，确定资助的总额和方向，然后由通过竞争获得资助的 NGO 提供服务，在合同资助期内，政府可以对服务产出进行检查，如果服务达不到合同规定，政府可以终止对其资助。

对于海外的援助活动，澳大利亚国际开发署（Aus AID）与 NGO 开展了广泛的合作。例如，为了有效改进澳大利亚国际开发署和 NGO 在湄公河地区的合作效率，2013 年 5 月，澳大利亚国际开发署专门搭建了"澳大利亚—湄公河 NGO 工作平台"（The Australia-Mekong NGO Engagement Platform，AM-NEP），该平台将为澳大利亚国际开发署的援助项目提供当地的人力支持、技术支持和行政服务，以提高项目的质量。该平台还非常支持澳大利亚国际开发署和 NGO 之间的合作伙伴关系的建立，并且还将形成与之相关的长效机制。此外，澳大利亚国际开发署还专门为与 NGO 的合作而制定出详尽的合作项目指南，以此指导各种海外援助项目的合作完成。该指南的要求与澳大利亚国内的政府与本国 NGO 合作的要求类似。

七 新西兰通过 NGO 履行国际责任的做法和经验[①]

新西兰利用 NGO 履行国际责任也是主要通过资金扶持和合作来进行的。新西兰国际开发署（NZAID）专门负责该国 ODA。新西兰历届政府始终支持开发援助项目，新西兰政府认为：一是作为国际社会的一员，必须担负起一定的责任。二是稳定、和平、繁荣的国际环境对其自身的贸易、外交和国内发展有着直接的利益。三是其国民希冀为国际社会提供人道主义援助。从 20 世纪 60 年代开始，包括新西兰在内的经济合作发展组织（OECD）成员国，承诺将其国民总收入（GNI）的 0.7% 用于政府开发援助。国际社会于 2002 年通过的"千禧年开发目标"（MDGs），为其所有的援助计划规定了具体的目标，这些目标构成了新西兰开发援助计划之总体框架。

新西兰国际开发署的工作重心，地域上主要在太平洋地区。同时，在亚、非、拉地区也有区域和双边的项目。这些项目都需要新西兰的专业技术来满足受援对象的需求。作为一个太平洋国家，新西兰在保护多元文化、社区经济开发援助、社区安全、土地问题、教育和卫生服务等方面有着独特的经验。此外，新西兰在生物安全、资源管理和保护等方

---

① 商务部：《新西兰政府五年对外援助战略规划》，2005 年 2 月 1 日，新浪网（http://finance.sina.com.cn/roll/20050201/10171338462.shtml）。

面口碑良好。新西兰政府的管理在兼容性方面也表现良好，其原因就是强调了民间的社会参与、人权和性别平等。因此，NGO 在新西兰国际开发署的援助项目中获得了参与的机会和平台，而新西兰政府也通过 NGO 实现了其援助的目的。

八　韩国通过 NGO 履行国际责任的做法和经验

进入 20 世纪 80 年代以后，由于韩国的经济规模增强，在国际舞台上的地位也逐渐提高，就出现了国际社会要求韩国承担与之相对的国际责任的呼声。与此同时，由于韩国对外贸依赖程度较高，为了增加对发展中国家的出口，奠定韩国企业进入国际市场的基础，有必要通过加强官方发展援助与发展中国家加强合作。从 1982 年开始，韩国开发研究院（Korea Development Institute，KDI）就邀请发展中国家的主要人士，向他们传授韩国的开发经验，从而开始了国际开发教育项目。1987 年，韩国政府为了更加系统地进行开发援助，筹资 300 亿韩元设立了对外经济合作基金（Eeonomic Development Cooperation Fund，EDCF），从而为发展中国家产业发展和经济发展的支援提供了借贷服务，创造了韩国开发援助有偿合作的开端。1991 年，外务部下属的无偿援助专门机构——韩国国际合作团（Korea International Cooperation Agency，KOICA）成立。由此，韩国正式建立了对外援助实施体系。①

在 1987 年以前，韩国 NGO 与韩国政府的关系表现为紧张对立状态，随着民主政治的成功转型、经济的快速增长，以及中产阶级的迅速崛起，市民的政治参与和国际交往程度不断提高，NGO 与政府的关系也开始改变。从 NGO 本身来看，NGO 努力尝试改变自身与政府的关系，使之不仅能够朝着有利于自己的方向发展，而且还能够有效地实现自身目标并影响政府。而政府也逐渐认识到，NGO 并非仅是政府的挑战势力，在好的政策诱导下，NGO 完全可以成为政府的合作伙伴。从 1993 年起，韩国正式告别军事威权政体，进入"文官政治"时代。金泳三政府开始全力推行地方自治与财阀改革，并实施全球化战略。与此同时，政府对 NGO 的

---

① 韩然善：《韩国的联合国外交》，硕士学位论文，复旦大学，2009 年，第 21 页。

态度也发生了根本变化,即便是对具有对抗倾向的 NGO,政府也会在政策、财政上予以支持,并与之以政府开发、主导,NGO 广泛介入并承担具体项目的方式展开合作。①

1998 年 2 月,在野党领袖金大中当选韩国第 15 届总统。政权的和平交接,显示了韩国政治民主化水平已经得到实质性提高。执政后的金大中本人对市民团体活动也予以高度关注。他多次在 NGO 大会上通过演讲表达对 NGO 在民主建设方面的肯定。这样的背景为 NGO 与政府互动提供了良好的平台,双方在更多领域相互协调发展。政府广泛吸纳 NGO 人员出任公职要职,NGO 也会考虑政府立场、协助政府推广政策并参与政策的制定与实施,这也成为韩国政府与 NGO 关系的一大特点。

2003 年 2 月,韩国首位"平民总统"诞生,卢武铉当选韩国总统,主张建立"参与型政府",鼓励国民广泛参与政府的决策活动。同金大中政府一样,"参与政府"在法律上也为 NGO 提供了充分支持。随后,大批 NGO 活动家出任政府高职。如此一来,一方面 NGO 可将草根呼声直接传给政府,为政府能及时获得相关政策建议提供渠道;另一方面政府由于更好地把握了民情民意,政策执行的效果力度得以增强,进而保障了行政的稳定运行。在行政长官等要职的任命上,政府也十分重视市民团体的意见,公开接受市民团体推荐,市民团体的意见和态度对公职候选人的任命举足轻重,因此一些公职候选人为获得任命,想方设法与市民团体保持友好关系。

韩国国内对 NGO 的重视推动了韩国对外援助时与 NGO 的合作与发展。韩国 NGO 的对外援助主要涉及农村发展、卫生与福利、环境、教育等方面,援助地区主要是亚洲、中南美洲、非洲等地区。例如,2008 年韩国 NGO 援助项目中,农村发展占 44%,卫生与福利占 24%,环境及其他占 17%,教育占 15%;在 2008 年韩国 NGO 地区援助中,亚洲占 59%,非洲占 35%,中南美洲占 3%,CIS 占 3%。②

韩国国际协力团(KOICA)自 1991 年开始为缅甸提供援助。韩国国

---

① 洪静:《1987 年以来韩国 NGO 与政府关系》,《北京行政学院学报》2011 年第 2 期,第 53 页。
② 《韩国 NGO 对外援助》,《当代韩国》2008 年第 3 期,第 38 页。

际协力团的援助模式有4种：与缅甸政府合作开展项目、资助NGO、派遣志愿者和培训政府官员。目前，它在4个领域开展活动：农业和农村发展、工业推广、经济和行政治理以及人力资源开发。韩国国际协力团援助惠及的其他领域包括卫生、环境、林业以及信息通信技术。自1991年以来，韩国国际协力团的年均对缅援助为300万—400万美元。2012年，它对缅援助增长到560万美元。2013年的初步援助计划达1000万美元。这反映了韩国政府渴望加强与缅甸的关系。仿照韩国发展研究院组建缅甸发展研究院是韩国国际协力团在缅甸开展的一个主要新项目。韩国国际协力团在缅项目的一个显著特征是与JICA的项目存在高度协调。①

2013年8月30日，韩国政府同缅甸政府签署了"新村合作业务"谅解备忘录，计划将韩国的农村建设经验——新村运动②模式推广到缅甸。这是韩国在推广新村运动的过程中同外国政府签署的首个协议。韩缅两国将以缅甸农村的脱贫和发展为目标，通过两国NGO之间的合作，在派遣新村运动志愿者、培养农村建设专业人才等方面加强合作。韩国政府自2012年起每年投入6000万韩元（约合33万元人民币），在缅甸乡村开展试点工作，并计划自2014年起在6年内提供2200万美元（约合1.3亿元人民币）的援助资金。目前，韩国在蒙古、尼泊尔、老挝等国家的15个乡村开展了新村运动推广活动，其中对缅甸的援助规模最大。韩国安全行政部长官刘正福说，新村运动帮助韩国走出了经济困难期，提升了民族自信心，相信这一运动也能帮助缅甸实现农村建设和经济发展。③

九 小结

总体而言，在西方主要国家，企业和NGO往往规模庞大，具有很强

---

① ［美］雷克斯·瑞菲尔、詹姆斯·W. 福克斯：《过多，过快？——对缅援助的困境》，杨祥章译，李晨阳校，《缅甸简报》总第12期，2013年7月。

② "新村运动"是指20世纪70年代初朴正熙政府推行的农村建设运动，主要通过在全国范围内推广勤勉工作、自力更生、团结合作的精神，进一步加快国家的发展。

③ 泰和：《韩国计划将农村建设经验——新村运动模式推广到缅甸》，2013年8月30日，国际在线（http://gb.cri.cn/42071/2013/08/30/5752s4236994.htm）。

的政治影响力，受到了该国政府的高度重视，对履行该国的国际责任发挥了重要作用。发达国家和国际组织都积极支持 NGO 的发展，与它们建立牢固的合作伙伴关系并积极对话。通常，发达国家和国际组织会对 NGO 的援助方案进行全部或部分资助，也会参与到民间社会团体援助项目的执行和监督之中。当前世界各主要国家在缅甸（或对全球总体上）履行国际责任的过程中，在处理政府、企业、NGO 以及其他机构的关系上，各有方式，各有侧重。在各个国家对外援助的总额中，政府和 NGO 所占的比重较大，另外，企业也会通过政府的相关政策等实现在缅甸的活动。

（一）政府层面

2012 年 4 月 5 日，在缅甸议会补选结束后，西方国家陆续表示，将采取措施解除对缅甸的部分制裁。对于在缅甸履行国际责任的问题上，这些西方国家的政府可谓发挥了主导型的重要作用。近几年来，美国政府正在逐渐放松其 20 多年来对缅甸施行的制裁措施，积极与缅甸接触。2012 年 4 月 4 日，美国国务卿希拉里·克林顿表示，美国"认可和支持缅甸的民主改革"，并宣布将采取一系列措施回应缅甸的改革和发展。美国政府采取的措施主要有以下 5 项：第一，美国与缅甸政府积极磋商，宣布向仰光派驻大使[①]；第二，在缅甸设立美国国际开发署的代表处，并支持联合国开发计划署在缅甸开展正常的国家项目；第三，允许 NGO 及联合国在缅甸开展更大范围的活动，以支持缅甸的民主改革、完善医疗以及卫生体系；第四，允许缅甸部分高官和议员访问美国；第五，解除美国对缅甸金融服务业出口与投资的禁令，以帮助加速缅甸经济现代化和政治改革。这五项措施是美国政府支持缅甸改革进程的一个清晰信号。美国积极与缅甸接触与奥巴马政府的东南亚战略一致，美国意图加强东盟作为地区安全与贸易架构基础的地位，以限制中国的影响力，而缅甸正是重要节点。由于西方长达 20 多年的经济制裁，曾经美丽富饶的亚洲之珠——缅甸已经沦为亚洲经济最不发达国家之一。因此，解除制

---

① 2012 年 5 月 17 日，根据白宫 17 日发表的一份声明，美国总统奥巴马当天宣布提名德里克·米切尔担任美国驻缅甸大使。

裁，甚至是部分解除制裁也可以帮助缅甸政府获得其渴望的外来资本，以发展本国经济，改善人民生活。但也应看到，美国在给予资助的同时还提出了更多的要求。比如，美国政府要求缅甸政府继续改善人权状况，包括无条件释放所有仍在押的政治犯，并推动缅甸国内和解进程，促使缅甸终止与朝鲜的军事关系，等等。① 2012 年 11 月 19 日，奥巴马还成为首位在任期间访问缅甸的美国总统。

而欧盟在缅甸议会补选结束后已经做出暗示，将寻求解除部分对缅甸的制裁。欧盟外交和安全政策高级代表阿什顿称，"我们将进一步支持缅甸的改革，并努力同缅甸发展合作关系确保这一进程继续前进"。② 2012 年 4 月 22 日，在卢森堡举行的欧盟外长会议讨论了缅甸局势，各国外长对缅甸的民主化进程表示欢迎，外长们认为缅甸已经拥有了一个强大的、可以自由表达意见的议会。外长会鉴于目前缅甸的形势变化，决定取消除武器禁运外的一切欧盟对缅制裁措施。欧盟还表示，再延长一年对缅武器禁运。③ 2012 年 4 月 28 日，欧盟在仰光正式开设驻缅甸办事处，以期加强与缅甸政府的联系，推动缅甸继续进行改革。当天到访缅甸的欧盟外交和安全政策高级代表阿什顿表示，欧盟开设办事处表明欧盟支持缅甸的政治进程，这也是欧盟与缅甸建立全面外交关系的第一步。她还说，欧盟将提供 1.5 亿欧元援助，用于缅甸的农业发展。④

就日本政府在缅甸履行国际责任而言，其专门负责对外援助的政府机构——JICA 被认为是最好的企业社会责任项目执行机构。JICA 一直协助缅甸国家的发展，并长期保持其服务。JICA 非常重视有关农村发展的项目，其活动范围覆盖缅甸全国大部分地区。JICA 的援助预算金额都非常透明，易为当地社区和居民接受和理解，其收效也更为明显。即便在缅甸遭受西方国家制裁的情况下，JICA 仍然向约 6000 名缅甸学生提供了

---

① 《美国将放松制裁 回应缅甸的改革和发展》，2012 年 4 月 6 日，国际在线（http：//gb.cri.cn/27824/2012/04/06/3245s3630369.htm）。

② 《西方国家计划解除对缅甸部分制裁》，2012 年 4 月 5 日，国际在线（http：//gb.cri.cn/27824/2012/04/05/3245s3630256.htm）。

③ 《欧盟取消对缅甸的制裁》，2013 年 4 月 23 日，人民网（http：//world.people.com.cn/n/2013/0423/c1002 - 21253286.html）。

④ 《欧盟在缅甸正式开设办事处》，2012 年 4 月 28 日，新华网（http：//news.xinhuanet.com/world/2012 - 04/28/c_ 111863093.htm）。

资助。JICA重视制订切实可行的计划，注重协助弱势群体创造更多的就业机会。在援助项目运作的过程中，JICA非常重视偏远地区的发展，并努力为当地居民提供"接地气"的援助项目。[1] 当然，日本对缅甸的援助在很大程度上是为了与缅甸建立起一套符合相互依赖的"体系"关系，并通过这个体系保障其经济安全、国际声望和政治收益。另外，为了应对中国的竞争压力，日本扩大其对缅援助也逐渐具有了战略竞争的意味。从近年来日本对外援助的动向来看，把援助作为外交和战略工具已经成为日本对外援助的一个重要特征。[2] 总体而言，日本在缅甸履行国际责任的过程中，十分重视发挥NGO等民间组织的积极和补充作用，并为其提供了大量的政策和资金扶持。仅在日本政府提供对缅无偿援助中，日本NGO获得的拨款约占总额的4.9%。

就政府与企业之间的关系而言，在企业承担国际责任问题上，西方国家的政府定位于政策引导和立法约束。市场力量要求企业恪守道德，要求经理人能够有效地对市场信号进行反应，承担结果。但市场并不时刻有效，市场的力量对企业行为的校正能力往往也比较有限。再加上由于企业治理在国家乃至全球范围内还不完善，一些企业不愿主动承担社会责任，对企业不良社会行为和污染环境的起诉越来越多，因此，就需要政府发挥作用对企业进行约束，使其能够更好地履行国际责任。美国主要是呼吁和促进企业履行国际责任，通过公开宣讲和设立有关奖项来实现。如美国国务院每年都设立优秀企业奖、优秀环境保护奖和优秀臭氧层保护奖。在立法方面，美国已经有30多个州相继在《公司法》中加入了企业的社会责任内容，取消了股东是企业的唯一所有者的概念，要求管理者不仅要对股东负责，而且要对广大的利益相关者负责。欧盟所有国家都制定了企业国际责任战略，并得到了各国产业界、利益相关方、NGO等多方面的支持。[3]

---

[1] Center for Strategic and International Studies & Research Department under Myanmar Development.

[2] 周玉渊：《从东南亚到非洲：日本对外援助的政治经济学》，《当代亚太》2010年第3期，第124页。

[3] 马文静：《发达国家企业履行社会责任的成功经验及启示》，《商业时代》2009年第31期，第44页。

就政府与 NGO 之间的关系而言，一般来说，西方国家政府通过 NGO 在缅甸履行国际责任时，主要是通过以下一些方式来处理与 NGO 的关系的。

第一，资金扶持。在很多 NGO 的资金来源中，政府资金占了很大的比重。政府通过给 NGO 提供活动经费，使这些 NGO 能够更好地、更积极地深入缅甸开展活动，以促进缅甸的民主运动、民主改革、民主发展、公民权利保护等方面，而这些 NGO 由于受到政府的资金支持，往往在开展活动的时候就很有可能会带有政府的影子和色彩。尤其是在外交方面，西方国家的 NGO 往往可以发挥特殊功能和作用，完成政府通常不宜操作或根本难以承担的任务。正因为如此，多数西方国家与本国的 NGO 都保持着相当紧密的合作关系，某些影响力巨大的组织就是由政府幕后经营。在西方国家，多数知名的 NGO 几乎全靠政府资助来支撑，而资助 NGO 通常也是政府财政支出的一部分。[1]

第二，政策扶持，法律保障。日本、美国等国政府还会通过一些关于海外援助的政策来鼓励、帮助本国 NGO 的海外非营利性活动，甚至会通过立法来保障本国 NGO 的海外活动。通过这些政策的支持和保护，NGO 就可以更积极、更顺利地在缅甸开展各种活动。

第三，与 NGO 开展项目合作。日本、美国等国政府跟许多 INGO 有合同关系或合作关系，尤其是政府直接做某个项目成本过高、效果也不是很理想的时候，往往就会选择通过与 NGO 的合作来完成这一项目，以提高项目的完成效率。

第四，项目全程接受 NGO 的监督。随着 NGO 活动范围的扩大，NGO 的影响力也越来越大，它们监督其他国家在缅甸所开展的活动，针对这些活动或提供意见建议、或开展游说活动、或施加各种压力，从而实现对政府的监督。

（二）企业层面

企业自身对国际责任认识及各方面的有效措施是企业承担国际责任的关键。西方发达国家企业在各种社会力量的推动下，对国际责任问题

---

[1] The Research Institute on Contemporary Southeast Asia, *The Politics of Silence*, October 2011.

的认识达到很高的水平,许多企业积极采取措施,参加国内外各种形式的企业社会责任认证,企业国际责任的实践取得了较好的成效。例如,将企业的国际责任制度化、设立专门的国际责任管理机构、设置企业道德委员会或道德责任者等专门机构等。美国强生公司早在1943年就制定了公司的信条,明确指出公司首先是对顾客负责,然后依次是对雇员、社区、股东负责。日本东芝公司成立的企业国际责任推进机制是其企业国际责任实践的重要保障,极大地推动了东芝公司企业国际责任实践的发展。目前,西方国家已有越来越多的企业自觉地对外公开自己的社会责任报告,接受全社会的监督和监察。[1]

为回应缅甸的改革和发展,美国等西方国家在经济方面也开始采取一系列措施放松对缅甸的限制。受此鼓舞,西方国家企业也积极重返缅甸,并履行相应的责任,尽管这些企业并非完全出于自愿。与此同时,许多企业往往结合企业自身的业务特点进行重点捐赠,或者成立自己的基金会,因此形成了许多与企业关系密切的NGO,通过这些企业在海外的活动,政府就可以和与这些企业关系密切的NGO形成一定联系。

以美国企业为例,2012年7月11日,美国政府批准美国企业对缅甸投资,与国营缅甸石油天然气公司合作。这标志着美国明显放松对缅甸的制裁。美国总统奥巴马当天在一份声明中说,自11日起解除限制,允许美国企业在缅甸拓展业务,强调美国企业在缅甸需要"负责任"。美国政府规定,在缅甸投资总额超过50万美元的美国企业每年必须向美国政府提交一份报告,汇报人权、土地征用、环境和支付缅方费用的情况;美国企业必须在向缅甸企业投资60天内通报国务院;美国依然禁止美国企业与缅甸军方所有企业合作。[2] 美国白宫国家安全委员会发言人汤米·维托说,缅甸石油天然气公司应比其他企业受到更密切的监督,美方合作意味着缅甸政府可望迅速改善这家企业的经营状况。

2012年英国首相卡梅伦对缅甸进行访问时,另有10名商界代表随行。一位代表团成员表示,"访问并非是商贸之旅,而是要评估缅甸议会

---

[1] 马文静:《发达国家企业履行社会责任的成功经验及启示》,《商业时代》2009年第31期,第44页。
[2] 《美国政府对投资缅甸"亮绿灯"》,2012年7月13日,中国网(http://news.china.com.cn/rollnews/2012-07/13/content_15140773.htm)。

最近的补选以及所产生的积极成果。目前英国政府的政策仍然是禁止与缅甸进行贸易,这还没有改变。10名商界代表跟随首相以游客身份访问缅甸,将签署一个文化项目协议"。① 以企业为主体所开展的民间外交,在很大程度上也对官方外交的决策发挥一定的影响力。

(三) NGO 层面

随着世界政治全球化,NGO 的影响力也越来越大。与此同时,美国等西方国家政府对 NGO 加大了支持力度,在美国等西方国家不"方便"涉足的许多转型国家或发展中国家,这类带有"外国背景"的 INGO 越来越活跃。而缅甸长期以来受到西方国家的封锁和制裁,要对缅甸施加民主等方面的影响,或是对缅甸进行人道主义的援助等时,许多国家的政府就会通过 INGO 来实现自己对缅甸的影响或援助。2008 年 5 月纳尔吉斯风暴之后,缅甸的 INGO 数量激增,对缅甸的人道主义援助、民主化进程等都产生了极大的影响。这些 INGO 还开始与缅甸政府开展更紧密的合作。西方国家的一些 NGO 以及西方国家所援助的本土 NGO 在缅甸的国际热点地区、自然灾害发生地区以及经济较为落后地区进行援助活动,在某种程度上加深了受援地区民众对西方国家民众的感情。同时,这些民间交流,加深了民众之间的感情,为官方外交的发展奠定了基础。部分 NGO 在政府之外开辟了与外界联系和获得各种发展资源的渠道,为缅甸与西方国家的官方外交打下了良好的基础。

就履行国际责任的方式而言,INGO 在缅甸开展活动的方式更倾向于协助引导,其中也有部分是以救助服务与协助引导相配合的方式进行活动。国际 NGO 的救助服务活动主要通过庇护收容、免费医疗、免费教育、保护环境、救助动物、免费丧葬等项目来实现;而协助引导主要通过技能培训、能力建设、小额信贷、意识培养、合作发展等项目来实现。② INGO 作为一个群体,通过直接的人道主义援助、发起项目、帮助缅甸政府和当地 NGO 开展能力建设等方式,极大地促进了缅甸的政治民

---

① 《卡梅伦访问缅甸成数十年访缅首位西方领导人》,2012 年 4 月 14 日,中国新闻网(http://www.chinanews.com/gj/2012/04 - 14/3819242.shtml)。

② 段然:《NGO 在缅甸政治转型与对外关系中的作用》,硕士学位论文,云南大学,2013 年,第 27 页。

主化、社会化和经济发展，更有力地推动了缅甸本土 NGO 的跨越式发展。据亚洲基金会的统计，42% 的缅甸本土 NGO 接收 INGO 的资助。由于缅甸的经济比较落后，实际上缅甸本土 NGO 接受外国机构和 INGO 资助的比例要明显高于亚洲基金会的估计。① 正是在与 INGO 的合作中，缅甸本土 NGO 受 INGO 的影响正在逐渐加大，其工作理念、服务策略、筹款方式等正在向国际靠拢，进一步专业系统化。

（四）其他机构

除了政府、企业和 NGO 外，各国政府还会通过其他的一些机构来履行自己在缅甸的国际责任，例如研究机构、教会机构等。

通过一些机构对缅甸开展的研究工作，美国等国政府可以根据研究结果来制定相关的一些对缅政策等。例如，2012 年 1 月，美缅建立了"二轨接触"并展开第一次会谈，由美缅双方的半官方研究所牵头。据参加"二轨接触"的美国代表团主要成员之一、美国前驻缅甸大使馆负责人普里希拉·克拉普透露，美国"亚洲协会"、"和平研究所"（由美国国会资助）等研究机构参加了此次"二轨接触"。缅方的对等机构是"缅甸资源发展研究所"。美国国务卿希拉里·克林顿还在 2012 年 2 月 6 日签署一项豁免令，不再反对美国将世界银行、亚洲开发银行及国际货币基金组织等国际金融机构赴缅甸进行"评估工作"，或对缅甸提供有限的技术援助。这一措施为缅甸未来获得世界银行或国际货币基金组织等国际金融机构贷款及援助铺平了道路。②

此外，很多宗教机构也会经常开展一些海外人道主义援助活动，涉及贫困救济、赈灾、医疗卫生保健、教育等诸多领域，政府可以通过和这些机构之间的支持、合作，实现其在缅甸履行国际责任的目的。

---

① 段然：《NGO 在缅甸政治转型与对外关系中的作用》，硕士学位论文，云南大学，2013 年，第 27 页。

② 《美国部分解除对缅甸制裁 促进其政治变革》，2012 年 2 月 10 日，网易新闻（http://news.163.com/12/0210/03/7PSCV4HS00014AED.html）。

第四章

中国在缅甸履行国际责任的模式设计

中国在缅甸更好地履行国际社会责任，是推动我国周边外交发展的重要组成部分。此项工作必须认真贯彻落实中国共产党总书记习近平在周边外交工作座谈会上的重要讲话精神，尤其是要深入实践"亲、诚、惠、容"的周边外交理念，要在中国—东盟命运共同体的框架下推进中缅睦邻友好与合作。

一 中国在缅甸履行国际责任模式的基本理念与主要原则

（一）基本理念

1. 以促进中缅关系的可持续发展为前提

中缅关系胞波情谊源远流长，由于地缘政治、经济、安全等因素的影响，保持并增进中缅友好关系在我国对外关系中始终具有不可忽视的重要意义。从政治层面来说，缅甸是中国西南重要邻国，是最早与中国建交的国家之一，早在1949年12月16日就宣布承认新中国政府，成为最早承认新中国的非社会主义国家之一。1954年6月29日，两国总理发表了著名的和平共处五项原则联合声明，缅甸成为与中国、印度一道公开倡导和平共处五项基本原则的最早国家之一，在当代外交史上写下了浓重的一笔，缅甸也因此成为中国倡导外交理念的重要伙伴。2011年5月，中缅宣布建立全面战略合作伙伴关系，标志着中缅关系进入一个新的历史时期。中缅建交60多年来，除在20世纪60年代后期曾有过短暂的不愉快之外，两国始终在涉及国际重大问题、各自的核心利益方面能够相互支持，并保持了良好的合作关系，成为不同社会制度国家之间合作的典范。从经济层面来看，缅甸虽然经济落后，但经济发展潜力巨大。一方面，缅甸丰富的自然资源、广阔的市场前景、廉价的劳动力，以及不断开放的政治格局为缅甸未来经济的发展提供了良好的发展基础。由于地缘经济的影响，中缅经济往来一直比较活跃。1988 年以来，中缅双边贸易规模不断扩大，目前中国已经成为缅甸的最大贸易伙伴。根据缅甸国家计划与经济发展部提供的最新数据，截至 2016 年 3 月 31 日，中国在缅投资共达 180.72 亿美元，中国对缅投资保持在外国对缅投资的首位（数据来源：缅甸政府网）。[①] 缅甸已日益成为中资企业"走出去"的试验田，缅甸在拉动与之相邻的中国西南地区的经济增长，推动西南地区的对外开放步伐方面发挥了重要的作用。从安全层面而言，缅甸自古以来即为中国西南方面的天然安全屏障，保持良好的中缅关系，对于维护中缅边界地区的安全，维护中国西南边疆地区的繁荣与稳定，确保中国西南方向寻求在印度洋上的出海口，确保中缅油气管道的安全，突破以美国为首的西方国家长期以来以中国周边国家为战略基点，对中国在战略上实施围堵封锁都具有十分重要的意义。因此，无论从政治、经济层面，抑或安全层面而言，缅甸对于中国都具有极为重要的作用，中国无论以何种方式在缅甸履行国际责任，都始终要以发展和维护良好的中缅双边关系为前提，以服务于中缅双边关系之大局。

2. 以适合并能促进缅甸当地经济发展水平、社会可持续发展为方式

在缅甸履行国际责任的时候，应把我国的对外援助工作与受援国缅甸的国情结合起来。我们在开展对缅援助工作时，首先应该根据我们能力的同时，充分了解缅甸的基本政治经济状况、地理环境和风土人情，充分考虑缅甸的实际需要与接受援助是否能够有利于当地经济发展来拟定。只有充分了解受援国缅甸的国内状况，具体问题具体对待，急人之所急，找到对方最迫切的需求并将其作为切入点，灵活运用各种援助方式，才能使我国的援助工作顺利实施，取得预期和事半功倍的效果。中

---

① 中华人民共和国驻缅甸联邦大使馆经济贸易参赞处：《中国（含香港）跃居外国对缅甸投资首位》（http://mm.mofcom.gov.cn/aarticle/zxhz/tjsj/201010/20101007188073.html）。

缅建交以来，我们对缅援助的项目大多是直接改善缅甸经济状况，充实或改善缅甸"造血功能"型的项目。尽量避免搞成"长期依赖型"或"华而不实"的援助建设，甚至是"锦上添花"型的项目。只有"雪中送炭"型的项目，方显我方的真情。在对缅甸援助的同时，也应充分考虑一些项目的可持续发展问题，如在促进当地经济发展的同时也应该保护当地的生态环境，考虑发展一些低碳型的产业，做到发展经济与保护生态环境同步。

3. 以改善缅甸民生为主要内容

缅甸国家实力落后，经济发展缓慢，与东盟其他国家相比差距较大，人民生活水平较低。缅甸人民迫切期望通过外国的援助来提高和改善他们的生活水平。不论援助是来自哪个国家或者组织，他们都希望通过援助项目能够直接受惠。虽然中缅建交60多年来，中国对缅甸给予了众多无私的援助，但援助多体现在对缅甸的基础设施援建方面。这些基础设施项目固然对于促进缅甸经济发展起到了至关重要的作用，但这些基础设施的援建见效缓慢，直接受惠的缅甸普通老百姓并不多，造成虽然花费巨资，但缅甸的民众认可度并不高的尴尬现象。因此，今后在援助内容上，应要适当调整我国对缅援助的"政府对政府"、"不接地气"的援助形式，除了继续给予其一定的基础设施的援建外，在援建的项目上，还要向缅甸老百姓多关心的医疗、教育等项目倾斜，这些项目是缅甸普通群众最直接受益的方式，是能使广大缅甸民众实实在在能够感受到的"公益性"项目，亦是西方国家援助的重点。在进行缅甸援建企业的同时，应该充分考虑当地群众的就业问题。缅甸人民是希望获得援助的，但其最大的担心之一是会失去工作，从而失去收入来源。对此，缅甸的外商投资法有明确规定，来缅投资的企业第一个三年缅甸工人要占到工人总数的25%，第二个三年则要占到75%。但来缅投资的企业所面临的问题是缅甸工人的素质较低，亟须提高。这就要求提供援助的国家要开办一些培训中心和培训课程，加大对缅甸工人的人力资源培训，增加其就业和收入问题。另外，缅甸工人能力的提升和雇用数量的提高，也有利于企业减少其人力资源成本，因为企业雇用国内工人到缅甸工作其人工费用是较高的。今后中国对缅甸的援助效果不仅要体现为项目多、金额大，更要体现在援助过程中的具体细节，通过培训提高缅甸工人的能力、解决缅甸人民的生存就业问题是体现中国对缅甸援助效果的重要一环。

4. 以树立我国负责任的良好国际形象、维护我在缅利益为最终目的

改革开放以来，我国不断参与和融入国际社会，随着我国实力不断增强，在国际舞台上日益发挥着重要性作用。国际社会对中国履行国际责任方面产生更多期待。随着中国"国际责任论"呼声高涨，建立中国的国际责任观是一件紧迫而又意义重大的事情。建构中国的国际责任观对树立我国良好的国际形象、化解国外误解、提升我国话语权和软实力有着重大意义。作为发展中大国，适当履行国际责任，既是国际社会对迅速崛起的中国的普遍要求和回应，更是广大第三世界国家对中国这位老朋友的殷切期望。我国的外交向来以周边国家为战略依托。缅甸既是我们的近邻，同时一直又与中国保持良好的传统友谊，所以缅甸为中国履行国际责任提供了实践的舞台。但近些年来，我们在缅甸履行国际责任之时，在取得诸多成绩的同时也产生了一些问题，比如表现出比较强烈的功利主义，造成在缅甸的普通百姓中形象不佳，影响了中国的国家形象。我们不能将这个原因过多地归结于缅甸方面，而应该从自己的角度来进行反省，今后在对缅援助工作中不能一味只顾埋头援助，也要抬头看路、看四周、看实效，要更多地考虑缅甸国民的口碑和利益，争取民众支持，以此达到塑造和维护中国在缅民众之中良好国际形象的目的，进而达到确保我方在缅甸重大利益不受民间因素干扰的最终目的。

（二）主要原则

1. 坚持帮助受援国提高自主发展能力原则

实践证明，一国的发展最终还得依靠自身的力量。中国在提供对缅援助时，应尽力为缅甸培养本土人才和技术力量，帮助缅甸建设基础设施，开发利用本国资源，打好发展基础，逐步走上自力更生、独立发展的道路。中国援助缅甸的主要目标是实现缅甸经济的自立和自我发展能力。在援助缅甸发展的问题上，中国并不希望自己的援助喧宾夺主。在中国传统文化的方法论上强调一点，即"授人以鱼不如授人以渔"。缅甸的落后并不是缅甸缺乏发展经济所必需的资源，而是缺乏对潜藏在社会内部的经济资源的发现和发掘。中国应根据缅甸国家发展的实际情况，

在给予援助的同时，还要教授缅甸获得这些知识的技能和方法，诸种改善缅甸自力更生、自主发展的能力，提升其"造血"机能，最终实现缅甸自身经济能力的成长。

2. 坚持不附带任何政治条件、不干涉内政原则

新中国自成立以来，一直坚持和平共处五项原则，尊重各受援国自主选择发展道路和模式的权力，相信各国能够探索出适合本国国情的发展道路，绝不把提供援助作为干涉他国内政、谋求政治特权的手段，把不损害国家主权、安全和发展作为考虑国际责任问题的前提。早在1955年亚非万隆会议上，周恩来代表中国政府就发展对外经济文化关系表达了基本立场，"我们亚非国家之间的合作应该以平等互利为基础，而不应该附有任何特权条件。即使是中国在力所能及的范围内提供的经济技术援助，也是不附带任何条件的"。[1] 在2005年举行的联合国第60届大会上，胡锦涛主席亦强调，"中国对外实施的援助是不附加任何政治条件的"。[2] 正是在这种思维的引导下，一直让中国外交在平等的旗帜下大放异彩，得到了广大亚非发展中国家的支持和拥护。因此，中国在给予缅甸各种援助之时，应该坚持不附带任何条件、不谋求特权、不干涉别国内政的原则。我们应该充分尊重缅甸当前的政治制度和发展模式，坚持援受双方都是平等的交往伙伴，坚持援助并非一方对另一方的"恩赐"，而是援受双方的一种相互取长补短的行为，双方在援助中实现取人所长、补己之短的双赢观点。当然，对于一些与中国的道义立场并不冲突的维护国际和平、促进世界发展的事务，如反恐、反核扩散、保护环境、地区一体化等，中国应在国际框架安排下积极参与，并与国际力量相互合作。

3. 坚持平等互利、共同发展原则

中国历来强调对外援助不是一方向另一方的施舍，而是在平等互利、共同发展的基础上，援助国和受援国之间的开展互利合作的有效平台和途径。尤其是随着世界经济一体化的深入，各国之间经济关系日益紧密，

---

[1] 中华人民共和国外交部、中共中央文献研究室：《周恩来外交文选》，中央文献出版社1990年版，第118页。

[2] 中华人民共和国外交部政策研究司编：《中国外交》，世界知识出版社2006年版，第389页。

双赢的经济合作成为各国开展国际合作的主要目标之一。随着全球经济一体化的日益明显，尤其是进入21世纪，中国已经从战略的高度上认识到发展对外经济关系的重要性，提出要利用两种资源："国内资源和国外资源"；要打开两个市场："国内市场和国际市场"；要学会两套本领："组织国内建设的本领和发展对外经济关系的本领"。中国作为最大的发展中国家，在目前和将来的相当长一段时间里，发展仍然是第一要务。外交工作的目标就是为国内发展创造良好的外部环境。作为外交工作组成部分的对外援助也要服从和服务于国家的这一根本目标，在此基础上才能进一步服务于国家的政治利益和安全利益。我国素来以"地大物博、资源丰富"来形容自己，但实际上很多资源在人均占有量方面却排名在全世界的倒数行列，特别是一些经济发展所必需的能源和资源方面。因此，在今后的对缅援助时，中国应在坚持把对缅援助视为发展中国家之间相互帮助的基础上，同时注意实际效果，照顾对方利益，通过开展与缅甸的经济技术合作，着力促进双边友好关系和互利共赢，主动把对缅援助工作与能源、资源等经济战略相结合，配合国民经济发展、国内产业结构调整，大力带动我国对外承包劳务、设备材料出口、境外加工贸易、合资合作和企业跨国经营的发展。要把对缅经济援助作为开拓国际市场的一个手段，使我国的对缅经济援助工作主动地服务于我国的经济建设。

4. 坚持量力而行、尽力而为原则

在对缅甸援助的规模和方式上，中国应从自身国情出发，注重充分发挥比较优势，最大限度地结合受援国的实际需要，依据国力提供力所能及的援助。我国目前经济总量虽然位居世界第二，但人均GDP排名仍然较为靠后，按照联合国的标准，我国尚有1亿人口处于贫困生活水平，发展的不可持续、不平衡问题较为突出。发展中国家仍然是我国对自身的基本定位。中国承担国际责任必须与国家实力相匹配，与自身角色定位和外交战略目标相吻合。中国虽处于迅速崛起期，综合实力攀升世界尖端，但中国存在的问题还很多，发展之路仍面临种种国内外考验。中国崛起的量变显著，质变仍待努力。中国至今仍然是一个发展中国家，与美国等西方发达国家的差距还很大。较之西方老牌国家，中国履行国际责任的能力还相当低。对自身实力的清醒认识是更好地承担国际责任、履行国际义务的前提和基础。在20世纪80年代末以来,以"负责任的大国"的形象立足于世界政治舞台是中国重要的外交目标。中国作为一个大国自然愿意在国际事务中具有更大的影响力。但在改革开放以前,中国的对外援助在一段时期并没有以中国的国力为基础,主要表现为"对外援助没有坚持量力而行的方针,对外援助任务特别是对一些重点国家承担的任务过重,不注意经济规律,浪费比较严重"。① 此外,还存在着对个别国家的要求几乎有求必应,造成了对中国的严重依赖,等等。对一些贫穷国家进行适当援助,是一个大国对国际事务负责任的表现,但无休止地援助绝不是一个国家应尽的义务。当然,对外援助关乎国家战略利益,不可不为,其潜在的能量也是无法估量的。因此,立足于国家长远战略,如果有益于国家利益的实现与维护(例如现在的缅甸),即使有些许困难也不能因"量力而行、尽力而为"而捆住了手脚,对外援助仍然是一项必不可少的战略支出。

5. 坚持与时俱进、改革创新原则

中国在缅履行国际责任、对缅进行援助应顺应国内外形势的发展变化,注重总结经验,创新对外援助方式,及时调整改革管理机制,不断提高对外援助工作水平。外援为外交服务是新时期我国外援的主题。我国的外援既要服从国家的外交战略,同时也应该借鉴西方国家外援中的一些理念,以便更好地为我国的外交服务。正如邓小平适时提出新时期外交战略后我国所取得的一系列伟大成就一样,外援理念的与时俱进和更新也是至关重要的。例如,第一,应在理论上加强对外援助理论研究,加快对外援助立法,加强制度建设,建立系统成熟的援助机制。第二,改革对外援助的管理体制,推进援外机制建设,借鉴国外发达国家的经验,建立协调统一的决策体制,引进评估制度。第三,改革对外援助方式,将援外与投资、贸易结合起来,推动中国企业同受援国企业长期进行合作,充分发挥企业和金融机构的作用;既帮助受援国发展经济,又推动中国企业开拓发展中国家市场。第四,重视发挥非政府组织的作用,认真学习西方在运用非政府组织方面的成功经验,并结合我们的实际情

---

① 中共中央文献研究室编辑:《中共中央、国务院关于认真做好对外援助工作的几点意见》,载《三中全会以来重要文献选编》(上),人民出版社1982年版,第728页。

况，充分发挥非政府组织应有的作用。

二 新模式的实施主体及其功能分工

（一）政府的作用

政府是我国对外履行国际责任的主要行为体，在制定和执行对外援助政策时，起着主导、管理和协调的作用（见图4—1）。具体而言主要有以下几个方面：[1]

（1）拟定并执行对外援助政策，起草对外援助法律、法规，拟定部门规章，研究和推进对外援助方式改革；

（2）编制对外援助计划并组织实施，拟订国别援助方案，确定援助项目；

（3）负责政府间援助谈判，商签援助协议，处理政府间援助事务，办理援外项目对外移交，负责援外贷款偿还和债务重组工作；

（4）核准各类援外项目实施企业的投标资格，组织援外项目决标，下达援外项目任务，监督检查各类援外项目的实施；

（5）负责编报对外援助资金预决算和援外统计工作；

（6）负责使用援外经费，监督和管理援外优惠贷款和援外合资合作基金项目，并解决政府间重大问题；

（7）指导有关部门的援外工作。

除此之外，考虑到缅甸国家目前正处在政治转型的特殊阶段，政府还应注重以下两个方面：

（1）帮助缅甸在国际社会仗义执言。中国支持缅甸走符合自己国情的发展道路，积极评价缅甸政府推动国内政治和解和改善对外关系方面的努力。

（2）为缅甸提供建设性帮助，推进缅甸民族地方和解进程。呼吁国际社会为该国推进民族和解，逐步实现民主与发展创造宽松环境。

---

[1] 杜奇华、卢进勇：《商务国际合作》，中国商务出版社2005年版，第282页。

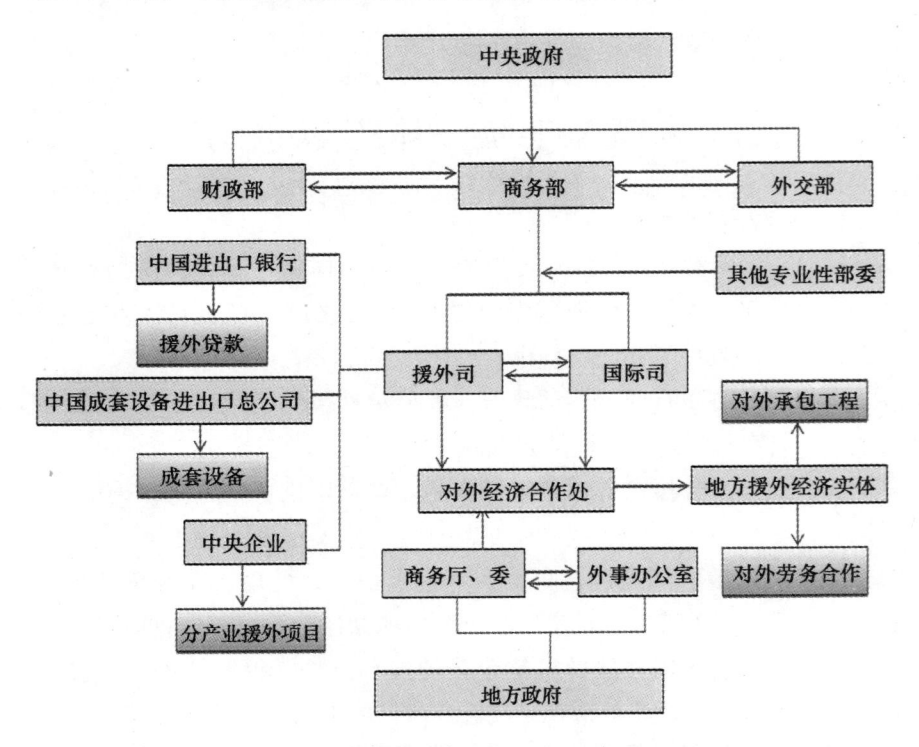

图 4—1　我国政府援外模式的管理体制示意图

资料来源：杨飚：《中国对外援助中的对口支援模式》，硕士学位论文，上海外国语大学，2013 年，第 55 页。

（二）企业的作用

中国企业的投资在一定程度上缓解了缅甸经济运行的难度，更给制裁下艰难生活的老百姓带来了实实在在的好处。中国企业在缅甸从事项目建设时，注重当地老百姓的利益，主动回报社会，及时发放补偿款项，不仅为民众提供了就业机会，还援建了学校和村舍等。

传统上，我国是根据两国政府间的协定，由政府把援建项目指派给某个国营企业，该企业根据国家下达的任务，在受援国完成援助工作。[①] 企业只是国家政策的执行者，而不需要考虑自身的经济成本和收益。所

---

① 李育良：《世界经济一体化中的中国对外援助》，《北京第二外国语学院学报》1999 年第 4 期。

以，企业不具备主动性，援助项目给受援国带来的收益往往也不是很理想。在新模式中，企业将通过与受援国（缅甸）企业合资合作的形式，共同承建援外项目，实施经营性的、共享利润的援助。企业作为市场经济中独立运作的主体，遵循市场原则，参与外援工作。与传统的企业相比，它们更具有主动性。企业还可以经过实地考察，向外援司提出项目审报，并向中国进出口银行提出获得政府贴息优惠贷款的申请，经过批准后该企业就成为外援合资合作项目的实施机构。此外，企业还可以对中国与受援国政府签订的援外项目进行投标，获得使用优惠贷款的权利，并与受援国合资或合作来实施项目。在项目完成后，中国企业作为项目的投资方，仍可以对其进行经营和管理，从而确保我方和受援国的长期利益。具体而言，企业将在新模式中发挥以下几个方面的作用：

一是发挥好在缅大型企业的引领作用。大型企业是参与主体，是履行国际责任的重要力量。目前对缅合作集中了一批大企业大项目，可充分发挥其自身优势，适当让利，融入当地经济社会建设，为构建良好国家形象多做努力。例如，截至2013年5月10日，中石油及相关公司已经累计向缅甸投入了近2000万美元，专门用于改造管道沿线地区教育、医疗、电力等基础设施建设，以实际行动履行跨国公司的社会责任。中缅油气管道项目现已援建了43所学校，2所幼儿园，3所医院，21所医疗站以及马德岛水库和若开邦输电线路。2013年7月5日，在仰光举办了共有41家缅甸媒体及35家重点中资企业参加的中资企业缅甸媒体见面会暨《驻缅甸中资企业倡议书》发布会，驻缅中资企业明确表示将积极响应《驻缅甸中资企业倡议书》所述内容，履行在缅社会责任。

二是发挥好在缅合资企业的纽带作用。中缅合资企业为联系中缅企业、人员的重要纽带，通过利益捆绑，友好交往，造福当地社会，从而增进中缅人民之间的了解和信任，构造良好的国家形象。例如，伊江上游水电有限责任公司主要股东为云南国际电力投资有限公司，双方合作以来，截至2013年7月，伊江公司累计为移民捐赠大米60万缅升，价值5.64亿缅币。另外，还设立并颁发了旨在帮助移民村学生完成学业的"伊江水电奖学金"，在缅甸当地起到了良好的社会反响。

三是在缅中小企业是履行国际责任的微观细胞。中小企业多直接面向当地群众，与生产生活联系紧密，对民意影响不容小觑。发挥好中小企业的作用，有利于筑牢民间友好基础，提升良好国家形象。例如，华为公司将在缅甸创建手机服务中心，缅甸 Elite Tech 公司将与华为技术有限公司合作，在缅甸仰光、曼德勒、内比都等城市开设手机营业服务中心。为此，华为公司正加紧招募当地员工，并对缅甸员工进行培训，意在扩大当地就业，以提升公司形象。

（三）银行的作用[①]

作为对外援助的实施主体之一，银行也将继续在对外援助中发挥巨大的作用。

银行在对外援助过程中主要是作为筹集资金、发放贷款的中介机构。通过银行的活动，可以充分调动金融机构的资金，使中国外援的资金来源更为多样化。随着1995年开始的外援形式多样化、资金来源多元化的改革，我国政府指定中国进出口银行作为负责对外承贷的银行，负责办理援外性质的优惠贷款业务。中国进出口银行是中国对外援助的一个重要部门，主要负责中国政府对外优惠贷款（见图4—2），即中国政府向发展中国家政府提供的具有援助性质的中长期低息贷款。贷款用途分为两项：一是在借款国建设有经济效益或社会效益的生产性项目、基础设施项目及社会福利项目；二是借款国采购中国的机电产品、成套设备、技术服务以及其他物资。

贷款必须具备一定的条件：

（1）金额要求：一般规定不少于2000万元人民币。

（2）利率和期限：执行政府间优惠贷款框架协议。贷款期限又分为两个时间段：宽限期（含提款期）和还款期。宽限期内，只需支付利息，没有必要偿还本金；而在还款期内，借款方必须按照贷款协议规定，还本付息。

（3）利息：以半年为单位，每个单位计息一次。自首次提款日起，每年的3月21日和9月21日为固定付息日。

（4）本金偿还：还款期内，每半年一次等额还款，还款日与固定付

[①] 张彩霞：《试论20世纪90年代以来中国对外援助》，硕士学位论文，北京语言大学，2007年，第66—70页。

息日相同。

（5）费用：在首次提款前，借款人按贷款总额一次性支付管理费；按贷款未提取的部分支付承诺费。

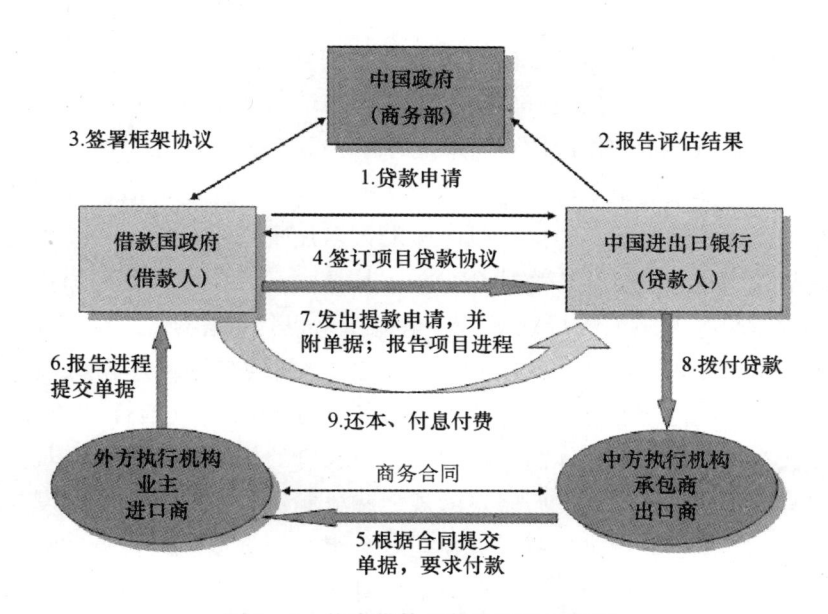

图 4—2　优惠贷款业务的流程示意图

资料来源：张郁慧：《中国对外援助研究》，博士学位论文，中共中央党校，2006年，第129页。

（四）非政府组织的作用

中国对外援助的总体向来是以政府为核心，直到现在也是如此。但是国内的非政府组织的对外援助在21世纪的中国对外援助格局中也是不可或缺的一部分。虽然相对于官方援助，非政府组织的对外援助无论是援助规模还是范围上占有的比例都不高。但是非政府组织的对外援助因其特殊性，反而起到了不可替代的作用。目前，除了经济援助之外，各主要援助大国的对外援助战略越来越重视价值理念的传输，这不仅需要资金支持，更需要增强援助理念和援助模式的影响力，加强软实力。相反，如果对外援助缺乏民间参与的活力，仅仅是一种主权国家之间的互动，或者说仅仅以经济援助为主要对象，则无论在效率方面还是在社会影响力方面，都难以达到最佳效果。非政府组织能够给政府提供一个社会的视角，让政府部门或者让外交部门接地气、懂民情。非政府组织生长在民间，懂得老百姓心里所想，它的声音从某种意义上代表着老百姓的情感。因此，非政府组织事实上提供了一种弥合官方和民间鸿沟的桥梁和纽带。

吸纳非政府组织与官方援助相配合，在与受援国国民的日常接触中寻求认同，确实能起到更好的援助效果。在政府的对外发展援助中，非政府组织具有独特的作用，具体来说有以下几点：

第一，非政府组织可以扎根贫困国家的社区，使援助活动直接让受援国的贫困群体受益。中国的政府援助大多注重基础设施建设，大规模的硬件设施很难直接让广大群众受益，甚至由于后期维护费用昂贵，有些楼堂馆所等设施无法持续运营，不能带来可持续影响力。相比而言，非政府组织深入社区关注民生，注重人与人之间的交往，更能形成友谊。

第二，相比政府的行政体制，非政府组织更具有灵活性和创新性。外交无小事，来自行政体制的限制往往使政府的援助活动不能兼具灵活性，官方的对外援助要按照既定的规划和机制进行，对一些随时发生的公共事件不能迅速做出反应，但是非政府组织则可以随时行动。吸纳非政府组织与官方援助相配合，可以取长补短，形成政府、企业和非政府组织对外援助的三位一体模式，发挥合力效应。非政府组织可以帮助中国政府和中国企业与当地社会建立沟通的平台，在对外援助中听取不同的声音，充分尊重当地的民意并避免风险。

第三，非政府组织可以提升援助的真实性和效率。借助非政府组织的力量，可以吸取社会资源和力量参与国际援助，扩大援助的规模。同时，通过引导非政府组织平等参与执行国际人道主义救援的任务，而不是简单地把钱拨给受援国的政府，可以提高援助资金的利用效率，达到更好的援助效果。国际援助中，应提倡采用招投标的方式，以透明的市场化操作进行援助资金的分配。而且，非政府组织对国际援助的参与、意见和声音，包括批评和压力，还可以提高官方发展援助的透明度。

（五）其他机构的作用

1. 研究机构

研究受援国缅甸的经济状况、政治环境和可持续发展的能力，为外援的方向和前景进行预估，避免外援的盲目性，从而为政府在外援中提供导向作用。

2. 评估机构

跟踪外援的执行情况和评估效果，不断接受反馈信息，提供参考意见。独立的对外经济援助项目的过程监控和评估对于提高对外经济援助效果、对外经济援助资金的使用率，对于政府官员提高成本意识、市场意识意义深远。

3. 协调机构

保证援外资金的有效合理配置，解决外援实施过程中出现的各种问题和纠纷。

三 支持我国非政府组织到缅甸履行国际责任的路径设计

（一）总体设想

支持我国非政府组织到缅甸履行国际责任，第一，要坚持新时期我国周边外交"与邻为善、与邻为伴"、"睦邻、安邻、富邻"的基本方针，贯彻"亲、诚、惠、容"的周边外交新理念；第二，要以非政府组织的机构能力建设为基础，充分培育非政府组织自身的组织功能、管理及发展功能；第三，非政府组织要以开展示范性项目建设为中心，打造并逐步提升我国非政府组织在外履行国际责任的知名度；第四，要以构建非政府组织资金多元化的可持续性资金保障体系为重要环节。

1. 要坚持我国周边外交"与邻为善、以邻为伴"、"睦邻、安邻、富邻"的基本方针，贯彻"亲、诚、惠、容"的周边外交新理念

无论从政治、经济还是安全的角度而言，中国的周边外交在中国的外交棋局中都占有特殊的重要地位。在政治上，周边是中国维护主权权益、发挥国际作用的首要依托；在经济上，周边国家是中国对外开放、开展互利合作的重要伙伴；在安全上，周边是中国维护社会稳定、民族和睦的直接外部条件。新一届领导人上台以来，将我国的周边外交战略提升到前所未有的高度，即在坚持"与邻为善、以邻为伴"、坚持"睦邻、安邻、富邻"的基础上，突出体现"亲、诚、惠、容"的外交新

理念。支持我国非政府组织到缅甸履行国际责任，解决缅甸社会的一些民生问题，提升缅甸社会的自我发展能力，是贯彻新时期外交理念的务实行动之一。

2. 要以非政府组织的机构能力建设为基础，充分培育我国非政府组织自我发展、组织、管理及监督功能

长期以来，由于受到各种因素的限制，我国的非政府组织的发展还处于起步阶段。虽然在整个外部环境的推动下，社会人员对非政府组织在履行国际责任、塑造良好国家形象方面所发挥的无可替代的作用有了进一步的认识。但囿于此前没有发展经验，我国非政府组织的发展大多良莠不齐、问题较多，突出表现在机构能力建设方面准备不足，功能比较单一，管理比较落后，无法适应国际社会的客观需求，影响了自我发展。因此，非政府组织要走出国门，到国外履行国际责任，就首先要重视自身的机构能力建设，充分借鉴发达国家或地区一些在全球具有影响力的非政府组织发展经验，尽快培养一支熟悉并热衷于非政府组织工作的队伍，建立健全相关的制度，对非政府组织的资金和项目运作都要有严格的监管机制，并建立对非政府组织履行国际责任的影响的评估机制。以适应走出国门的需要，促进非政府组织的自我发展，组织、管理的阶段功能。

3. 非政府组织要以开展示范性项目建设为中心，打造并逐步提升我国履行国际责任的知名度

项目是非政府组织赖以生存的基础，也只有通过项目建设，非政府组织的理念才能得到更好的贯彻，并发挥其本质功能；也只有不断通过项目建设，非政府组织才能提高知名度，获取更为广阔的各类社会资源，进一步发展壮大，实现自我发展的良性循环。因此，支持我国的非政府组织到缅甸履行国际义务，首先应该根据缅甸社会的实际需求，结合我国非政府组织的客观情况，为其量身打造一批意义重大、可操作性强、影响力大的示范性项目，适当融合我国的发展经验，如扶贫开发、农业合作、发展当地特色产业等经验，争取在当地打造一批示范性项目，首批示范性项目只许成功或失败的少，充分树立一定的品牌意识，吸引当地政府及国际社会的注意，打造并逐步提升我国在缅甸履行国际责任的知名度。

4. 要以构建非政府组织资金多元化的可持续性资金保障体系为重要环节

资金是非政府组织履行国际责任的重要保障，项目的运作、工作人员的薪酬等都离不开充足的资金作为后盾。从一些国际知名的非政府组织的资金来源的渠道来看，仅靠单个的资金渠道如国家的对外援助资金，很可能无法应对非政府组织长期性的资金消耗，无法确保资金供给的可持续性。而单个的资金渠道也无法提高非政府组织的社会影响力，甚至还将影响非政府组织的进一步发展。根据发达国家和地区一些知名非政府组织的发展经验，应该建立争取政府拨款、争取国际组织相关资金、争取公立或私人基金会的支持、争取企业的资金支持、争取社会公众募捐等立体、多层次的资金渠道，建立多元化可持续的资金保障体系，降低资金渠道过于单一、资金断链概率高的风险，确保非政府组织运作资金来源稳定。

（二）重点领域

根据缅甸目前的发展水平、实际发展需要，结合我国对外援助的历史经验，我国非政府组织应该主要在以下几个重点领域有针对性地开展国际援助活动。

1. 人道主义救援

人道主义援助是基于人道主义而对受助者做出物资上或物流上的支援，主要目的是拯救生命，舒缓不幸状况，以及维护人类尊严。人道主义救援主要由政府机构、非政府组织及其他非政府人道主义机构，根据人道主义原则提供。救灾援助是人道主义救援的主要内容之一，非政府组织作为人道主义援助的重要行为体，是其中一个不可忽视的力量。同时，非政府组织参与人道主义救援，也最能让非政府组织在其擅长的人道主义救援、援贫济困、维护穷人利益、保护环境、提供基本社会服务、促进社区发展等主要服务领域发挥其特殊的影响和作用。缅甸是中南半岛上的最大国家，历史上自然灾害的记录并不多见。但近些年来，缅甸自然灾害频繁，对缅甸整个国家都造成了较大的负面影响。例如，2008年5月，强热带风暴袭击缅甸多个地区，造成近10万人死亡；2010年10月，缅甸再遭热带风暴，据联合国估计，此次风暴造成7万人无家可归；2011年3月24日，缅甸东北部在1分钟内先后发生2起7.0级强震；2012年11月11日，缅甸北部曼德勒省德坯珍地区再次爆发6.8级地震。两次地震均对缅甸造成巨大的人员和财产伤亡。面对缅甸的自然灾害，国际社会及当地的众多非政府组织迅速行动，在救灾行动中发挥了巨大的作用，赢得了缅甸人民的广泛赞誉，为非政府组织在缅甸的活动和发展打下了良好的基础。

2. 促进人力资源开发

掌握先进的生产和技术必须有一定的素质要求。人力资源通过开发转化为人力资本，人力资本是一个地区经济发展的决定性因素。这是因为经济增长离不开三个重要的要素：资本、劳动力、技术进步。因此，在现代社会，人的素质（知识、技能、健康等）的提高，对社会经济增长起到了关键性作用。缅甸社会经济落后，人力资源素质和能力总体情况都较低，是造成缅甸长期贫困的另一个重要原因。根据缅甸教育部2012年的报告，1886年以前，由于寺院承担了基础教育的职能，缅甸的识字率一度达到了85%。在英国殖民时期，识字率降为35%。1973年，缅甸政府发起了3R运动，即读、写和算（Read，Write，Arithmetic），开办了扫盲班，缅甸的识字率又逐渐上升。联合国亚太经社组织的资料显示，2011年，缅甸成年人的识字率为92.3%，联合国教科文组织曾于1971年授予缅甸"穆罕默德·礼萨·巴列维奖"，1983年又授予该国"野间扫盲奖"。但根据联合国教科文组织驻缅办公室的一份报告，缅甸实际取得的成绩很有限。由于一般缅甸家庭经济压力较大，导致许多家长对于子女的教育重视不够，而学校教育质量低，使实际识字率更低。2001年联合国教科文组织一项调查表明，25%的缅甸儿童在五年级以前就辍学，因此缅甸存在大量的半文盲。表4—1所示是缅甸教育部公布的成人识字率。

表4—1　　　　　　　　　缅甸的识字率

年代	识字率
1886年以前	85.0
殖民时期	35.0

续表

年代	识字率
1954	63.3
1973	71.0
1983	78.0
1996	83.0
2000	91.0
2001	91.4
2002	91.8
2003	92.2
2004	93.3
2005	94.1
2006	94.35
2007	94.75
2008	94.83
2009	94.89
2010	94.95
2011	95.01

资料来源："Education for All: Access to and Quality of Education in Myanmar", Ministry of Education of Myanmar, February, 2012.

2011年缅甸新政府上台后，计划向教育投入更多经费，提升教育国际化水平，将基础教育学制提升到12年，从而提高国民识字率。在2012/2013财年，缅甸用于教育的支出为6170亿缅币，比上一财年增长了0.78%。相比区域内其他国家，缅甸的教育投入和教育水平仍十分薄弱。这种状况制约了缅甸经济和社会的发展速度。国际社会对此情况有所关注，韩国有关方面组织力量，自1991年开始为缅甸培训公务员，截至2009年共培训学员1000多人。2009年，缅甸共派遣133人去学习韩国的经验、技术和知识。其中普通培训人员72人，KOICA与缅相关部委合作项目的培训人员55人，攻读博士学位6人。培训内容最多的是农业。韩国认为，缅甸是一个农业国家，在农业方面需要帮助。[①] 但这种

---

① 商务部：《2010年韩国继续帮助缅甸开展人力资源培训》（http://www.mofcom.gov.cn/aarticle/i/jyjl/j/201005/20100506903198.html）。

措施主要是针对缅甸政府的人力资源的提升,对缅甸社会基层和普通百姓的人力资源提升的作用则微乎其微,不能从根本上促进缅甸整个社会人力资源素质的发展和提升。改革开放30余年来,中国在提升和拓展人力资源方面积累了丰富的经验,非政府组织可以在政府的指导下,与缅甸各方在人力资源能力提升方面开展广泛的支援与合作,借鉴和分享中国在这方面的成功经验。

3. 改善缅甸医疗卫生状况

缅甸大部分地区处于热带,气候炎热潮湿,便于病毒昆虫等动物和病源微生物繁殖。缅甸又是一个发展中国家,人民生活较为贫困,卫生状况不良,医疗保健事业落后。在全国35221个村庄中,有9170个没有清洁的水源,占全部村庄的25.8%。因此,多种传染病广泛流行。据统计,缅甸共有常见的传染病22种,其中疟疾、肺结核、麻风病、性病、沙眼、痢疾、乙型肝炎等被定为最重要的传染病。此外,与卫生保健工作直接有关的疾病也有多种,主要是:多种新生儿疾病;产妇病;蛋白质缺乏症;营养不良引起的低血压症;甲状腺肿大症;毒蛇咬伤;外伤;使5岁以下儿童夭折的其他疾病。疟疾是较为流行的一种普通传染病。缅甸有70%的居民生活在疟疾流行区。疟疾的发病高峰,西部山区为5—6月;中部平原为7月至翌年3月,以12月至翌年1月为最高峰。南部三角洲为9—12月,沿海地区为10—11月。在20世纪80年代,每10万人中有16.26人死于疟疾。2002年,每10万人中疟疾的发病率仍高达224人。20世纪80年代以来,在缅甸又产生了较为严重的艾滋病问题,感染者多为吸毒和卖淫所致。根据1991年上半年缅甸有关方面在一些大中城市抽查的情况,在仰光抽查的68008人中,发现了1035例艾滋病毒感染者;在密支那抽查的220人中,竟有146人染上了艾滋病毒,占66.4%。国际上一些学者估计,2002年缅甸的艾滋病感染者人数在40万—60万人之间。联合国艾滋病署估计,至1999年年底,缅甸约有53万人感染艾滋病毒,大约有48000人已死于艾滋病。虽然如此,但由于经济发展水平低的制约,缅甸医疗事业发展缓慢,医疗卫生方面的投入仅占GDP的0.4%—0.5%。目前缅甸政府在医疗卫生事业方面确定的主要目标是:提高人民的健康水平,培训合格的医疗人员,发展本国的医药事业,开展医学科学研究,在边境地区扩大医疗服务。①目前,许多国际非政府组织在缅甸将改善缅甸的医疗卫生状况作为其开展活动的主要领域。作为世界上最大的发展中国家,在过去的 30 多年里,中国在发展医疗卫生事业方面成就显著,并积累了丰富的经验,我国的非政府组织可与中国政府开展相关合作,由中国政府提供一定的指导和帮助,在改善缅甸的医疗卫生状况方面做出积极的贡献。

4. 推进缅甸扶贫工作

作为世界上最不发达的国家之一,缅甸的社会贫困问题不言而喻。在缅甸国家计划和经济发展部规划署、联合国儿童基金会(UNICEF)和瑞典国际发展合作组织(SIDA)的共同努力下,缅甸于 2010 年开展了一体化家庭生活评估调查,对缅甸的社会贫困问题有了比较深入的调查。调查的结果显示,缅甸的食品贫困水平低,全国为 5%。缅甸的食品贫困问题主要反映在农村。整体而言,2010 年农村食品贫困发生率为 5.56%,是城市食品贫困发生率 2.5% 的 2 倍多。2005 年和 2010 年各阶层食品贫困发生率②如表 4—2 所示。

表 4—2　　　　2005 年和 2010 年各阶层食品贫困发生率　　　　单位:%

年份	城市	农村	联邦
2010	2.5	5.6	4.9
2005	6.1	10.9	9.6

资料来源:2004—2005 年和 2009—2010 年一体化家庭生活条件评估调查。

调查的结果显示,缅甸有 25% 的人口低于贫困线。与食品贫困一样,整体贫困也基本上是农村现象。整体上讲,2010 年农村贫困发生率为 29.2%,约为城市贫困发生率 15.7% 的 2 倍。2005 年和 2010 年各阶层贫困发生率如表 4—3 所示。

---

① 贺圣达、李晨阳:《列国志:缅甸》,社会科学文献出版社 2009 年版,第 394—395 页。
② 贫困发生率是指消费支出不足以满足家庭食品和非食品需求的家庭人口比例。

表4—3　　　　　2005年和2010年各阶层贫困发生率　　　　单位:%

年份	城市	农村	联邦
2010	15.7	29.2	25.6
2005	21.5	35.8	32.1

资料来源:2004—2005年和2009—2010年一体化家庭生活条件评估调查。

就地区而言,2010年,钦邦的贫困率发生最高,为73%,其次为若开邦(44%)、德林达依省(33%)、掸邦(33%)和伊洛瓦底省(32%)。大部分邦或省邦都有下行趋势,虽然其中许多差异并无统计显著性。2005年和2010年各邦或省的贫困发生率如表4—4所示。

表4—4　　　　　2005年和2010年各邦或省的贫困发生率　　　　单位:%

邦、省、联邦	城市 2005年	城市 2010年	城市 2005—2010年变化	农村 2005年	农村 2010年	农村 2005—2010年变化	总计 2005年	总计 2010年	总计 2005—2010年变化
克钦邦	38 (2.34)	23 (3.22)	-39	47 (5.38)	31 (2.57)	-34	44 (5.10)	29 (2.62)	-34
克耶邦	26 (2.05)	2 (2.82)	-92	38 (3.31)	16 (2.52)	-58	34 (1.64)	11 (0.37)	-68
克伦邦	8 (1.36)	17 (3.08)	112.5	12 (4.09)	18 (0.39)	50	12 (4.14)	17 (0.51)	42
钦邦	46 (3.41)	52 (3.88)	13	81 (10.31)	80 (4.20)	-1	73 (6.10)	73 (2.18)	0
实皆省	22 (2.57)	16 (2.51)	-27	27 (4.51)	15 (1.42)	-44	27 (2.83)	15 (1.49)	-44
德林达依省	21 (15.67)	17 (12.53)	-19	37 (5.85)	37 (7.96)	0	34 (7.51)	33 (9.61)	-3
勃固省	31 (5.00)	19 (2.54)	-39	31 (4.93)	18 (2.33)	-44	32 (4.95)	18 (2.00)	-44
马圭省	26 (4.63)	16 (5.20)	-38	44 (2.64)	28 (3.85)	-36	42 (7.53)	27 (2.98)	-36

续表

邦、省、联邦	城市 2005年	城市 2010年	2005—2010年变化	农村 2005年	农村 2010年	2005—2010年变化	总计 2005年	总计 2010年	2005—2010年变化
曼德勒省	24(3.20)	14(2.04)	-42	45(5.27)	32(7.25)	-29	39(4.07)	27(5.77)	-31
孟邦	23(5.84)	18(2.05)	-22	21(9.26)	16(1.96)	-24	22(7.73)	16(1.53)	-27
若开邦	26(2.66)	22(1.38)	-15	41(2.66)	49(4.37)	20	38(2.83)	44(3.24)	16
仰光省	14(3.68)	12(1.99)	-14	17(17.39)	29(2.93)	71	15(6.19)	16(1.68)	7
掸邦	31(9.27)	14(7.56)	-55	50(4.66)	39(4.96)	-22	46(6.75)	33(3.22)	-28
伊洛瓦底省	24(5.14)	33(3.16)	-4	30(2.49)	34(2.87)	13	29(1.91)	32(2.94)	10
联邦	22(1.84)	16(1.08)	-27	36(1.93)	29(1.55)	-19	32(1.67)	26(1.26)	-19

资料来源：2004—2005年和2009—2010年一体化家庭生活条件评估调查。

以上数据表明，当今缅甸的贫困问题是考验民主化的缅甸中央政府执政能力的一个主要问题，民主化后的缅甸中央政府也开始逐步重视减缓国内贫困问题，把它作为提升执政党社会基础的重要手段。改革开放30余年来，中国在减缓贫困方面，取得了举世瞩目的巨大成就，中国丰富的扶贫经验和许多模式被证明是行之有效的创举，我国非政府组织可以在中国政府的指导下，在缅甸的扶贫领域与缅甸中央政府召开合作。

5. 完善基础设施建设

基础设施严重落后一直是制约缅甸经济和脱贫致富的瓶颈问题，推动缅甸国民经济迅速发展的基础是改善缅甸当前的基础设施建设，改善当前的投资环境，为缅甸宏观经济的发展搭桥铺路。因此，加强缅甸的交通设施、桥梁、水利水电等基础设施的软硬件建设，为满足缅甸国民经济的发展提供必需的硬件设施,是我国非政府组织在缅开展工作的重点之一。其中,缅甸农村贫困地区的基础设施建设更要列为重点改造或完善的内容。例如:完善贫困地区土地整治,加快中低产田改造,开展土地平整,提高耕地质量;推进小型农田水利建设,发展高效节水灌溉,扶持修建小微型水利设施,加强中小河流治理、山洪地质灾害防治及水土流失综合治理,积极实施农村饮水安全工程;加快贫困地区通乡、通村道路建设,积极发展农村配送物流;推进农村电网工程建设;普及信息服务;加快农村邮政网络建设,推进电信网、广电网、互联网三网融合等。

6. 推动能源和生态环境建设

在大力促进受援国的经济发展、改善民生的同时,非政府组织应该重视受援国贫困地区的环境保护问题,着眼于受援国贫困地区的未来经济和社会的可持续发展。因此,非政府组织可以在缅甸贫困地区加快可再生能源开发利用,因地制宜发展小水电、太阳能、风能、生物质能,推介应用沼气、节能灶、固体成型燃料、秸秆气化集中供气站等生态能源建设项目,带动改水、改厨、改厕、改圈和秸秆综合利用,提高缅甸城镇生活污水和垃圾无害化处理率,加大城乡环境综合整治力度。

(三) 经费来源

由于受历史传统、政治、法律不完善等诸多因素的影响,中国非政府组织的发展可谓举步维艰。"对于一个非政府组织而言,制约其生存与发展的因素中最关键的是它所存在于其中的制度环境,以及它所能获取的社会资源。"[①] 资金作为最基本社会资源之一,这是非政府组织的生命之源,只有拥有充足的资金,非政府组织才能够顺利地开展各项活动,而我国的非政府组织却面临着严重的资金短缺,这已成为我国非政府组织自身发展及制约其走出国门的瓶颈因素。如何有效筹集所需资金,是中国非政府组织"走出去"必须面对的重大问题。从国内外一些非政府组织发展的经验来看,非政府组织的筹资方式应该是发散式的,绝不能只囿于某种单一的形式之中,而应充分利用各种可以利用的资源筹集尽

---

① 邓莉雅、王金红:《中国 NGO 生存与发展的制约因素——以广东番禺打工族文书处理服务部为例》,《社会学研究》2004 年第 2 期。

可能多的资金。综观国内的非政府组织，它们之中相当一部分在资金上对政府或者对社会捐助存在高度的依赖，几乎没有通过其他合法途径筹集资金的积极性。非政府组织自己亲手堵塞了多样的资金泉眼，孰知只有单一水源的小溪难免断流枯涸。所以要解决我国非政府组织的资金瓶颈问题，首先就要解决资金来源多样化的问题，尽快建立多渠道资金筹集模式，形成海纳百川的态势。[1]

1. 要全力争取政府的支持

随着我国中央和地方各级政府财政汲取能力的持续增强，也为政府加大对非政府组织的扶持力度奠定了更好的基础。政府向非政府组织提供支持对政府机构精简和职能转换本身也是一个有力的促进。因此，有条件的非政府组织一定要结合自身的优势，充分借助社会舆论和媒体的力量，通过合法途径尽可能地获取政府的支持。在这一过程中，非政府组织要扫除某些认识误区，要充分认识争取政府支持的必要性。因为我国不少非政府组织过多强调自身的"民间特色"而有意无意地避开政府的资助，认为一旦接受政府资助就丧失了民间特色。然而从理论上讲，非政府组织不可能仅靠民间的志愿捐款生存，因为正像市场和政府失灵一样，志愿也会失灵，其最突出的表现就是非营利活动所需的开支与非政府组织能募集到的资源之间存在巨大的缺口。另外，实际情况是，在世界上绝大部分国家，志愿捐款都只占非政府组织收入的很小一部分，所以我国非政府组织一定要扫除"民间组织可以靠捐款生存"的错误观念，全力争取政府的支持。[2]

2. 合法合理地增加营业收入

营业收入是通过收取经由政府相关部门核准的服务费所获得的。这就告诉我们非政府组织可以通过适当扩大营业收入来解决资金短缺问题，但收费必须合法合理。从理论上讲，提供信息不对称私人物品或服务的社团和民办非企业单位如民办医院、学校、敬老院可以表明，营业收入实际上也是众多发展中国家非政府组织收入的主要来源。所以我国的非

---

[1] 邢金竹：《多措并举解决非政府组织资金短缺问题》，《现代经济信息》2012年第22期。

[2] 同上。

政府组织可以通过向社会提供高质量的服务收取服务费，从而获得资金支持。然而，收取服务费用必须遵守合法、合理的原则。我国目前非政府组织的情况总的来说是缺乏自律和他律机制的，组织内部财务状况比较混乱。在鱼龙混杂的局面下，一些不法之徒往往趁机坑蒙拐骗。一些非政府组织也禁不起诱惑，超范围从事营利性活动。这样的情况如果持续下去，定会降低非政府组织的社会公信力，危及其正当收费。因此，非政府组织一定要以其组织宗旨为准则，进行合法合理的收费。①

3. 尽可能多地组织各种募捐活动

我国的成功的非政府组织如自然之友的募捐形式的就是一种多样化的模板。我国的一些非政府组织要解决资金短缺的问题，一定要做好募捐这篇文章。首先，非政府组织一定要重视社会大众的捐款力量及潜力。我国拥有庞大的人口及众多的工商企业，同时具有优良的道德传统，只要募捐活动组织得力、深入人心，人们的踊跃捐款必将为非政府组织带来可观的收入。其次，非政府组织一定要重视募捐形式的多样化，不断开创有效的募捐形式，同时注意组织面对不同层次人群的募捐活动，避免把募捐面过度集中在某个单一群体。再次，非政府组织要重视和各种媒体进行沟通和合作。媒体力量之巨毋庸置疑，往往仅一篇报道就能引起政府部门的高度重视，可以使无数人伸出慷慨之手。非政府组织若能与有影响力的媒体合作举办如直播筹款晚会之类的活动，募捐效果必将更加明显。②

4. 争取各类国际资助

要充分考虑利用各类国际组织的资金。积极利用国际援助（包括国际组织援助及国家间的双边援助）往往是一条重要途径。世界银行及其附属的国际开发协会，作为向发展中国家提供发展援助的主要国际机构，自1969年以来就把反贫困作为提供援助的主要目标，在减轻发展中国家的贫困方面发挥着重要作用。世界银行用于农业及农村发展的贷款占贷款总额的比例很高，其中绝大部分用于建设农村基础设施。1961—1998

---

① 邢金竹：《多措并举解决非政府组织资金短缺问题》，《现代经济信息》2012年第22期。

② 同上。

年间，国际开发协会用于电力、供水及卫生设施、灌溉及排水系统、交通等经济基础设施的贷款援助占其贷款总额的40%以上。印度、巴西、印度尼西亚、韩国、哥伦比亚、巴基斯坦、泰国等反贫困成就显著的国家在1980年以前都属于世界银行及国际开发协会的十大受援国之列。因此，中国的非政府组织在"走出去"时，应加强与世界银行、联合国开发计划署等国际组织的合作，积极争取这些国际组织的一些投标项目，开阔视野，力求实现资金来源的多元化，这也是中国非政府组织走出国门实现国际化、扩大国际影响的必由之路。

（四）路径选择

1. 培养具有跨国运作能力的非政府组织，与政府紧密协作，参与国际人道救援

在官方援助中纳入非政府组织的参与，从而鼓励以民间方式推动国家间的沟通和交流已经成为许多西方国家对外援助的惯用方式。我国应该依循国际惯例，着力培养一批运作基础良好和国内救灾经验相对丰富的非政府组织，积极参与到国际（缅甸）人道主义救援当中，与政府协调步调，进而更为全面深入地参与全球治理，从民间角度塑造中国负责任的大国形象。我国非政府组织对灾害救援的参与已经起步。印度洋海啸灾后，中国红十字会先后组织三个考察组，分赴灾情最严重的印度尼西亚、泰国和斯里兰卡实地考察受灾情况，与受灾国红十字会协调灾后重建工作。中国扶贫基金会与美慈组织合作，将后者捐赠的530万美元的药物转赠印度尼西亚海啸灾区。这些都说明，我国国内的非政府组织已经尝试走出国门，通过与政府的合作参与到国际人道主义救援活动中。中国的非政府组织走出国门参与国际人道主义援助已经取得若干宝贵的经验，非政府组织在缅甸活动可以以此作为参考。

2. 与缅甸政府建立必要的密切联系，开展相关合作

虽然缅甸民主化进程如火如荼，但在民主化的进程下，转型后缅甸各级政府的权力也相应得到了逐步加强，对国家的管控能力正在逐步提升，民主化中的缅甸越来越注意来自民间社团如各种国内外非政府组织的活动影响，也越来越强调对其的管控力度。2011年，缅甸宣布在缅非政府组织要进行重新登记，未登记者要取消在缅甸的活动资格。显然，

缅甸开始注意到了非政府组织的巨大能量。中国的非政府组织要在缅甸站稳脚跟、施展影响力，第一步显然是要与缅甸政府建立密切联系，只有这样才能开展相关合作，取得预期成就。民主化后的中缅关系虽然受到了各种因素的冲击，但总体上还是在此前的基础上稳健向前发展，中缅官方关系并未受到缅甸国内的民主化进程的巨大冲击。非政府组织完全可以借助官方渠道，首先在缅甸内政部登记注册，取得相关的认可手续，然后通过我国在缅使馆、领事馆等驻缅各类官方机构与缅甸各级政府部门建立广泛的联系，在此基础上开展相关活动，力求达到预期成效。

3. 与政府间的国际组织紧密协作

以联合国为代表的政府间国际组织历来就是全球紧急人道主义救助的中坚力量，国际非政府组织同参与救援的联合国及其附属机构也进行了广泛合作。近些年，缅甸自然灾害频仍，联合国粮食计划署、联合国联合后勤中心、联合国难民事务高级专署等联合国附属机构为缅甸的灾区和灾民提供了许多有益的援助。鉴于缅甸的民主化进程越来越得到国际社会的认可，国际组织对缅甸的各类援助等活动将逐渐增多，中国的非政府组织可以充分利用这个机会，争取政府间的国际组织的各类资源，在救灾、扶贫等我国有着较为丰富经验的领域与上述这些政府间国际组织建立紧密协作关系。我国国内不乏由专业技术人员组成的专业性非政府组织，可以通过待命员工机制安排同联合国相关机构建立密切的合作关系，就可以随时为联合国难民事务高级专署、世界粮食计划署、联合国联合后勤中心、联合国儿童基金会、联合国人道主义事务协调办公室和联合国项目管理办公室等联合国附属机构在缅甸开展的国际人道主义救助工作提供所需要的工程技术人员，此举有助于我国非政府组织在缅活动的开展。

4. 依靠缅甸本土非政府组织进行活动

自20世纪90年代开始，数十个国际非政府组织及几个联合国机构在缅甸展开项目。大量在缅活动的国际非政府组织都直接提供服务，诸如安全饮用水、医疗设备、教育、卫生保健、社区发展项目、小额贷款、艾滋病关怀等。虽然缅甸是各类非政府组织的天堂，但是想要向国家争取相应的可持续发展政策却很困难，这是因为缅甸政府担心政策上的改变可能会带来的政治影响。独立的国际NGO和专业协会只有在公司法案下注册才具有合法性。为此，一些国际非政府组织开始与缅甸的当地一些非政府组织合作，在此情况下，缅甸本土非政府组织发展迅速（见图4—3）。

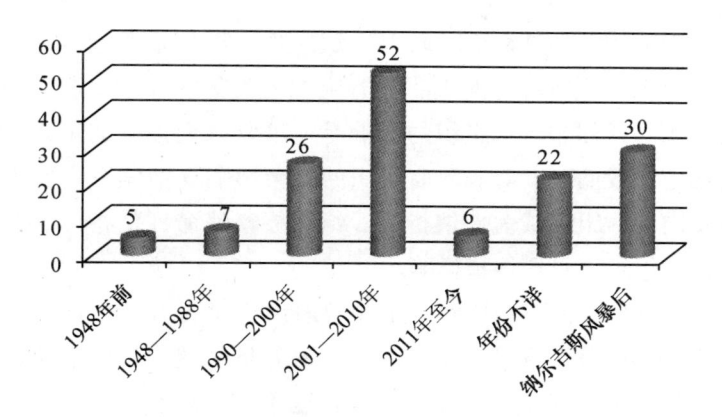

图4—3　本土NGO在缅甸的发展历程

资料来源：根据缅甸本土资源中心（LRC）资料整理所得。

由图4—3可以看出，缅甸本土NGO在缅甸的发展历程时间跨度很长，但是从1948年到2000年，本土NGO的数量并不多，但是进入21世纪短短十年的时间，缅甸本土NGO出现了翻倍增长趋势。缅甸本土NGO的崛起有两个时间点：一个是1990年的选举，昂山素季领导的全国民主联盟在1990年的大选中获胜却未能掌握政权，军政府为了表示其转变以及安抚国际及国内社会所做出的一个表态，在结社方面放宽了一些限制。而2008年的一场风灾也给了缅甸本土NGO一个发展的契机。根据有关方面的统计，缅甸国内非政府组织（LNGO）共有278个。[①] 据美国亚洲基金会（The Asia Foundation）2009年的估计，当时全国约有270个NGO，还有214208个社区组织。其中52%的非政府组织为宗教性团体，30%从事社会福利工作，26%分布在教育领域（部分功能交叉）。尽管法律上有要求，但67%的社区组织不与当地政府进行协调。鉴于缅甸本土非政府组织发展迅速，它们对本国的各种情况最为了解，与缅甸

[①] 《金凤凰中文报》，2012年3月1日（http：//www.mmgpmedia.com/business/844 - 53）。

的本土非政府组织开展必要的合作,是我国非政府组织在缅甸开展活动时不能忽视的合作伙伴。

(五) 社会影响评估方式

社会影响的大小是衡量非政府组织成功与否的重要指数,适时开展对非政府组织的评估对于促进非政府组织的责任、绩效、能力和使命感有重要作用。评估非政府组织的影响是一项复杂而烦琐的工作,涉及众多的内容。一般而言,对非政府组织的社会影响评估体系主要涉及以下一些主要内容:组织诚信评估指标、组织战略使命评估指标、组织能力评估指标、组织项目评估指标等。

在组织诚信方面,主要看一个非政府组织是否有一个良好的治理结构、项目与活动是否与组织目的一致、财务是否透明、用于项目的资金是否至少占到了全年经费支出的60%等这几个方面。

在组织战略使命评估方面,主要看其使命(即非政府组织为什么做自己所做的事情,它存在的理由是什么,组织的目标又是什么)、客户(有两种类型的客户:一种是基本客户,即通过非政府组织的工作,生活得以改变的人,包括残疾人、妇人、儿童等弱势群体;另一种是支持客户,即与促进使命的达成相关的群体或能够发挥作用的人,包括志愿者、会员、合作伙伴、基金管理人、捐赠者、员工以及其他需要使其感到满意的人)、认知价值(客户的认知价值应当包括客户的需求:生理和心理的需求)、客户的愿望(何时、何地和如何得到服务)和客户的追求(渴望得到的长期结果)、发展计划(计划包括使命、前景、长远目标、短期目的、活动步骤、预算和评价)。[①]

在组织能力评估方面,指标主要包括:共同的价值观(是指所有工作人员与志愿者都了解和认同本组织的宗旨与价值观。如果一个 NGO 的战略规划没有体现出清晰、明确的价值观念,那么员工的团队精神也值得怀疑,也就是说该组织的组织能力较弱)、管理技能(管理技能表现在是否能够制定计划方案、预算方案和报告文本?是否能够制订出具有

---

① 参见马庆钰主编《非政府组织管理教程》,中共中央党校出版社2006年版,第181—206页。

创新性、典型示范性的项目或活动计划？是否能够实施和督促所计划的战略和项目？是否有自我评估的能力？）、组织结构（一个好的组织结构不仅有助于增强组织的管理能力，也有助于发挥组织的最佳效力，从而取得好的绩效）、工作人员和志愿者（对工作人员与志愿者的评估包括组织是否拥有足够数量的、适当报酬的、能力强的工作人员？是否为工作人员和志愿者提供必要的培训？员工和志愿者是否有社会性意识、是否意识到并认同目标群体的需求？）、信息管理系统（健全的信息管理系统是组织能力的重要标志之一，是评估非政府组织能力时要重点评估组织的信息管理系统）、领导的艺术（是否具备强有力的执行领导、项目经理等？秘书长和理事会的领导风格是否是参与式的？是否运用现代管理方法增强凝聚力、加强交流？志愿者与工作人员的关系是否融洽？秘书长和会长是否协调一致？是否在志愿者和工作人员中推行男女平等？目标群体是否参与组织决策与管理？）、动员的资源（拥有的资源关系到组织的生存与持续发展。包括非政府组织是否有长期的、可靠的开发地方资源的政策、计划和有效的活动？是否有与其宗旨一致的创收系统？组织的人力资源与资金是否充足？等等）、公共关系（是否与政府部门有合作伙伴关系？是否与企业有合作伙伴关系？与媒体的关系如何？媒体对 NGO 的报道如何？与社区的关系、与资助者的关系、与其他非营利组织的关系及与目标群体的关系如何？）。[①]

在组织项目评估指标方面，指项目的绩效评估，衡量项目绩效的指标一般包括投入指标、产出指标、结果指标、效率指标、效果指标、服务质量指标等。通常可以包括的评估问题有：第一，有什么证据表明，过去 3 年内非政府组织在投入最多的领域中所取得的成绩最大？第二，有什么证据表明，非政府组织试图估计和比较其项目每一单位产出的费用？第三，有什么证据表明，非政府组织投入最多的项目所覆盖人群的比例在过去几年中有所增加？第四，有什么证据表明，非政府组织制定了自己的优质服务标准，而且正在遵循这些标准？第五，有什么证据表明，非政府组织正在努力尝试去检验服务对象是否满意其服务？各个非

---

① 参见马庆钰主编《非政府组织管理教程》，中共中央党校出版社 2006 年版，第 181—206 页。

政府组织可以根据这些问题，结合具体情况设计自己的社会影响评估指标体系。①

四 新模式的效益分析

（一）政治效益

一个稳定发展的缅甸对于中国西南边陲的安定具有重要作用。新的援助模式以政府、银行、企业、NGO 以及社会团体等一切可以充分调动的各类社会资源，对缅甸各个阶层构成了立体的、多层次的、全方位的援助对接，这对于提升两国双边政经关系，增进中缅双边政治互信、夯实两国战略伙伴关系和 60 多年来的胞波情谊基础无疑具有重大的促进作用，亦可为其他双边关系树立榜样。全方位的援助体系既分工明确，又相互协作，特别是重点突出鼓励和我国 NGO 在缅履行国际责任活动，坚持义利并举，义重于利，将从在一定程度上改变以往我国以政府为主体的对外援助模式和效果，淡化今后我国在履行国际责任过程中的浓厚的政治色彩，扭转我国以往对外（缅）援助中的功利主义的不良印象。从国际层面看，这对于塑造崛起中的中国的正面国际形象，改变国际社会对中国的刻板印象，扩大中国的国际影响，提升中国的国际地位具有重大的推动作用，为将来承担更多的国际责任打下良好的政治基础。而中国负责任大国形象的建构，则有助于为中国和平发展赢得更加有利的国际环境。

（二）经济效益

我国在缅甸履行国际责任的同时，可以充分发挥中缅两国比较优势，实现优势互补，合作共赢。利用我国人力、商品、资本和理念帮助缅甸发展，将其作为资源进口国以及能源贸易通道，深化两国经济合作。在新模式的指导下，可以扩大我国商品出口，同时扩大来自受援国缅甸的进口，增强中缅两国的经贸往来。中国对外援助直接贸易效应下的出口货物分为一般物资援助项下的出口货物和利用中国政府的优惠贷款及合

---

① 参见马庆钰主编《非政府组织管理教程》，中共中央党校出版社 2006 年版，第 181—206 页。

资合作项目基金方式下出口的货物两类。前者是由中国政府向受援国政府提供民用、生活等物资，承办企业代政府执行采购和运送任务，企业在执行完任务后与政府办理结算。后者是中国企业利用中国政府的优惠贷款和合资合作项目基金到受援国兴办合资企业或合资合作项目，以项目投资带动中国国内物资设备的出口，以及利用中国政府的优惠贷款向受援国缅甸提供中国生产的成套设备和机电产品的出口。与此同时，中缅之间经济互补性较强，缅甸丰富的自然资源可以缓解中国发展过程中正面临的日益突出的资源瓶颈问题。中缅两国完全可以在基于共同的经济和政治利益需求，在政府政策支持和影响下，建立以企业行为为主体的平等互利的新型经贸合作模式，该援助方式可极大地促进受援国对中国的资源出口。此外，随着中国经济的发展，国内生产成本的逐渐提高，企业走出国门，转向经济发展水平较低的其他发展中国家，可以有效降低成本。同时，发展中国家人口出生率高，劳动力资源和自然资源丰富，是极具发展潜力的市场。缅甸不仅市场前景广阔，自然资源丰富，人力资源也较为充沛。充分利用中缅两国的传统友谊，充分发挥中缅两国的地缘经济优势，借助我国正在日益加大对缅援助的契机，为部分中资企业"走出去"提供锻炼的机会。特别是与此相邻的云南省的企业，借此扩大我西部开放，配合我"西进"战略、"孟中印缅经济走廊"建设，带动西部经济发展，其重要意义不言而喻。

（三）社会效益

以往中国对缅援助大多体现在官方行为和互动上，忽视了缅甸广大底层的反应，忽视了民生问题。在新模式中，在政府的指导下，企业、NGO、社会团体等一道开展援助工作，特别是强调 NGO 的积极参与将一改以往"不接地气"的援助方式，势必将扩大对缅援助工作中的受益面，在一定程度上改变缅甸社会上下对中国的那种以往的功利主义的看法。而在政府指导下，重点突出 NGO 在缅甸的救援活动，不仅可以为我国 NGO 走出国门提供舞台，亦可以推动我国国内社会对 NGO 从事活动的参与，帮助中国民众对 NGO 的了解，扩大对 NGO 的支持，形成良好的社会风气。这对于今后培养我国公共外交的主体，拓展我国对外公共外交具有重大的潜在意义。

附　　录

附录一　美国对外援助 2014 年度财政预算[①]

美国总统奥巴马声称要与全世界一起在接下来的 20 年"消除极端贫穷"。在美国国际开发署（United States Agency for International Development, USAID）的 2014 年度财政预算中，其资金主要是来自 12 个外国援助账目，其总金额为 204 亿美元。这一预算资金将使美国国际开发署与其他机构部门展开合作关系：

1. 在食品安全和消除饥饿方面：10.6 亿美元用于"未来粮食保障行动计划"（the Feed the Future Initiative），以推动长期性的食品安全以及在八国集团中所承诺的"粮食安全和营养新联盟"（New Alliance for Food Security and Nutrition）。"粮食安全和营养新联盟"是一个重要的新型伙伴关系，可以使私营企业和发展中国家有机会共同扩大对非洲农业的投资。

2. 在杜绝可预防的儿童死亡方面：26.5 亿美元用于美国国际开发署的"全球健康计划"（Global Health Programs）。该计划与"美国国务院全球健康计划"（State Department Global Health Programs）一起在全球范围内的三个领域做出努力：实现"无艾滋病一代"，拯救母亲和孩子的生命，保护社区免受传染病。

3. 在食品援助方面：14.2 亿美元用于国际救灾援助中的紧急食物援助反应，3.3 亿美元用于社区发展和恢复基金，7500 万美元用于紧急食

[①]　USAID, BUDGET, http://www.usaid.gov/results-and-data/planning.

品援助应急基金。

4. 在 USAID 建设方面：14 亿美元用于 USAID 的员工管理与改革，1.731 亿美元用于 USAID 机构的创新和发展。

5. 在增强抵御复发性危机和气候变化方面：4.81 亿美元用于全球气候变化计划，与国务院合作，以投资发展中国家的最优气候恢复和低排放。

6. 在支持战略重点以及促进民主治理和经济增长方面：40 亿美元用于援助伊拉克、阿富汗和巴基斯坦，其中 24.5 亿美元用于经济援助（包括跨部门合作以及与国防部门的密切合作），以实现长期稳定、经济增长和民主改革（包括妇女的权利）；7.68 亿美元永远援助东亚和太平洋地区，其中 5.93 亿美元用来支持政府的亚太再平衡战略；2000 万美元用于妇女领导，并将和 WPS 一起支持性别整合以及促进妇女和女童权利的公私伙伴关系。

7. 在挽救弱势群体地区反应方面：21.2 亿美元用于管理人道主义援助，以帮助冲突、自然灾害、被迫迁移等的受害者，并通过紧急粮食援助来帮助流离失所者、冲突和自然灾害的受害者。

附录二　美国民主基金会 2012 年在缅实施的主要项目

美国民主基金会（The National Endowment for Democracy）是一个私人的非营利的基金会，旨在促进全球民主机构的成长和巩固。该基金会利用美国国会的拨款，每年支持 90 多个国家中为民主目标工作的 NGO 提出的 1000 个以上的项目。2012 年该基金会在缅甸实施项目的基本情况如下：[1]

1. 对相关机构的资助

针对美国国际劳工团结中心，其提供了 30 万美元的经费，以促进缅甸的劳工权利和民主发展。团结中心将支持缅甸工会，提高工人行使权利、自由结社和进行集体劳资谈判的能力，并支持对缅甸政府侵犯人权

---

[1] 《美国民主基金会 2012 年在缅实施的项目》，杨祥章译，《缅甸简报》总第 8 期，2013 年 7 月。

和不民主行为进行记录。

针对（美国）国际共和学会，其提供的经费为37.5万美元，主要是通过缅甸新兴的政治和市民社会组织促进缅甸民主改革。国际共和学会将从曼谷聘请一位国别主管定期提供咨询并到仰光开展培训。国际共和学会还将继续选择性地资助在泰国的活动。

针对（美国）国际共和学会，其提供的经费为25万美元，是为了在预期的民主改革和政治变革阶段对前瞻性民主运动提供支持，学会将更多地与更大范围内的合作伙伴进行磋商；通过捐赠子项目，支持子项目受援助者开展合适的动态活动，利用新兴的政治机会在缅甸少数民族地区扩大活动范围。

针对（美国）全国国际事务民主学会，其提供的经费为31.5万美元，以继续协助东盟的缅甸流亡团体，扩大学会的工作范围；首次为致力于在缅甸边区推动民主与改革的团体提供帮助。全国国际事务民主学会的规划项目将寻求加强缅甸民主团体间的合作与协调，提高特定新兴政党领导人的领导能力，扩大妇女组织在政治组织和动员中的活动范围。

2. 在各个领域的具体项

（1）公民教育

金额：4.2万美元。提升公民社会活动家的能力和知识，帮助他们更好地了解缅甸政治体系近年来的变化，更好地了解其他国家的民主转型。该组织将举办一系列为期5天的研讨会和为期3个月的居民课程，内容主要涉及民主转型、比较政治以及以缅甸为基地或跨境的亲民主组织公民社会领导人的英语交流。

金额：4.3万美元。用于掸邦民主青年及公民社会活动家的能力建设。该组织将举办2期为期2个月的居民培训项目，主要内容为民主和人权、公民新闻、公共政策、冲突化解以及文献和研究技巧。

金额：5.4万美元。通过教育、能力建设、社区组织和宣传促进缅甸的人权。学会播放以人权为题材的电视剧和戏剧；组织一系列人权教育培训和社区组织研讨会；就阻止缅甸征用童军和拐卖儿童进行宣传；实施保障妇女权利项目。

金额：2.7万美元。提高掸邦青年的能力，使青年更多地参与构建真正的民主缅甸的社会政治运动。学校将通过为期8个月的强化课程，为学生提供社会公平、社区发展和人权方面的教育和培训。

金额：1.645万美元。向缅甸新一代青年宣扬关于民主的基本理念，使他们了解全球的民主转型进程。该组织将会为缅甸青年提供各种课程，并对与缅甸政治环境相关的政治学进行研究。

（2）民主理念与价值

金额：3.8万美元。向钦邦公民宣扬民主原则和人权。该组织将支持一系列研讨会，内容涉及民主、公民社会的发展、钦邦在未来民主缅甸中的作用。

（3）信息自由

金额：4.04万美元。培养缅甸国内记者的专业能力，为将来的新闻自由做准备。设立在仰光的研究所将对80名青年记者进行基本技能培训，提高他们的政治意识。

金额：4万美元。支持用缅语和少数民族语言通过短波广播和卫星电视发表独立新闻和观点。该组织将打造一个每日播报的短波广播节目和一个每日播放的卫星电视节目，并在网站上载文章，开辟专栏。

金额：1.9455万美元。为缅甸青年和青年专家提供技能和领导能力培训，促进缅甸国内及缅甸与国际社会的信息交流。该组织将在缅甸中部运作一个资源中心，提供英语语言、信息通信技术、领导和管理以及互联网使用方面的培训。

金额：1.5万美元。支持缅甸的独立媒体，提供与缅甸和东南亚相关的独立新闻和信息。该组织将维护缅英双语网站，每日上传电子新闻。

金额：2万美元。使缅甸公民了解缅甸东部的新闻和事件，向其宣扬人权和民主的基本原则。该组织将用缅语和克伦尼语出版月刊，报道缅甸克伦尼社区、泰缅边境难民营和流亡少数民族及民主团体的信息。

金额：2.58万美元。使克伦人了解克伦邦和缅甸的新闻和事件，向他们宣扬人权和民主的基本原则。该组织将出版一份时事通讯并维护一个网站，用缅语和克伦语提供缅甸克伦尼社区、泰缅边境难民营和流亡少数民族及民主团体的信息。

金额：6万美元。提供与缅甸相关、独立、准确的新闻和信息。该新闻团体将发布每日电子资讯，报道缅甸、印度、泰国、泰缅边境和印缅边境的发展动态；维护缅英双语网站；出版一份新的电子周刊；出版一份缅语月报。

金额：2.812万美元。促进缅甸的言论自由。该组织通过社交之旅、全国性会议、出版季刊和召开研讨会，努力在缅甸培养一批致力于缅甸言论自由的作家。

金额：2.81万美元。发布有关若开邦政治、社会和经济发展的准确、可靠信息。该组织将以英缅双语每日在线更新若开邦新闻和人权信息。

金额：7.5万美元。通过出版时事杂志、建立图书馆和图书俱乐部使缅甸青年参与政治。该组织将出版一份聚焦经济、卫生、环境和国际事务的缅语月刊，并为缅甸的图书馆提供支持。

金额：4.5万美元。为掸邦、缅甸其他地区、泰国及国际社会的读者提供掸邦和缅甸政治、社会、经济发展的准确、可靠信息。该组织将维护一个多语网站，每周发布新闻，报道亲民主、学生、少数民族和劳工等各类组织为促进缅甸和平与民主所做的努力。

金额：1.2万美元。提供缅甸军队政治、社会和经济发展的准确、可靠信息。该组织将通过网站定期用缅语更新与缅甸军队相关的文章、采访和分析。

（4）人权

金额：6万美元。支持佛教僧侣的非暴力亲民主活动。该组织将对僧侣和普通大众的民主活动进行宣传，为僧侣提供技术培训，为受到威胁的僧侣提供紧急援助。

金额：3万美元。构建和推动国际社会对缅甸亲民主运动的支持。联合缅甸、泰国乃至整个东南亚地区的学者、活动家、记者和外交家通过多种途径的努力和倡议推动缅甸的民主和人权。

金额：2.5万美元。在资源丰富的缅甸西部，提高国际社会和当地民众的民主意识，加强当地网络，动员活动家。该组织将对当地田野研究人员进行文献和社区动员培训，提高国际社会关注和受缅甸政府资源开采项目影响地区民众的意识。

金额：6万美元。支持东盟国家促进缅甸民主的努力。该机构将组织来自东盟国家的国会议员开展一次改善缅甸人权状况的活动，鼓励东盟制定政策支持缅甸政治改革。

金额：10万美元。提高对政治犯和前政治犯的关注和支持，促进缅甸人权。该组织将研究并记录缅甸的政治犯状况；为政治犯、前政治犯及他们的家人提供援助；提高国际社会对缅甸人权危机的关注。

金额：20万美元。提高对政治犯和前政治犯的关注和支持，促进缅甸人权。该组织将研究并记录缅甸的政治犯状况；为政治犯、前政治犯及他们的家人提供援助；提高国际社会对缅甸人权危机的关注。

金额：2万美元。为促进缅甸民主在印度进行宣扬和游说。为实现目标，该组织将对一系列活动进行协调，包括游说国会议员、印度官员、公民社会组织和媒体。

金额：6.5万美元。记录和报道钦邦和缅甸西部的人权状况，提高对人权的关注度。该组织将出版一份人权通讯，在国际社会提倡关注人权问题，提高当地活动家的能力，组织一次学生会议。

金额：2.135万美元。支持机构能力建设，提供人道主义援助，记录克伦人流离失所的困境。委员会将发布一份电子季刊，并为田野调查人员和志愿者提供培训课程。

金额：9万美元。支持缅甸亲民主团体和活动家的努力。该组织将在缅甸分发人权和民主资料，培训社交活动家参与非暴力政治运动的技能，为缅甸民主活动家提供人道主义支持。

金额：5万美元。提高缅甸公民以和平方式参与缅甸民主与政治和解的能力。通过在缅甸的成员和支持者，该组织将召集支持民主目标的政治活动，提高民主和人权意识，动员缅甸公民。

金额：4万美元。提高缅甸普通大众，尤其是青年，对人权和民主的关注，鼓励他们参与缅甸民主运动。设立在仰光的组织将为各种游说以及鼓励青年和平、非暴力参与民主运动的倡议提供支持；为其成员的一系列战略规划和发展研讨会提供支持。

金额：5万美元。在缅族和少数民族活动家间建立互信。该组织将召集缅族活动家前往少数民族地区进行交流；为少数民族活动家提供一次培训项目；为形成致力于创建缅甸联邦的活动家网络奠定基础。

金额：3.8012万美元。为缅甸的政治犯及其家人提供基本的人道主义援助。仰光的基金会将为政治犯、前政治犯及其家人提供援助；引起各界对缅甸人权危机的关注。

金额：10万美元。记录孟邦和孟族难民的人权状况，推动人权教育。该组织有6个核心项目：记录人权状况、人权和公民教育、社区组织和人权捍卫者、公民社会发展、少数民族语言出版物、妇女和儿童权利。

金额：17.5万美元。促进缅甸全国各地独立政治活动中心的发展。该组织将为人权捍卫者、学生和青年团体、法律援助提供者提供援助；支持致力于提高缅甸普通大众政治意识的一系列活动。

金额：6.425万美元。维持国际社会对缅甸的关注和兴趣，为缅甸亲民主运动提供持续的国际支持。该中心将使国际媒体知晓缅甸的重大发展，协调各种倡议，增强国际社会改善缅甸政治和人权状况的决心。

金额：4.5万美元。保护缅甸北部妇女和儿童的权利，增强克钦妇女参与政治的能力。该组织将举办一系列活动，支持赋予克钦妇女权利，包括出版一份关于民主和妇女的时事通讯，开展聚焦能力建设、政治和人权教育、卫生服务、人口走私、流动工人和工薪阶层的项目。

金额：2.5万美元。提供克伦邦人权状况的准确、可靠信息，提升克伦田野研究人员和人权捍卫者提倡公民和政治权利的能力。该组织将出版以人权为主题的报告并对报告进行宣传；制定抵制侵犯人权的村级战略；提高雇员组织管理能力和战略规划能力。

金额：3.3万美元。促进孟邦的公民意识和参与度。该组织将出版一份关注青年问题的孟语简报，并对公民教育和鼓励增强孟族青年合作与相互了解的社区项目进行管理。

金额：8.8553万美元。加强缅甸公民社会组织能力，促进民主活动家权利。该组织将为针对普通大众和为活动家间建立组织和网络谋取许可权的信息传播和宣传提供帮助。

金额：1.5万美元。增强勃欧族（Pa-O）妇女参与掸邦南部政治发展及更大范围内亲民主运动的能力。该组织将为来自6个乡镇的社区妇女领导提供为期1个月的强化培训，内容主要涉及人权、社区活动组织和政治教育。

金额：3万美元。加强德昂族（Palaung）妇女参与缅甸民主和人权运动的能力。该组织将开展一系列活动保护妇女权利，包括人权记录和研究、少数民族妇女的人权和政治赋权培训、防止性别暴力的研讨会。

金额：2.17万美元。记录掸邦侵犯人权的事件。该组织将广泛收集侵犯人权的一手证据；维系一个网站；传播一份英语电子月刊。

金额：3.6万美元。提高妇女对缅甸民主运动的参与度，教导妇女如何在社区和组织内获得决策地位。具体项目包括召开妇女赋权和能力建设研讨会，记录并宣传掸邦妇女状况，为掸邦妇女和难民提供基本社会服务。

金额：3.2万美元。促进（德昂族）对民主和人权的理解，加强德昂（Ta'ang）族社区的网络和组织。该组织将为缅甸国内的德昂青年提供一系列有关人权和民主的培训，召开一次成员和执行委员会参与的战略规划研讨会。

金额：20万美元。加强缅甸的公民社会。该组织将和缅甸伙伴合作建立两家提供教育机会和现代通信设施的研究所；继续为活动家和前政治犯提供一项紧急医疗支持基金；向僧侣进行信息宣传；支持独立的公共卫生倡议；制定一项妇女赋权项目。

金额：8万美元。促进缅甸妇女对人权、妇女权利、民主、联邦制以及和平构建的理解。该联盟将开展一系列支持妇女赋权的活动，包括人权记录与研究，针对缅甸妇女的人权和政治赋权培训，防止性别暴力的研讨会。

金额：1.98万美元。促进青年参与缅甸政治。通过社交之旅、政治研究讨论和出版期刊，该组织将建立一个致力于推动缅甸民主的全国性青年网络。

(5) 加强NGO能力

金额：3万美元。支持缅甸小型公民社会倡议，提高缅甸记者的调查技巧。该组织将支持由民主活动家提出的、处于初期的公民社会倡议；组织新闻和人权培训研讨会；扩大为校友提供的培训课程网站。

(6) 法治

金额：2.8万美元。促进缅甸的法制改革，提高法定权利和责任意识。设立在仰光的机构将在缅甸运作一个法律资源中心和图书馆，并出版一份法制月刊。

附录三 近10年来日本政府经由日本NGO实施的对缅无偿援助项目

2003 年

开始日期：2003 年 2 月 3 日；项目名称：基础教育小学学校建设项目；实施组织：亚洲教育厚生支援会；金额：305 万日元。

开始日期：2003 年 3 月 3 日；项目名称：儿童健康和营养项目；实施组织：日本拯救儿童；金额：989 万日元。

开始日期：2003 年 3 月 18 日；项目名称：缅甸中部干旱地区掘井和生活改善项目；实施组织：日本亚洲桥梁；金额：969 万日元。

开始日期：2003 年 12 月 12 日；项目名称：若开邦北部农村小型桥梁建设等交通基础设施改进项目；实施组织：日本亚洲桥梁；金额：978 万日元。

2004 年

开始日期：2004 年 1 月 13 日；项目名称：若开邦农村桥梁建设等交通基础设施改进项目；实施组织：日本亚洲桥梁；金额：1453 万日元。

开始日期：2004 年 3 月 1 日；项目名称：若开邦北部农村桥梁建设等交通基础设施改进项目；实施组织：日本亚洲桥梁；金额：993 万日元。

开始日期：2004 年 3 月 15 日；项目名称：缅甸中部干旱地区现有水井修缮等生活用水供给项目；实施组织：日本亚洲桥梁；金额：908 万日元。

开始日期：2004 年 3 月 22 日；项目名称：缅泰边境地区艾滋病防治项目；实施组织：日本世界愿景；金额：1542 万日元。

开始日期：2004 年 7 月 12 日；项目名称：果敢特区老街贫困农村振兴支援项目；实施组织：AMDA；金额：949 万日元。

开始日期：2004 年 7 月 28 日；项目名称：掸邦南部农村自主发展支援项目；实施组织：地球市民之会；金额：964 万日元。

开始日期：2004 年 10 月 13 日；项目名称：果敢特区老街医院器材援助项目；实施组织：AMDA；金额：1983 万日元。

开始日期：2004年11月17日；项目名称：母婴健康项目；实施组织：亚洲母子福祉协会；金额：616万日元。

开始日期：2004年12月1日；项目名称：克伦邦中学修建计划；实施组织：福冈缅甸友好协会；金额：624万日元。

开始日期：2004年12月1日；项目名称：母子健康营养项目；实施组织：日本拯救儿童；金额：1910万日元。

2005年

开始日期：2005年8月1日；项目名称：保健设施维修项目；实施组织：家族计划国际合作财团；金额：1000万日元。

开始日期：2005年10月20日；项目名称：中部干旱地区浅层地下水开发等供水项目；实施组织：日本亚洲桥梁；金额：963万日元。

开始日期：2005年11月15日；项目名称：果敢特区老街贫困农村振兴项目；实施组织：AMDA；金额：1000万日元。

开始日期：2005年11月30日；项目名称：中部干旱地区掘井等生活用水供给项目；实施组织：日本亚洲桥梁；金额：1963万日元。

2006年

开始日期：2006年1月18日；项目名称：若开邦北部农村小型桥梁建设等农村生活改进项目；实施组织：日本亚洲桥梁；金额：3769万日元。

开始日期：2006年3月1日；项目名称：儿童健康营养项目；实施组织：日本拯救儿童；金额：929万日元。

开始日期：2006年3月1日；项目名称：儿童健康营养项目；实施组织：日本拯救儿童；金额：956万日元。

开始日期：2006年3月1日；项目名称：中部干旱地区食品加工等农村妇女脱贫致富项目；实施组织：Oisuka；金额：797万日元。

开始日期：2006年3月7日；项目名称：仰光二手急救车和消防车提供计划；实施组织：民族论坛；金额：72万日元。

2007年

开始日期：2007年2月1日；项目名称：基础保健服务设施改进项目；实施组织：AMDA；金额：1682万日元。

开始日期：2007年2月6日；项目名称：中部干旱地区掘井和现有

水井维护等生活用水供给项目；实施组织：日本亚洲桥梁；金额：3805万日元。

开始日期：2007年5月30日；项目名称：仰光慈善医院二手检查车辆提供计划；实施组织：民族论坛；金额：124万日元。

开始日期：2007年7月9日；项目名称：若开邦农村桥梁建设等农村生活改进项目；实施组织：日本亚洲桥梁；金额：2417万日元。

开始日期：2007年11月8日；项目名称：僧侣附属中小学学校建设计划；实施组织：东南亚交流协会；金额：918万日元。

开始日期：2007年11月8日；项目名称：掸邦高中学生宿舍改建项目；实施组织：地球市民之会；金额：1953万日元。

2008年

开始日期：2008年5月28日；项目名称：中部干旱地区马圭省和曼德勒省生活用水供给项目；实施组织：日本亚洲桥梁；金额：4127万日元。

开始日期：2008年6月2日；项目名称：马圭省基础保健服务改善支援项目；实施组织：AMDA社会开发机构；金额：994万日元。

开始日期：2008年6月4日；项目名称：掸邦南部小型水力发电站建设及周边11个村配电建设项目；实施组织：地球市民之会；金额：1299万日元。

开始日期：2008年10月15日；项目名称：果敢特区母子营养改善支援项目；实施组织：AMDA社会开发机构；金额：2355万日元。

2009年

开始日期：2009年1月29日；项目名称：僧侣附属小学学校建设计划；实施组织：东南亚交流协会；金额：922万日元。

开始日期：2009年6月9日；项目名称：仰光二手垃圾清运车供给计划；实施组织：拯救生活；金额：58万日元。

开始日期：2009年6月22日；项目名称：伊洛瓦底省生活支援项目；实施组织：难民救助会；金额：3101万日元。

开始日期：2009年6月22日；项目名称：伊洛瓦底省学校重建和防灾减灾项目；实施组织：JAN；金额：3388万日元。

开始日期：2009年9月16日；项目名称：伊洛瓦底省飓风受灾村的

学校重建项目；实施组织：日本亚洲桥梁；金额：2717万日元。

开始日期：2009年11月12日；项目名称：中部干旱地区深井供水系统建设项目；实施组织：日本亚洲桥梁；金额：4319万日元。

2010年

开始日期：2010年1月26日；项目名称：僧侣学校附属中小学学校建设计划；实施组织：东南亚交流协会；金额：889万日元。

开始日期：2010年2月1日；项目名称：果敢特区地区保健中心建设项目；实施组织：AMDA社会开发机构；金额：1327万日元。

开始日期：2010年2月5日；项目名称：中部干旱地区31个村的"健康村"建设项目；实施组织：AMDA社会开发机构；金额：2230万日元。

开始日期：2010年2月17日；项目名称：母乳辅食等营养指导以及改善生活水平支援项目；实施组织：日本拯救儿童；金额：2537万日元。

开始日期：2010年4月22日；项目名称：缅甸视觉障碍者自立支援项目；实施组织：日本之心；金额：1220万日元。

开始日期：2010年5月31日；项目名称：密铁拉市提高生活能力项目；实施组织：AMDA社会开发机构；金额：1602万日元。

开始日期：2010年6月18日；项目名称：向社会福利部无偿提供二手消防车和救护车项目；实施组织：民族论坛；金额：213万日元。

开始日期：2010年7月7日；项目名称：果敢特区母子保健项目；实施组织：AMDA社会开发机构；金额：3060万日元。

开始日期：2010年9月21日；项目名称：掸邦南部农村道路建设项目；实施组织：地球市民之会；金额：3152万日元。

2011年

开始日期：2011年2月3日；项目名称：移动式防灾教室等防灾教育项目；实施组织：SEEDS Asia；金额：1803万日元。

开始日期：2011年2月4日；项目名称：中部干旱地区31个村的"健康村"建设项目；实施组织：AMDA社会开发机构；金额：3311万日元。

开始日期：2011年5月16日；项目名称：僧侣学院附属中小学建设

计划；实施组织：东南亚交流协会；金额：1463万日元。

开始日期：2011年5月31日；项目名称：密铁拉市提高生活能力项目；实施组织：AMDA社会开发机构；金额：1222万日元。

开始日期：2011年6月1日；项目名称：缅甸视觉障碍者自立支援项目；实施组织：日本之心；金额：3884万日元。

开始日期：2011年7月1日；项目名称：果敢自治区母子保健项目；实施组织：AMDA社会开发机构；金额：3675万日元。

开始日期：2011年8月9日；项目名称：掸邦南部改善农业环境项目；实施组织：地球市民之会；金额：4644万日元。

开始日期：2011年9月2日；项目名称：僧侣学校附属小学建设项目；实施组织：东南亚交流协会；金额：1129万日元。

开始日期：2011年9月28日；项目名称：母乳辅食的营养指导和生活能力提高支援项目；实施组织：日本拯救儿童；金额：2789万日元。

2012年

开始日期：2012年1月31日；项目名称：促进仰光残疾人士就业和学习项目；实施组织：帮助难民之会；金额：5348万日元。

开始日期：2012年2月14日；项目名称：移动式防灾教室等防灾教育项目；实施组织：SEEDS Asia；金额：1756万日元。

开始日期：2012年2月21日；项目名称：马圭省西部"健康村"建设项目；实施组织：AMDA社会开发机构；金额：2781万日元。

开始日期：2012年3月5日；项目名称：地区性母子综合保健项目；实施组织：日本拯救儿童；金额：7834万日元。

开始日期：2012年6月5日；项目名称：向国立康复医院提供儿童用二手车用椅子的计划；实施组织：向海外儿童赠送儿童车用椅子之会；金额：123万日元。

开始日期：2012年6月5日；项目名称：曼德勒地区提高生活水平项目；实施组织：AMDA社会开发机构；金额：1221万日元。

开始日期：2012年6月21日；项目名称：果敢自治区母子保健项目；实施组织：AMDA社会开发机构；金额：3539万日元。

开始日期：2012年6月26日；项目名称：尼姑寺院附属小学建设计划；实施组织：东南亚交流协会；金额：1224万日元。

开始日期：2012年6月29日；项目名称：缅甸视觉障碍者自立支援项目；实施组织：日本之心；金额：7515万日元。

开始日期：2012年10月24日；项目名称：母乳辅食的营养指导和提高生活能力支援项目；实施组织：日本拯救儿童；金额：2486万日元。

开始日期：2012年12月25日；项目名称：中部干旱地区生活用水供给项目；实施组织：日本亚洲桥梁；金额：4706万日元。①

附录四　缅甸联邦共和国调查委员会关于莱比塘铜矿项目的最终调查报告②

前言

1. 针对2012年11月23日议会会议中提出的是否继续实皆省蒙育瓦县查灵吉镇区莱比塘铜矿项目一事，缅甸联邦共和国总统府于2012年12月3日发布（2012年第95号）政令，成立了包括主席在内共计16名成员的调查委员会。

2. 该调查委员会成立的宗旨是为了了解村民感受和人民心声以及与项目有关的各项事务。

目的

3. 调查委员会的目的是就铜矿项目是否继续实施，项目是否具有可持续发展性，是否对国家的经济、法治发展等方面有利而提出建设性意见和建议。

成立调查委员会

4. 调查委员会成员如下：

主席：人民院议员昂山素季

成员：

---

① ［日］《日本NGO无偿资金合作》，2013年10月，外务省（http://www.mofa.go.jp/mofaj/gaiko/oda/data/zyoukyou.html）。

② 本报告的中文版权由缅甸中文报刊《金凤凰》提供。收入本书时，编者对个别字词句进行了调整。

人民院议员吴龙迪
人民院议员吴丹敏
人民院议员杜钦珊莱员
民族院议员吴佐敏培
缅甸环境研究所社会影响高级顾问吴貌貌埃
矿业部局长吴温腾
农业和灌溉部局长吴敏穗
内政部综合管理局副局长吴丁敏
环境保护及林业部副局长吴拉貌登
卫生部局长敏腾博士
国防部昂丹中校
实皆省查灵吉镇区甘宫村吴波丹
实皆省查灵吉镇区唯美村吴昂佐吴
实皆省查灵吉镇区东村吴波特
秘书长：缅甸人权委员会吴觉丁穗大使（已退休）

调查委员会的职责

5. 为了找出事实真相，实现法治，调查委员会将对以下事务进行调查：

莱比塘铜矿项目在环境保护方面是否按照国际标准实施；
铜矿项目对社会环境及自然环境的利与弊；
铜矿项目是否会对国家、人民、子孙后代带来益处；
提出有关国家发展、法治事务方面的建议；
委员会认为需要调查的与该项目相关的事宜；
委员会的各种结论及建议。

调查委员会在调查过程中应遵循的原则

6. 调查委员会在调查的过程中要遵循以下原则：
遵循国家的长远发展；遵循人民长远利益；本着建设性态度。

7. 在调查过程中，对于已经发生的事情，切忌只注重发现问题和实施惩罚，而应该找出问题发生的根本原因，从而提出建议和解决方案，避免再次发生类似问题。

调查委员会的调查结果及所做的工作

8. 调查委员会第一次会议于2012年12月3日在议会 I-12会议厅举行,调查委员会主席在会议中强调,造成当前局势的原因是缺少透明度,在处理该事件中需要人民的合作支持,要以国家利益为重。应尽快对该事件展开调查,就示威营地发生与僧侣有关的事务将由调查委员会主席亲自负责,以下事务由调查委员会成员负责:

(1) 调查铜矿项目在环保方面是否按照国际标准、准则实施;

(2) 铜矿项目对社会环境及自然环境的利与弊;

(3) 铜矿项目是否会对国家、人民、子孙后代带来益处。

9. 调查委员会自2012年12月5日至15日对莱比塘铜矿项目进行了实地调查。

10. 除实地调查了蒙育瓦县查灵吉镇区莱比塘铜矿项目外,还调查了缅甸经济控股有限公司和缅甸扬子公司共同合作开采的萨比塘和七星塘铜矿项目,此外还调查了缅甸经济控股有限公司的硫酸厂。

11. 为了听取当地村民的心声及整个国家人民的心声,调查委员会成员访问了铜矿项目涉及的村民,3名当地村民作为调查委员会成员也参与了调查。

12. 调查委员会还拜访了曼德勒小乘佛教僧侣组织的高僧和蒙育瓦市莱蒂高僧的寺庙主持。从这些高僧及相关佛教人士处询问了莱蒂高僧在莱比塘地区的相关事务。

13. 为了了解莱比塘铜矿项目游行示威营地因火灾受伤在曼德勒全科医院、甘多纳蒂医院治疗的伤员受伤情况,调查委员会会见了由曼德勒省政府社会事务部部长、医院院长组成的专门医疗委员会。此外,调查组成员与社会事务部部长、医院院长等一起,逐一慰问了来医院就诊的每位伤员。

14. 调查委员会分组到莱比塘铜矿项目所属区域内的村庄与当地村民交流,就莱比塘铜矿项目一事征求他们的立场,并了解他们对社会环境及自然环境的担心。就供水、健康、就业机会等方面询问他们的需求,双方进行了交流和商讨。

15. 在访问已搬迁的唯美、甘多、色多、舍得新村村民时，就新住宅情况及就业情况进行了交流，听取村民的想法。

16. 根据调查委员会主席的安排，缅甸医生和澳大利亚医生对疑因硫酸造成疾病的 4 名儿童进行了检查。结果显示，4 名儿童的病并非酸雾影响所致。虽然如此，为了能让孩子康复，调查委员会还是把 4 名儿童送至仰光医治。

17. 委员会在对甘宫村附近的硫酸厂检查的过程中，发现空气里含有二氧化硫（SO_2）气体，对硫酸的控制、污水及混合物、废水池等进行了检查。

18. 调查委员会调查了作为蒙育瓦铜矿项目的第一期项目的萨比塘及七星塘铜矿项目中，扬子铜业公司的工作区、七星塘和萨比塘、萨比塘（南）矿区的两个堆浸场。调查得知该项目已经获得了环保 ISO14001 国际认证证书、生产 ISO9001 国际认证证书、工作区安全及健康 OH-SAS18001 国际认证证书。

19. 调查委员会调查了 1984 年到 1997 年之间村民利用排出的土，进行炼铜致使污水渗入地下的情况。

20. 调查委员会成员还到了万宝矿产（缅甸）铜业有限公司，调查了解与莱比塘铜矿项目有关的环境影响报告（EIA）、社会影响报告（SIA）、对环境影响和社会影响的重新评估以及万宝矿产和缅甸经济控股有限公司为当地村民所做的社会、健康等方面的事务。

21. 调查委员会为了调查项目对环境的影响情况，对硫酸厂废水池的水、萨比塘山脚下渗出的水、萨比塘山脚旁边水沟里的水及东多村的污水进行了取样检测。

22. 调查委员会于 2012 年 12 月 19 日在议会 I-12 会议厅举行全体会议。会议上，委员们介绍了实地调查情况，并对委员会下一步工作计划进行了商讨。

23. 调查委员会成员与缅甸经济控股有限公司相关负责人于 2013 年 1 月 9 日 16：30 至 18：15 在议会 I-12 会议厅举行了见面会。调查委员会主席昂山素季，秘书长吴觉丁穗，委员吴佐敏培、吴温腾、吴貌貌埃，测量专家吴索苗、杜丹妮博士以及缅甸经济控股有限公司主席钦佐乌中将、吴温基、吴貌貌丁、吴敏昂等出席了见面会。会议结束时，调查委员会主席宣布了继续从事的工作事项。

24. 调查委员会委员、综合管理局副局长于2013年1月8日至10日对莱比塘铜矿项目周边的村子再次进行了实地考察。

25. 国家负责对在莱比塘项目游行示威中受伤的人士进行治疗，调查委员会也根据需要与各方继续协商。在曼德勒人民医院进行治疗的伤员已经全部出院，从曼德勒人民医院转移到仰光人民医院进行治疗的4位受伤僧侣，委员会成员也亲自探视并慰问，转移至泰国进行治疗的两位受伤僧侣情况也有很大好转，并于2013年2月25日返回缅甸。调查委员会得知大和尚乌迪卡郎的情况虽有所好转，但还需继续进行治疗。另一位僧人吴得卡涅那虽有所好转，但还需治疗。

26. 2013年1月10日10：30至12：30，调查委员会同缅甸环境研究所（Myanmar Environment Institute，MEI）、技术专家团队（Technical Experts Team）在议会Ⅰ-12会议厅举行会议。缅甸环境研究所团队领导温貌博士和11名专家参加了会议。缅甸环境研究所就对莱比塘铜矿开采项目紧急评估（Immediate Assessment of Letpadaung-taung Cooper Minging Project）、生态系统（Ecosystem-Flora & Fauna and Pollution of Air，Water，Sediment）（Existing Baseline Air Quality Status）、社会环境影响紧急评估（Immediate Cultural Impact Assessment）、项目发展和环境管理（Projiect Developmemt and Environmental Management）、环境科学和工程（Environmental Science and Engineering）等做出了报告。调查委员会主席就相关事宜同与会者进行讨论。

27. 调查委员会第三次全体会议于2013年1月10日13：00在议会Ⅰ-12会议厅举行。对委员会之前所做的报告做了总结，并对下一步工作计划进行了磋商。

28. 调查委员会于2013年1月14日分别会见缅甸警察总监、实皆省警察局局长，就对莱比塘村民营地进行清场时所采用的技术、使用的烟幕弹等事宜进行询问和讨论。警察总监和警察局局长告诉调查委员会，在凌晨时进行清场，是考虑凌晨时集会的人最少，可使损伤减少。像这次使用的烟幕弹在2007年使用过，那时没有像现在一样发生燃烧事故。有可能那时使用的烟幕弹和现在使用的烟幕弹的性能有区别。警察总监说，将对此事进行总结，并向调查委员会再次做出报告。

29. 调查委员会也讨论了对从莱比塘铜矿项目示威的村民营地没收的东西和因着火后损失的东西还给当事人。对被没收的东西和着过火的东西，已按照委员会规定的价格进行了赔偿。

30. 调查委员会于2013年1月17日与查灵吉镇区镇长、镇区法院领导和镇区法律官员在议会I–12会议厅进行了会面，就2012年11月29日在查灵吉镇区莱比塘铜矿项目示威的人群进行清场时，镇区实施第144条例的事情以及根据第127、128、129条所采取的措施进行了询问。上述三名镇区官员向委员会报告了依法进行的相关行动。

31. 根据调查委员会主席的要求而进行实际调查的委员会委员报告了2013年1月24日和25日他们对在实皆省实皆县实皆镇区迪达古阿由达纳医院接受诊疗的6名僧人的健康情况和从仰光儿童医院接受诊疗回来的蒙育瓦县查灵吉镇区甘共村4名儿童的健康情况所进行的调查情况。

32. 调查委员会委员报告了2月6日和7日到迪达古阿由达纳医院再次实地调查接受医疗的僧人健康情况，并对因水池垮塌受伤在蒙育瓦县蒙育瓦医院接受治疗的一名妇女的健康情况进行了调查。

33. 调查委员会任命的经济专家对铜矿项目的财务进行了调查，2月6日将此调查情况向委员会主席做了报告。

34. 调查委员会的第五次全体会议于2013年2月8日13：30在议会I–12会议厅举行。会议就最终调查报告相关事宜进行了讨论。委员会主席就最终调查报告起草的基本原则进行了发言，其他委员也就此进行了讨论。

调查委员会的调查结果

35. 在对多位高僧和国家僧侣委员会成员进行了解过程中，高僧们一致对2012年11月29日僧侣受伤事件表示非常难过，要求尽快帮助受伤僧侣治疗；不希望损坏所有佛教建筑，如讲经堂、佛塔等；高僧们曾要求僧侣不要参与示威，多数听取高僧训导，但是少数未能被说服；希望和平进入民主时代；希望优先发展国家宗教事业和社会经济。

36. 为了能给予在曼德勒全科医院住院的莱比塘铜矿项目示威营地受伤病人进行有效治疗，医院成立了一个专门治疗委员会，成员如下：

（1）貌温医生（院长）　　　　　　　　主席
（2）新敏医生（教授、手术科主任）　　成员
（3）泰乌医生（教授，手术科）　　　　成员
（4）坤昂医生（教授，手术科）　　　　成员
（5）努努伊医生（专科医生）　　　　　成员
（6）山敏医生（院长）　　　　　　　　成员
（7）温貌貌医生（院长助理）　　　　　秘书长

2012年11月29日至12月7日，共计入院108名，其中99名僧侣、9名平民病人。转院79人，包括74名僧侣、5名平民。目前还有30名受伤者（25名僧侣，5名平民）仍在曼德勒综合医院住院治疗。截至2012年12月31日，住在曼德勒医院的所有受伤者均已康复出院。转到仰光人民医院的所有僧侣和平民也已经康复出院。

37. 在莱比塘矿区，见到一座佛塔，其周围的土已被挖掉取走。在矿区山上和山坡还发现一些小佛塔、残存的水彩画以及其他佛教建筑遗存。

38. 对东多村一家院子的机井（深度60肘尺）处抽水进行检验时，发现此水不能直接饮用，在混凝土水桶过滤2次后才能饮用，水色、水味等水的质量尚未达到标准。

39. 在与东多村、宫多村及洼达村村民谈及莱比塘铜矿项目时，他们说如果项目要继续，必须：

（1）采取有效措施，保证村民的身体健康；
（2）有效解决因土地被征用造成的村民工作问题；
（3）以最快的速度解决饮水及水源问题；
（4）有效解决因硫酸等工艺问题带来的环境污染及空气污染；
（5）有序排放废水；
（6）有序排放化学物质，保证不对环境造成破坏；
（7）保证不在村庄（有人居住的住宅）附近及耕地附近堆放过高的废石废土；
（8）必须对上述诉求予以公开和回应，清楚地告知民众针对上述诉求，公司即将采取的措施和方法。

40. 另一方面，如果莱比塘项目停止的话：

（1）公司或者政府必须将被破坏的土地恢复原样；

（2）解决目前饮水困难问题；

（3）有序地将剩余的化学物质及公司使用的对民众健康有害的设备全部清场；

（4）将萨比塘恢复原样；

（5）必须对上述诉求公开并给予回应，清楚地告知民众针对上述诉求，公司即将采取的措施和方法。

41. 调查中我们发现，村民对透明化和公开化要求强烈。

42. 2012年12月10日，调查委员会在对觉村、档布鲁村、昂乾西村、瓦单村及蒂彬甘村村民进行调查采访进行考察时，村民提出要求。他们说，由于觉村是离矿区最近的村庄，希望将项目停止，受爆破的影响，作物产量有所下降，畜牧场逐步减少。村民说，这一铜矿项目即使能提供就业机会，但还是不喜欢实施此项目，主要是他们愿在祖先留下的土地经营。因这是国家的工程，如必要实施，希望为村民提供工作机会，并希望能以一家庭一名至两名的标准聘用。

43. 昂乾西村村民说：

（1）因为村民靠山吃饭，所以不想失去他们的山；

（2）要求公司和政府公开万宝公司与缅甸政府签订的合同；

（3）要求不能破坏佛教建筑；

（4）如果项目继续往前发展，那么村民要求公司不得破坏当地自然环境、不得破坏佛教建筑；如果项目停止，那么村民想了解公司或政府将如何清理现在已经堆放在土地上的废土废石，如何还原寺庙原貌，如何解决示威营地的暴力事件。

44. 瓦单村及蒂彬甘村村民称，萨比塘、七星塘铜矿的硫酸喷雾离他们村仅1英里左右，如果项目继续发展，他们担心村庄将会消失。由于受硫酸酸雾的影响，大大减少了村里牛、羊等牲畜饲料来源，也减少了牲畜繁殖。同时，也影响了当地村民的身体健康。如此下去，村民的健康问题会越来越严重，因此他们希望项目能够停止。现在的情况是一旦喷酸雾，全村感觉刺激眼睛，房子上的瓦片裂开，也影响水质。村民还提出，希望能够优先解决村民的就业，一户解决一人的政策远不能满足村民养家糊口的需求。同时，要求不要以临时工（日工）的形式聘用村民。

45. 我们到唯美村进行调研时发现，公司为从旧村搬迁至新村的村民建造了不同户型的新房，新住宅分为A、B、C、D四种户型。我们在与搬迁到新村的村民进行交流时发现，部分唯美旧村搬迁至新村的村民对新房表示很满意，也有部分村民表示不满。家庭条件富裕，在旧村时的生活条件与新村相差无几的村民，对新村不是很满意。但是，家庭条件较差，旧村居住环境及生活水平比较低的村民基本对新村条件都很满意。此外，村民还拿出相关证据，指出负责建设新村的承包商偷工减料，很多地方没有达到建筑标准。公司承诺一旦村民从旧村迁往新村，就给予一个家庭解决一人的工作问题，但根据我们的调查，仍有部分搬迁后的村民一户无一人到公司工作的情况。

46. 应调查委员会主席昂山素季的请求，澳大利亚大使馆医疗专家Dr. Mark Hampson及丁妙文医生与委员会成员敏登博士一起，前往甘宫村TUKAWEI诊所对4名儿童进行体检。检查结果显示，他们的病与硫酸完全没有关系。

47. 查灵吉镇区甘宫村附近的莫觉硫酸厂厂长称，硫酸厂是经控旗下的另一家公司，该公司取得了工业部的相关许可，但是没有获得ISO国际认证。铜矿项目所需98%的硫酸都来自这家硫酸厂。该硫酸厂每日生产硫酸50吨。工厂始建于2006年，2007年4月19日开始投产，烟囱高131英尺，工厂一直严格控制排放废气中二氧化硫含量不超过规定的150ppm。根据厂长介绍，工厂24小时不间断生产，因此国际普遍认为这是具有危害性的化学品工厂。

48. 社会主义政府时期，矿业部从南斯拉夫采购设备，引进技术开采萨比塘和七星塘铜矿，于1984年开始建造设计日产铜为8000吨的工厂。对矿山进行剥离、萃取后，采用浮选法进行生产。由于方法错误、技术落后，矿床里的铜矿无法完全提取出来，造成产铜量过低。由于投资及生产成本过高，而出产的铜矿数量有限，耗时耗力但无效益，因此1998年项目停止。

49. 国家和平与发展委员会（军政府）时期，于1998年11月将该矿交由矿业部第一矿业局与加拿大公司艾芬豪公司，成立了缅甸艾芬豪铜矿有限公司（Myanmar Ivanhoe Company Copper Limited，MICCL）按

50∶50利益分成（joint venture agreement）签订合同后继续进行萨比塘和七星塘铜矿开采。通过露天开采的方式将采出的矿石堆放后喷淋含硫酸液，将浸出的含铜液电积后生产出99.99%纯度的阴极铜，生产一直持续到2010年12月。

50. 调查发现，缅甸经济控股有限公司（Myanmar Economic Holdings Limited，MEHL）和缅甸扬子铜业有限公司（Myanmar Yang Tse Copper Limited，MYTCL）从第一矿业部和艾芬豪公司接手后，按照产品分成协议（production sharing contract-psc）于2010年6月3日签订合同，继续对萨比塘和七星塘进行开采。

51. 调查发现，萨比塘和七星塘项目面积有6253.04英亩，已取得矿业部许可证，可以进行金属矿山开采，并取得自1993年11月开始共计30年的土地租赁许可。除此之外，还取得缅甸投资委员会2011年3月18日颁发的外资投资许可证（461-2011）。扬子公司共计投资3.96377亿美元。

52. 调查发现，莱比塘项目面积有7867.78英亩，2010年3月5日取得矿业部许可证（0003-2010），可以进行大规模金属矿山开采，还取得自2012年9月开始共计60年的土地租赁许可。除此之外，还取得缅甸投资委员会2010年5月5日颁发的外资投资许可证（438-2010）。万宝公司百分之百投资9.97亿美元。按照产品分成签订莱比塘铜矿项目。

53. 调查发现，在莱比塘项目范围内有唯美、甘多、舍得、色多4个村需要搬到新村，共计441户，其中218户已搬迁，223户未搬迁。已存5个寺庙中，3个已搬，2个未搬。

54. 调查发现，2001年在项目范围内征用的7867.78英亩土地中，有耕地5057英亩。在2011年4月5日到2012年7月25日已给予土地补偿金的面积中，包括了经控未认同的耕地1727英亩，共计赔偿了6783英亩。

55. 调查发现，万宝公司对已搬迁到新村庄的村民，按居住的房屋种类，根据每平方英尺计算的建筑维修费（最少35000缅元，最高100万缅元）给予补助；根据新房屋需要，自行修理维护，按A户型100万缅元、B户型80万缅元、C户型60万缅元、D户型40万缅元给予补助；还对其他需要提供了帮助和支持。

56. 调查发现，在萨比塘和七星塘项目的人力资源中，外国专家 6 名，缅甸职员 1439 名；莱比塘项目人力资源中，外国专家 169 名，缅甸职员 660 名，准备新招的取得工程师学位和其他学位的缅甸职员 128 名。从 2012 年 9 月 24 日开始，开始 9 个月的基本岗位实习，在实习期间包住，并给予每名每月 10 万缅元的餐费和其他补助。项目招聘了很多已搬迁的 4 个村村民和附近村民并给予岗位培训。莱比塘矿山开采，作为项目基本建设期，外国的技术人员比较多，但是开始投产后将逐步替换为缅甸职员，努力减少外国技术人员。

57. 缅甸经济控股有限公司和万宝矿产（缅甸）铜业有限公司举行了大型念经法会；举行了隆重的山间寺庙法会；为受水灾的当地人捐赠钱物；为唯美—甘多新村捐赠学校使用的书本、校服、柜子等；维修远达村的野马河堤岸；建设远大—瑞班凯路；修建达亚贡村的桥；修建莫焦彬村水库；修建蓬嘎村的水库；为平整莱比塘村医务室和图书馆前的场地提供机械方面的帮助；为修建 2011 年受水灾影响被冲垮的查灵吉镇中心公用饮用水池提供机械方面的帮助；捐助开挖甘贡村的机井和饮用水池；捐赠水净化处理装置设备等。

58. 铜矿产能方面，萨比塘、萨比塘（南）和七星塘铜矿开采中，计划 2011 年到 2015 年年产 25000 吨阴极铜（Cathode Copper），从 2015 年开始增加到年产 39000 吨阴极铜。莱比塘铜矿开采中，计划年产 10 万吨阴极铜。

59. 萨比塘和萨比塘（南）铜矿，是 Myanmar Ivanhoe Copper Company Limted 于 2010 年 12 月 31 日停业后，缅甸经济控股公司和万宝公司子公司 Myanmar Yang Tse 公司开始合作经营。这 2 家公司在补充稀释剂、柴油、酸液（Diluent, HSD, Sulphuirc Acid）、炸药等主要材料后，便开始运营。2011 年 2 月 5 日至 2012 年 11 月底，共生产了 22174.11 吨阴极铜。

60. 对阴极铜生产工艺进行实际调查和研究后，是按照采矿—破碎—筛选—堆浸—萃取—电击（mining-crushing-screening-heap-leaching-solvent extraction-electro-wining）的生产工艺逐级进行。此外，在阴极铜生产工艺中使用的各种原料（水、土石、凝聚物等）按照生产工艺系统不需要将这些材料使用一次后废弃到外面。在此系统中，可反复回收利用，实现零排放过程（zero discharge process）。

61. 矿区小镇（Mine Town）（员工镇）的医院有 25 张床位，有 4 名综合医生，1 名牙医，6 名护士，3 名护工，为矿区员工和员工家属进行 24 小时医疗服务。从 2012 年 5 月 21 日起，开始建立流动医疗小组（Mobile Medical Team）为附近 28 个村庄的病人进行免费诊疗。当地村民希望得到比这更有效的帮助。

62. 对在勃生—蒙育瓦公里边上的洞多村和雷林塘寺庙之间（矿区界桩 446/2 到 446/7 之间）的废土（1984 年到 1997 年铜矿排土堆置而成），当地人按土法炼铜后，剩下被污染的土地遍布沿线，形成丑陋的地表形状。此外，也发现由于对勃生—蒙育瓦公路边上的甘共村和附近的从 1984 年到 1993 年堆排的废土，被当地人进行土法炼铜，导致污染土壤，又渗入地下，造成饮用水不干净。

63. 作为蒙育瓦铜矿项目第一步的萨比塘和七星塘项目，在提高质量、预防危险、职工健康和环境保护方面，执行综合管理体系的（Integrated Management System）基本原则。从 2003 年起，萨比塘和七星塘项目取得 ISO14001：2004 国际认证（自然环境保护管理体系证书）、ISO 9001：2008（生产管理体系证书）和 OHSAS18001：2007（工作场所安全和健康管理体系证书）。

64. 作为蒙育瓦铜矿项目第二步，莱比塘项目如同萨比塘和七星塘项目一样，将采用露天开采，用含硫酸的液体喷淋后，浸出原液，利用有机液提高原液的质量后，通过电击使铜离子富集后生产出阴极铜。此外，莱比塘项目将继续重视按照国际标准执行。

65. 1996 年澳大利亚 Coffey Partners International Pty. Limited 对莱比塘山进行了水文和环境勘察。此外，1997 年澳大利亚 MINPROC Engineers Limited 做了可行性前期研究报告（Pre-feasibility Study Report）和可行性研究报告（Feasibility Study Report），并写入了莱比塘项目的环境保护和社会评估（Environment and Social Impact Assessment-ESIA）报告中。在 2003 年到 2004 年之间，仰光大学至植物系对莱比塘铜矿项目进行了植物基础调查（Base Line Study on the Flora）和鱼类、鸟类和哺乳类基础调查报告（Base Line Study on Fish，Birds & Mammals Report）。

66. 2012 年 9 月，缅甸环保合作有限公司 Environmental Myanmar Cooperative Company Limited（EMC）进行了莱比塘铜矿项目范围内动植物

基础调查（Base Line and Monitoring Survey on Flora and Fauna of Letpadaung Copper Project Mine Area），并形成论文。3家公司进行了对环境影响和社会影响重新评估（Re-assessment of EIA & SIA），并对综合管理系统（Integrated Management System，IMS）、综合管理程序（Integrated Management Procedures，IMPs）、环境控制程序（Environment Control Procedure，ECPs）、环境安全控制（Safety Procedures，Environment Aspect Register）和标准操作程序（Standard Operating Procedures，SOPs）进行了初步研究，尚需要就细节进行进一步研究。

67. 缅甸经控公司向调查委员会提交了经控和万宝签订的合同。2013年1月9日调查委员会和经控主席领导的团队进行了会面，经控方面解释了已从矿业部取得莱比塘铜矿项目的许可证，经控和万宝签订的是产品分成合同（Production Sharing Contract），已取得了缅甸投资委员会的许可证、贸易委政策员会的许可证、政府的许可。虽然取得此类许可，但是与外国公司合作矿产开采时，没有发布获得许可的通告书（Notification）。调查委员会的2名专家，建议为了国家的利益和经控的长远利益，修改经控和万宝签订的合同中应当修改的条款。经控回复调查委员会，合同可以修改，在修改的时候会将调查委员会的建议列入修改条目。

68. 调查委员会当地委员向委员会报告了2012年2月2日在银玛彬镇区叶集彬村一名妇女因爆破导致水池破裂受受伤，调查委员会2名委员于2013年2月6日到现场进行了调查：

（1）调查发现，这名妇女因水池破裂后受轻伤到蒙育瓦人民医院接受治疗，医院进行了必要的健康检查。

（2）在调查破裂的砖水池时，此水池于2012年12月建造，工艺方面没有达到规定的标准，水池受地表震动（vibration）后朝震动相反的方向倒后破裂。村内其他水池没有发生破坏。委员会委员和扬子公司一起到萨比塘和莱比塘进行实地爆破试验，没有听到非常大的声音和震动，在周边进行调查的时候，对页博村的佛塔是否受到破坏进行了调查，根据高僧吴迪拉南达的说法，去年因为地震导致一部分佛塔开裂，因爆破导致的声音很大，但地表震动很小。

（3）虽然这名妇女的受伤与爆破没有关系，但是扬子公司出于好心还是给予医治。

委托缅甸环境研究组织的研究任务

69. 调查委员会在初步考察铜矿项目后,委托缅甸环境研究组织研究评定莱比塘铜矿项目对自然环境的损害和对社会的利益。缅甸环境研究组织组成包括以下专家在内的研究评定小组:

(1) 生态学专家(Ecology expert) 1 名
(2) 自然灾害和环境管理专家(Natural Hazard And Environmental Management) 1 名
(3) 项目发展分析专家(Project Development Analysis Expert) 1 名
(4) 健康、安全和环境顾问(Health, Safety and Environment Consultant) 1 名
(5) 环境工程顾问(Environmental Engineering Consultant) 1 名
(6) 土壤和水方面专家(Soil and Water Expert) 1 名
(7) 环境映射专家(Environmental Mapping Expert) 1 名
(8) 社会影响评估专家(Social Impact Assessment Expert) 2 名
(9) 空气质量专家(Air Quality Expert) 1 名
(10) 环境影响评估顾问(EIA Consultant) 1 名
(11) 文化专家(Cultural Expert) 1 名

缅甸环境研究组织的研究结果

70. 缅甸环境研究组织于 12 月 24 日至 30 日到莱比塘铜矿项目和萨比塘、七星塘铜矿项目进行实地考察,考察结果如下:

(1) 生态系统:莱比塘铜矿项目地区的树木中,没有发现绝种树木种类。项目临近钦敦江,涨水的时候,会到矿区附近。检验钦敦江的水样,钦敦江水质达到国际标准。检验矿区地下水,发现不适合做饮用水,特别是甘共村的井水,低于国际标准。

(2) 空气污染:莱比塘铜矿项目范围内空气的粉尘含有率超过了世界卫生组织的标准,二氧化碳(CO_2)、有机挥发物(VOC)、二氧化氮(NO_2)和二氧化硫(SO_2)则达到标准。

(3) 从社会环境角度分析莱比塘项目:缅甸环境研究组织于 2012 年

12月25日起到萨比塘、七星塘、莱比塘进行了环境、社会和健康保护等方面的研究，与村民就项目相关事宜进行了会谈，讨论了相关田地赔偿事宜。在进行调查时，发现项目公司给当地人民建立了新村庄，提供兴建小学、图书馆、通信站和消防站，供水供电，兴建寺庙等。因建好的住宅质量较低，按照住宅的种类，根据户型不同，再次向宅主发放了40万—100万缅元的赔偿金。征用的土地/果树，则按照每英亩520000—550000缅元的标准发放赔偿金，棕榈树及黄香楝树按照每株10000缅元、杧果树按每株16000缅元的标准发放赔偿金。

（4）研究评定小组发现了以下不足：

①新村庄的建设没有达到示范村的标准；

②在赔偿方面缺乏透明度；

③没有将村民应该了解的项目的相关信息及时告知于村民，公司方面没有对村民（村民均为信息知识欠缺）详细解释有关铜矿项目的事宜；

④在赔偿通知书里，只有"田地/果树赔偿金"，在领取赔偿金的保证书里写的是"已领好赔偿金的保证"和"放弃田地的保证"。

⑤在发放田地/果树赔偿金时，对居住在山田的村民，没有依据市价发放；

⑥莱比塘铜矿项目没有进行社会影响评估（SIA）。

莱蒂高僧在莱比塘地区修行和其他文物取证

（5）莱比塘铜矿项目工场是第一世莱蒂高僧修行的地方。据说都亚寺庙院的佛塔以及宗教建筑是由第一世莱蒂高僧兴建。当地人民要求这些宗教建筑保留原型。缅甸环境科学专家在调研中发现：

①根据最早文献资料记载，莱蒂高僧于缅历1265年（1903年）来到莱比塘山间兴建都亚辛江寺庙，并在此修行。

②在文献里只有"莱比塘山间的亚辛江寺庙"的记载。记载称，莱蒂高僧在修行期间，将莱比塘山西北的佐村、档布鲁村定为化斋村。

③莱比塘山山间的都亚寺庙的佛塔始建于缅甸王朝时期，由于年久失修，只剩下了塔底及四只狮子，缅历1326年（1964年）将寺庙重新装修。

④佛塔里有两个佛堂，新修的佛堂采用的是现代手工工艺，认为旧佛堂手工工艺要比新建的明显悠久。

⑤关于莱蒂高僧在莱比塘山间修行的辛江寺庙有着许多差异。部分记载称莱蒂高僧修行的地方为莱比塘山间的都亚寺庙，但是部分记载中只是大致提及，并未写出明确的地址。

关于瑞敏丁佛塔及瑞萨里佛塔的历史证据很少。因此，我们很难认为这些佛塔是文化古迹。

聘请相关法律专家及经济学专家

71. 为了全面审核缅甸经济控股有限公司与万宝公司就莱比塘铜矿项目所签订的合同，我们聘请了矿业领域及法律界的知名专家参与合同审查。他们是矿业及法律专家吴索苗、法律博士杜丹妞。

72. 根据总统府的安排，我们聘请了缅甸投资委员会成员昂吞德博士，从国家经济发展、铜矿项目对人民的未来是否有利等角度，于2013年1月14日起对项目进行审查。

相关专家的调查结果

73. 我们在对缅甸经济控股有限公司与缅甸万宝铜业有限公司签署的合同进行审查时发现：

（1）根据1996年缅甸《矿业法》第16条、第84条的规定，在签订矿业相关合同时，不管是个人还是组织，需要依据法律第84条之规定，与矿业部旗下的国营企业（金属矿产勘查、地质勘探等）签订相关合同。

（2）缅甸经济控股有限公司于2010年1月29日向矿业部申请，请求矿业部同意经控公司依法进行莱比塘铜矿项目的开发工作。矿业部于2010年3月5日颁发许可证（8003/2010），并根据《矿业法》第3章第4条（b）及第7条（a）之规定，向缅甸经济控股有限公司颁发了政府许可证。但是，现在签订的合同不是矿业部下属的组织与外国公司签订的合同，而是私企性质的缅甸经济控股有限公司与外国公司签订的合同，根据1989年《国家经济法》第2条、第3条（c）之规定，政府需向国民公布许可内容。

（3）合同属于产品分成合同，在合同附则三中关于产品分成中，将分成形式做了具体的记录。除了向矿业部交的利益预估清单费用外，经控公司分成占51%，万宝公司占49%。合同中还规定了收入税从之前的30%降至15%，商业税按照8%计算，根据现在的收入税法之规定，收入税从之前的30%降至25%。我们认为，如果想在整个合同期间都按照15%支付收入税，那么在获得缅甸投资委员会（MIC）和政府的许可后，财政与税收部将发布公告。8%的交易税目前只是应用于国内交易，国外进口物品皆为免税，长此以往将对国家的经济收入产生影响。

（4）产品分成合同附录三十三中规定，所有附录皆隶属于合同，具有同等的法律效力。

——附录三中规定，为了体现公平公正原则，若以后的铜价上涨，经控将无权提高股权（即若铜价上涨，经控不得要求提高分成比例）；

——附录四中的 List of Tax/ Fiscal Incentives, Exemptions and Reliefs 需要继续完善；

——附录四应该加上必须经 MIC 和政府的同意后，方可确定执行。

（5）合同虽然是按照矿业部的产品分成合同要求签订的，但是还存在一些不一致的地方。矿业部不允许国内商人与矿业部下属的组织签署的合同中出现成本回收这一条；也不习惯将项目建议写入合同中。

（6）我们认为，现在签订合同不再是简单地签署产品分成合同，而是应该将细节如 EIA、SIA 都写入合同中。

经济学家的调查报告

74. 调查委员会的经济专家对莱比塘铜矿项目进行了相关的经济分析。我们查阅了万宝公司2010年1月的项目介绍、缅甸经济控股有限公司2010年6月制作的莱比塘铜矿项目介绍。此外，我们还翻阅了1997年3月艾芬豪缅甸经济控股有限公司制作的可行性研究报告，并做了相关对比。

75. 在对这些研究评定进行比较中我们发现，艾芬豪公司做了详细有序的可行性研究。他们预测，开办费用（initial outlay）为3.13亿美元，运营项目期间的收入会达到37.13亿美元，预测生产费用约为14.26亿美元，向政府缴纳的税收约为2.67亿美元，尚未缴纳税收前的收入约为 14.47 亿美元。他们认为，这次铜矿项目的利益取决于铜矿的价值。

76. 经济学家在对万宝公司与缅甸经济控股有限公司拟定的项目提案和合同进行研究时发现，这些介绍中并没有按艾芬豪公司拟定的项目提案详细介绍。万宝公司的投资金为 9.97 亿美元，资本成本为 9.12 亿美元。如分配利益，缅甸政府与经控公司所得的利益比万宝公司较高。这一分配方式是以每吨铜 4750 美元的标准、年均产量 10 万吨为基础计算的。要向国家缴纳的税收为专利税 4%、商业税 8%、收入税 15%。

77. 我们认为，万宝公司与缅甸经济控股有限公司制作的材料中，没有涵括具体细节。但是，毫无疑问，莱比塘铜矿项目是一个具有经济效益，应当继续执行的项目。

78. 经济学家指出，应该将目前的铜价加入项目介绍报告中，以便更加准确地计算利润。我们认为，还应该将项目给当地村民的福利、赔偿金等内容全部加入介绍材料中。此外，根据万宝公司与经控公司签署的产品分成协议，我们认为应该将铜的分配方式也加入到材料中。

79。经济学专家们认为，在对像莱比塘铜矿项目这样的项目进行调研检查时，不能单纯地从一个方面考虑问题，而应该从政治、人文及对附近造成的影响等多方面进行综合考量。

80. 根据上述观点，我们建议可以采取下述三种方式中的一种处理莱比塘铜矿项目：

（1）按照现状，继续铜矿项目生产；

（2）无法获得继续项目的权力而项目被迫停止；

（3）重新修订万宝公司与经控公司签订的合同，最大限度地降低对当地的环境污染，最大限度地为当地村民谋福利，尽可能地为国家经济发展做出贡献。

结论和建议

81. 铜矿项目有没有按照国际标准，采用必要的技术，有序地保护环境。

（a）结论认为，铜矿项目还没有制订符合国际标准的环境管理计划（Environmental Management Plan，EMP）和现场健康与安全评估体系（Occupational Health and Safety Assessment System，OHSAS）。

（b）缅甸艾芬豪公司经营时期，莱比塘铜矿项目制作的环评报告包括：可研报告第 17 部分的环境和社会评估（1997 年 3 月）；72E－58 莱比塘项目地区环评初步报告（2004 年 7 月）；关于莱比塘铜矿项目的环境与社会评估和管理计划（ME 96－056－001）最终方案（1997 年 2 月）。在分析上述报告后，结论认为虽然对整个项目在总体上进行了评估，但是没有广泛地进行调查研究，也没有明确说明使用了何种方法进行评估；没有对影响的特征逐一进行仔细分析，也没有把项目分为前期、建设期、经营期和闭坑期进行影响评估。在社会影响评估方面，我们发现有 26 页的基本评估内容，但是没有科学的取证进行分析评估；没有证据表明公司曾经把上述评估报告分发给受到项目影响的村民们、非政府组织和对项目感兴趣的人们，跟他们协商，收集他们的意见和建议等。但是，1997 年公司主要制作的环境评估报告是缅甸的第一份环境评估报告。

（c）缅甸艾芬豪公司的环评报告是在 1996 年收集资料，1997 年制作完成的。因此，无法有效地反映出项目区域附近当前社会经济和环境的情况。由于是第一份报告，在分析评估项目前期、中期和后期的利与弊方面存在着不足。由于是 16 年前制作的报告，结论认为报告不再符合目前世界银行和国际标准的规定。

（d）在社会经济方面的评估也存在着很多不足之处，没有广泛科学地进行研究和评估，在宗教和文化遗产方面也没有充分研究。

（e）因此，可以总结认为，莱比塘项目在自然环境和社会环境保护方面，没有采用国际标准和方法进行科学评估，或者说，存在很大的不足。缅甸艾芬豪公司经营时期制作的环评报告，现在缅甸万宝继续使用，存在着很多不足的地方。因此，建议公司能够制作一份新的能够真正体现国际标准和规定的环评和社评报告。

（f）此外，在管理方面，建议公司在项目执行过程中，制作符合国际标准和规定的环境管理计划（EMP）和工作场所健康和安全评估计划（OHSAS）。在执行过程中，建议聘用拥有国际证书的资深国内外学者和专家。

莱比塘铜矿项目对人文及自然环境带来的利弊

82. 必须对莱比塘铜矿项目矿区内未来的人文及自然环境相关情况

进行预测；同时，我们在对正在运营生产的萨比塘、萨比塘（南）、七星塘矿区内的现场生产情况、自然环境及人文环境等情况进行了解时发现。

（1）自然环境（土地、水、空气等）情况

①莱比塘铜矿项目矿区及附近地区位于缅甸中部干旱地区，生长着干燥植物。调查中我们发现了该地区存在49种、107类、134分类植物。最多的是苦楝树等树木。根据现代国际标准，该地区没有重要性的（或）禁止破坏的（或）快要灭绝的植物。

②该地区的生物种类中，鸟类有11种、18分类，但是没有发现特殊种类。我们在该地区发现了珍稀物种金鹿。此外，还有5种爬行动物以及其他陆地、水生动物12种。

③铜矿项目的钻孔、爆破、开采、破碎、萃取、硫酸喷淋、清洗矿物等工艺产生的废水废气对周边环境造成了一定影响。

④为减少对干旱地区生态的破坏，我们建议在铜矿项目附近、道路两旁以及排土场种植树木，并保护原有树木不被破坏。我们在此地区并未发现任何特殊保护物种。

⑤此地区偶尔一见的金鹿，它是一种值得保护的哺乳动物珍稀物种，应该受到特殊保护。

⑥为了能在萨比塘及其附近山区、莱比塘及其附近山区见到如同金鹿一般的珍稀物种，我们建议广泛种树，以吸引珍稀物种前来栖息。此外，我们建议要进一步加强对铜矿矿区及其附近地区的山林进行有序保护。与此同时，还应该发展种植业，提高村民的经济收入。我们建议公司在其他分水岭地区重新种植树木，以降低项目对自然环境的影响。

⑦关于水的管理，我们认为铜矿项目的矿物清洗工作、废土石的排放工作等都可能造成水污染事件的发生。此外，如果没有足够的措施预防，一旦遇到突发状况或者洪水等，就可能造成矿物废水流向钦敦江或河流中，甚至渗入地下，污染地下水。关于地下水的保护，莱比塘地区地下水水质问题主要集中在甘宫村，原因是甘宫村地下不是黏土，而是沙石、小石子等。

⑧通过对莱比塘铜矿项目的土样及附近地区土样的10次检测以及地表水的5次检测得知，与矿区外水井里的水、江水、河水等相比，矿区

内的地下水含硫量高于矿区外地下水含硫量。萨比塘及七星塘项目西面水井的水含硫量更高。但是，上述土质及水质污染还不能说是因为现在的铜矿项目造成的。

⑨虽然铜矿生产过程中的酸雾喷淋可能造成对地下水的污染，导致矿区内地下水的含硫量高于矿区外，但是莱比塘山南面与西面的部分村庄的水质检测结果与矿区内地下水检测结果一致，因此不能说地下水含硫量的增高是因为铜矿项目造成的。

⑩关于含重金属的问题，与现在的铜矿项目及以前的金属使用没有直接关系，也有可能是因为江河的沉淀导致地下水含重金属。萨比塘及七星塘铜矿项目北面的亚玛河和江水受到了一定污染。因此，我们建议，不管是目前的萨比塘和七星塘项目，还是今后将要开展的莱比塘铜矿项目，为了降低因洗矿、喷酸雾等工艺对水质造成污染，务必提前加强预防。

⑪关于水源的管理，铜矿项目矿区内及附近村庄赖以生存的水源有庞加达水库、叫漂代水库及莫久斌水库。为了上述水源能够长久保证矿区及村民用水，我们认为从现在开始必须严格加以保护，并进一步进行清理，保证更好的水质。莱比塘铜矿项目更要注重这方面的工作，因为如果地下水和地表水一旦流入矿坑，水池及水库的水就会受到污染（同样的情况在萨比塘和七星塘已经发生）。

⑫以后必将从钦敦江抽取大量水用于莱比塘铜矿项目，由于露天开采而产生的矿坑高度可能会远低于地下水位，因此地下水和地表水会流入矿坑。委员会认为应将这些水重新净化后用于种植浇地。委员会认为公司应定期对这些水进行检测和保护，最大限度地减少水污染。

⑬关于地表土的保护工作，莱比塘铜矿项目基建剥离已经开始，但是在处理废沙石的过程中，公司未注重地表土的保护，直接将废土废石堆放到地表。因此，环境保护方面还有待加强。

⑭必须及时在已经挖掘完毕的地方和堆放废沙石的地方及时种植树木。在剥离的过程中，必须有序地将剥离的废沙石堆放在经过地表处理后的空地上，以便将来可以在排土场上种植树木。

⑮如果莱比塘铜矿项目继续推进，那么公司必须通过试行其他的办法，保护环境，使景色依然宜人，减少酸雾污染、灰尘污染、噪音污染

等。应该采用半露天式方式进行铜矿开采。换句话说，就是应该在莱比塘山附近不出铜的空地上进行铜矿生产活动。

⑯迄今为止并未发现因莱比塘铜矿项目而带来大的环境污染。但是，七星塘及萨比塘铜矿项目对周边环境、人文造成了一定的破坏。

⑰莱比塘铜矿项目应有的土地保护措施、水源保护措施及生态保护措施到目前为止还未制定。

⑱我们建议，在莱比塘铜矿项目未复工之前，公司先将环境影响评估、环境控制计划的具体内容先完成。

⑲关于莱比塘铜矿矿区及附近地区空气质量管理，根据我们的检测数据得知，我们选择的三个地区的含尘量皆比世界卫生组织及美国环保署规定的两倍还高。甘宫村的空气含尘量又比莱比塘铜矿矿区及其附近新村的高两倍。甘宫村的空气含尘量如此之高，可能跟该村附近的萨比塘铜矿开采有关。这些空气中不含有毒气体，如二氧化硫、二氧化氮、挥发性有机化合物、一氧化氮等。

⑳我们认为，莱比塘铜矿项目在开始之前就应该进行空气质量检测，并定期对矿区及矿区周边区域的空气质量进行监测，然后根据监测结果，改善可能带来空气污染的施工方式，并制定空气质量控制办法。同时，应该对矿区及其附近村民进行身体检查并制定体检档案。及时监测矿区内及矿区附近尤其是硫酸厂附近的甘宫村村民、小学的空气质量。

㉑环境科学工程调查显示，铜矿项目每天从钦敦江抽取的水中76%用于矿石破碎和堆浸。建议把爆破墙面渗出的水净化后用于破碎和堆浸，可满足60%左右的日常用水，该做法已经有过很好的国际实践，并且可减少从钦敦江抽取的水量，从长远来看也是有利的。

㉒废水池建造计划，据近20年最大降雨量估算，在矿区百分之百运行状态下，雨季废水蓄水不应超过50%；从近百年洪水记录估算，蓄水位达50%之后不应再继续蓄水。

㉓废水入池前不仅应对其进行净化处理，还应先蓄入待检池中。

㉔以地点和时间为轴，根据变化着的泥沙沉淀情况对钦敦江的冲刷能力进行估算，该点对于废水池设计非常重要。钦敦江上游（江右岸）土地过度开发（开垦、采矿），使得泥沙沉淀情况不断变化，会造成钦敦江改道，故建议废水池设计高度高于堤坝高度。

㉕为防止废水泄漏流散，蓄水位不应超过雨季可承受的最高水位。此外，矿区里的爆破设计应考虑土地震动的影响。由于种种原因造成的废水泄漏会使矿区东面低洼地带的巴劳、瑞雷、莱比塘、东育瓦、育瓦底（音译）等村庄遭受污染，再经钦敦江污染到河流下游地区。因此，出于减少危险考虑，建议把废水蓄水池提升至废水处理池来建设，并建设废水净化系统。

㉖由于莱比塘矿区处于干燥炎热地区，热季气温达到 40 摄氏度左右，而高温正是造成防渗漏高聚乙烯层寿命缩短的主因，故建议在废水池和硫酸浸场使用双层高聚乙烯或高聚乙烯与 PVC 共用。

㉗对于粉尘源——矿石的爆破、挖掘、污水干涸面、运输的道路等区域应以国际成功做法进行处理。对地下水的铁、锰、钙、镁、铝、硫、铜、锌、镍、铅、铬、砷、镉、汞、一氧化碳等物质进行按时完整地检测和记录。对噪音和震动问题也应遵循国际成功做法处理。

㉘由于开工时项目手册中并无良好的国际实践处理方式，故建议莱比塘铜矿项目重新检评设计手册，并采用比 S & K 现行综合管理系统更好的系统。

㉙据调查，查灵吉镇区甘贡村附近的经控硫酸工厂作为经控公司下属企业正在运行。其工厂内设备机械、废料、废水蓄水场地等并未获得工业部的检查授权，也未获得国际认证的 ISO 证书，故该工厂的危险化学品须有工业部的相关许可。工厂产生的气体中二氧化硫含量不得超过 150ppm。为保证本条实施，工厂应按照国际标准申请 ISO 证书。

㉚勃生—蒙育瓦公路旁东多村与雷影寺之间（界桩 446/2—446/7 段）遗留有 1984—1997 年采铜产生的废土，该段的东多村仍饮用着以往采铜所污染的水。因此，采矿公司、当地居民和相关权力机构应尽快合作，对恶化的环境采取补救措施。

（2）社会情况

①据调查查灵吉镇区总人口约 190000 人，27000 户；莱比塘铜矿区内住户约 150 户，耕地约 5487.27 英亩，其他土地 2480.5 英亩。莱比塘铜矿项目从丹巴路村组征地 7.6 英亩，从育瓦谐村组征地 50.65 英亩，从东村组征地 55.04 英亩，共计 113.29 英亩。

②据调查莱比塘铜矿项目为移民所建新村并未达到示范村层次，征

地和赔款不够透明，未与相关村民提前协商，未向大多数被征地者给予明确清楚的通告，存在签订接受果树赔偿款协议变成放弃土地并接受土地赔偿的前后矛盾现象，协议在签名前未向相关村民仔细宣读和解释，未把放弃土地者签字后的有效力协议书给村民，土地赔偿金未按市场价格赔付。

③莱比塘铜矿项目开工前并无所需的系统的社会影响评估。

④莱比塘铜矿项目是大型的经济发展项目，因此应与相关民众进行公开协商，应对以后可能会产生的有利和不利影响进行公布，项目实施者应与相关民众重新商定适当的赔款，移民新村应建设成示范村。

⑥此外，委员会建议，应该为搬迁民众和矿区周围的民众，创造就业机会，发展能增加收入的经济事业。在项目附近地区建立一个"矿区镇"。要实行用当地民众代替外国人从事的工作、逐步地增加本国劳工等政策。应该为矿区社会经济发展，负责任地提供有效的帮助，承担更多的社会责任。

综合分析建议

83. 对于莱比塘铜矿项目是否按照国际规范和标准保护环境，以及铜矿项目对自然环境和社会环境造成哪些利与弊，给予以下建议：

（1）莱比塘项目区域的生态体系在目前虽然还没有出现大幅度的下降和恶化，但是今后的开采和萃取精铜等行为，肯定会明显地影响到附近的树木森林、昆虫动物、水质和土壤。因此，建议公司在项目开始之前，应该制定好"环境管理体系"并实施之。

（2）铜矿项目发生的社会矛盾问题，主要根源是出在土地征收和搬迁安置上。此外，我们总结认为，公司在以下几个方面存在不足：铜矿项目各项工作的透明度；让民众充分了解铜矿项目需要占用土地的情况；需要展示给民众一些资料，说明国家和相关地区从中受益的情况；合适的土地赔偿金；新家搬迁建设情况；公司对于当地村民的社会经济和生机方面的保障措施。

（3）莱比塘附近有很多佛塔、寺庙和佛学院等佛教建筑，我们也考虑到了当地民众的感受。在一个叫作都亚新江寺的地方，有佛塔和寺庙，正好是位于露天开采区域的中心位置，是铜矿的主矿区，即便是保留寺庙原状，围着寺庙开采的话，肯定会严重影响到寺庙的存在。因此，为了能够完全不损伤到该区域和上面的佛教建筑，建议按照目前的布局，将其搬移到其他合适的地方；建议项目公司应该就此事跟当地民众和相关部门公开协商解决。

（4）根据目前铜矿项目公司的各种资料来看，到目前为止，公司还没有符合国际规范和标准的环境管理体系、作业区管理体系和社会研究管理体系。

（5）在上述的管理体系还没有建立起来的情况下，莱比塘铜矿项目已经在开工建设。因此，建议已接受缅甸万宝公司交付此项任务的澳大利亚公司（Knight Piesold Pty. Limited）尽快完成 ISO14001：2004、ISO9001：2008 和 OHSAS18001：2007 三个国际证书的认证工作。

铜矿项目的开发对于国家、民众以及子孙后代是否有利

84. 莱比塘铜矿是世界最大的铜矿项目之一，需要调研该项目对于国家、民众以及子孙后代是否有利。委员会中的经济学家汇报指出，从经济的角度，该项目是一项具有效益的项目。如按照项目协议执行，铜矿项目将为国家、民众以及子孙后代带来以下效益：

（1）给国家带来的利益

该铜矿项目将向国家上缴4%的权利金、8%的商业税以及15%的所得税。除去上述税费及开发成本外，净利润由缅甸经济控股公司（ME-HL）得51%、缅甸万宝得49%。国家获得的利益可以按如下方法计算：

铜矿总收益 = 100%

开发成本 = 56%

权利金及商业税 = 4% + 8% = 12%

税前利润 = 32%

- 在总收益100%中，国家将得到4%的权利金；
- 在总收益100%中，国家将得到8%的商业税；
- 在税前利润的32%中，政府收取15%的所得税 = 4.8%；
- 政府征得税收总数 = 16.8%；
- 税前利润32% - 所得税4.8% = 27.2%，缅甸经济控股公司占有其中的51%，即为总收益的13.872%；

- 税前利润32% – 所得税4.8% = 27.2%，缅甸万宝公司占有其中的49%，即为总收益的13.328%。

①根据上述计算方法，国家将得到总收益的16.8%。根据 MEHL 与万宝于2010年6月签订的协议，国家将得到总收益的16.8%。

②然而，根据现行法律，企业将不再缴纳8%的商业税。因此，国家的收益中，将减少8%。收益仅为权利金和所得税。某种程度上来说，尽管这个大型项目将为国家带来收益，但利益甚微。调查委员会会见经控有关负责人时重点探讨了这一问题。从另一方面来看，在计算国家收益时，在考虑国家财政收益之外，还应将国内消费、技术转让、提供就业等内容计算进去。根据委员会内部经济学家的利益核算，国家和经控从项目上获得的利益大于万宝公司。

（2）给民众带来的利益

大型项目的开发将给当地民众带来就业机会。大型项目还将带动小型产业的发展。据万宝公司介绍，目前，莱比塘铜矿雇用了660名缅甸员工，另有128名各专业大学毕业生在该公司接受培训。规模远远小于莱比塘铜矿的SK项目，目前仅有6名外方员工，当地雇员人数为1439人。与之相比，莱比塘铜矿项目的外方人员数量较多，给当地民众创造的就业机会相对较少。特别是当地民众多为农民，因铜矿项目丧失了继续从事传统的农业生产的机会。此外，还发现该项目的分包单位也没有充分解决当地民众的就业问题。当地民众对于铜矿项目的不满，一方面在于认为没有得到与土地价值相匹配的赔偿；另一方面，也在于没有得到就业机会。经控和万宝公司为水灾受灾村民捐款、为雅马河修筑路基堤坝、修筑玉瓦达—雪班凯道路、维修大雅宫村的桥梁和莫纠井村的水渠及旁嘎村的水渠。此外，还在医疗及教育方面开展援助，可以说，切实地惠及了周边民众。然而，调研认为以上举措并未有效解决当地民众长远的社会经济诉求。在与万宝公司会谈过程中，该公司指出，由于目前尚处于建设期，待项目投产后，将进一步创造就业机会。委员会调研认为项目应进一步扩大对周边民众的福利，并通过相关的中小型产业来制造更多的就业机会。

（3）对于子孙后代的利益

一个国家在考虑资源开发问题时，不仅要考虑当前的一代人，还需要考虑子孙后代的利益。因此，世界各国在规划经济发展时，都秉承着可持续发展的理念。在贯彻该理念时，资源的开发应有利于当代人，同时还要考虑后代人的利益。换句话说，在开发过程中，应该执行将环境影响控制到最小的环保管理体系。莱比塘铜矿尚处于起步阶段，然而起步阶段并未规范制定环境与社会影响评估报告（ESIA），仅在艾芬豪公司1997年制定的科研报告中具有雏形。因此，研究认为莱比塘铜矿并不具有完善全面的环保计划。铜矿的开发，应明确体现对教育、健康、经济发展等方面的考虑，调研认为，相关所需项目的开展至关重要。

综合建议

85. 莱比塘铜矿项目最主要是考虑此项目对国家、人民和后代子孙有没有益处，是否应该继续执行项目。根据调查委员会的经济学家的调查，经济学家给出了此铜矿项目在各个方面都能够有收益的结论。虽然在经济上很合算，但是也要照顾到子孙后代能够持续发展的问题。就像经济学家所报告的那样，铜矿项目可以选择以下3条道路。但是在思考选择的时候，需要对经济划算方面、国际关系和社会自然环境保护等整体考虑才行。

（1）让项目继续以目前的方式执行：在项目执行过程中，环评和社评方面没有开展扎实的工作。如果继续执行的话，今后在高速运作的时候，会破坏环境。公司不会照顾到当地民众的社会经济的充分发展需求，也不会为那些失地没有工作的民众有效解决就业问题。此铜矿项目虽然对国家有些益处，但是国家应该从中获益更多。因此，选择此路是不合适的。

（2）铜矿项目停止，不再执行：铜矿项目是一个跟中国的国企签订合同的项目。项目缅方公司的40%的股份由国防部持有，这是一个得到缅甸投资委员会（MIC）和政府各部委批准的可靠的经济项目。如果彻底终止项目，大家就会认为缅甸是一个不遵守合约的国家。目前，缅甸正在邀请外国投资来缅，大力发展经济，这样会使准备来缅甸投资的外国公司降低投资的兴趣。从国际关系角度看，也会导致两国关系出现波折。从这些方面来看，我们单方面停止铜矿项目是不合适的。还有，终止铜矿项目不仅会使当地民众的经济发展受到停滞，而且对于改善现有环境也会出现困难。

（3）改正项目存在的不足，充分保障国家利益、当地民众的利益和子孙后代的利益，让项目继续执行：调查委员会认为这是最合适的道路。继续执行项目，需要做以下几个方面的工作：

①国家应该从铜矿项目中获得更多的利益，因此，经控公司和缅甸万宝需要按照缅甸的法律规定，与缅甸矿业部协商解决。

②铜矿项目应该做到可持续发展，公司应该有计划地完成 ESIA，EMP 和 OHSAS 等体系，并遵照实施。

③项目土地赔偿金比市场价格少了很多，应该按照市场价格增加赔偿。

④应该重新检查已经征收的土地面积是否超过了项目需要的面积，考虑把多余的土地分给村民；应考虑有些地方作为农田可以重新耕种。

⑤缅甸万宝应该在社会责任和医疗方面有效地资助那些失地村民；除了创造就业机会以外，还可帮助建立小型和中型的工厂（SME）。

⑥在莱比塘山之间，一个叫作都亚辛江寺庙的地方，上面的佛塔和寺庙等正好坐落在主要矿脉上；上述佛教建筑不搬迁，环绕着寺庙进行开采的话，肯定会严重危害到建筑物的安全，因此需要把整个区域（土壤）和上面的佛教建筑物搬迁到一个合适的地方，避免该建筑物有任何的损坏。

86. 建议为使项目能够继续执行，经控公司和缅甸万宝签署的合同需要重新修改签署，铜矿项目也可以继续执行。

关于土地赔偿方面的建议

87. 因征地向当地民众提供帮助以及关于法制方面的建议。

（1）委员会建议，为了国家的经济发展，在征地过程中，尽可能少地征用土地。根据镇区镇长的解释，根据内政部于 2012 年 8 月 3 日发布的准许发放土地长期使用转让证书的通令，根据实皆省和平与发展委员会于 2000 年 7 月 6 日批准的许可证，准许缅甸经济控股公司铜矿公司（蒙育瓦）租赁蒙育瓦县查灵吉镇区东布卢、莫究彬、洼西、莱比塘、东洼、鹏达嘎等村 18 块土地计 2810 英亩，19 块有土地使用权的 39.9 英亩耕地以及其他土地共计 7867 英亩。租赁费为 2832120 缅元/年，租赁期限为 60 年。在缅甸经济控股公司向国家缴纳土地租赁费后，蒙育瓦综合行政管理机构向其公司发放了60年期限的土地转让使用证书。

（2）为了能够实施查灵吉镇区莱比塘铜矿项目，镇区组成委员会征用26个村的土地，搬迁项目范围内的村庄。此外，为了4个乡村村民能够搬移，敬请寺院高僧主持、镇区高僧们及村民们选择安置地。按村民的意愿，首先安置于勃生—蒙育瓦道路边莫究彬东村附近，后因大多数村民反对再次进行选择。为甘多村选择了洼西乡第763（甲）号土地，经控公司拥有22块土地，面积约为50.65英亩。为色蒂、泽蒂村选择了东村乡第758号土地，经控公司拥有46块土地，面积约为55.04英亩。然后，向拥有土地的村民进行了赔偿，办理了征用农地手续。按照僧侣们的意愿，莱比塘山间寺庙搬迁到刀巴鲁村附近面积约达7.60英亩，建筑了一座寺庙，其中包括1座佛塔、1座寺庙、2座亭、1座宗教建筑、1座进斋亭、1座煮斋亭、1座礼拜堂、2座修道堂、1座戒堂、围墙、拱门，价值总额244084370缅元。提出建新村的土地及莱蒂寺庙宗教用地等事宜，组成了包括综合行政管理机构、地产税务局在内的耕地统计委员会。

（3）为了查灵吉镇区莱比塘铜矿项目，征用土地7867英亩（其中农田5057英亩，未耕种的其他土地2810英亩）的过程中，根据《土地与税收法》、1894年《土地征收法》，镇区赔偿委员会按耕地与农作物计算赔偿金。经省政府的批准，以12—20倍的地租及农作物正常收获的3倍进行赔偿，总共赔偿金达37.0683亿缅元。为棕榈、罗望子、杧果等长年树木进行赔偿，总计为3.4809亿缅元。为迁移到新村居住的村民建设新居和提供搬迁补贴，共达2.04997亿缅元。村民们已接受了赔偿金。据居民们讲，缅甸万宝公司建设的新居达不到规定的标准，搬迁村民所得的地皮与居所近似城市的地皮与居所，没有养殖水牛、牛等畜牧的空地，因而村民有所不满。在进行金钱赔偿时，透明度有所不足，没有清楚地向获得信息少的村民解释征用土地、赔偿等事宜。在获得赔偿金签约合同上，写着放弃地皮与获得赔偿金，有关表述前后矛盾。

莱比塘铜矿项目征用田地时，按下列比率付给赔偿金：

（1）田地赔偿金　　第一等（R1）　　　　　　80缅元

第二等（R2）　　　　　　　　　　　　　　　45缅元

第三等（R3）　　　　　　　　　　　　　　　35缅元

第一等山田（Y1）　　　　　　　　　　　　25 缅元
第二等山田（Y2）　　　　　　　　　　　　15 缅元
第三等山田（Y3）　　　　　　　　　　　　5 缅元

（2）果树赔偿金

杧果树（每株）　　　　　　　　　　　　　16000 缅元
棕榈树（每株）　　　　　　　　　　　　　10000 缅元
芝麻（每英亩）　价值的 3 倍　　　　　　 552000 缅元
木豆（每英亩）　价值的 3 倍　　　　　　 540000 缅元
向日葵（每英亩）　价值的 3 倍　　　　　 525000 缅元

研究得知，莱比塘铜矿项目是按 1894 年征用田地条例，用田税×20 倍的比率付给赔偿金的。对于每英亩抽税 25 分至 1.25 缅元的田地，赔偿金约为 5 缅元至 25 缅元；对于每英亩抽税 1 缅元至 2.25 缅元的田地，赔偿金约为 20 缅元至 45 缅元。从上述田地和果树赔偿金表格来看，可以得知莱比塘铜矿项目的田地与果树赔偿金没有按时价付给，所给的赔偿金非常少。

关于莱比塘铜矿项目范围内田地、果地的赔偿事宜，莱比塘铜矿矿区附近村庄农民提出的田地时价如下：

①一年两种　灌溉地　　　　　　　　　　150 万缅元
②一年两种　提水灌溉地　　　　　　　　150 万缅元
③雨水灌溉地　　　　　　　　　　　　　120 万缅元
④一年两种果树地　　　　　　　　　　　100 万缅元
⑤一年一种果树地　　　　　　　　　　　70 万缅元
⑥一年一种果树地　　　　　　　　　　　50 万缅元

（1）根据现有法律《1894 年土地征收法令》第 4 条（1）、第 15 条、第 23 条（1）的规定，应该按照发布通告之日的市场价格进行赔偿，但是铜矿项目公司没有这么做；实际耕种的田有 39.9 英亩、地有 5017.1 英亩，无主但是正在耕种的土地有 1727 英亩，总计 6784 英亩；建议按照合适的市场价格给予补偿。

（2）在这些村子附近，大约有 1900 英亩的荒地，平整后可以耕种，建议平整后分给失地村民，作为土地置换。

（3）建议公司最大限度地少征收铜矿项目需要的土地，同时符合土地征收法令的规定。

（4）村民们已经把得到的土地赔偿金、搬家补助和其他补贴都花光了；虽然缅甸万宝招聘了一些村民，但是整个家庭还是拮据；工作机会也很少；由于这些原因，建议公司为那些已经有工作但是需要更多收入的村民们，尽快提供合适的创业机会，建立家庭式作坊和手工作坊等，以及通过各种形式帮助村民。

法治方面的建议

88.（1）委员会认为，为了适应时代，需将现行法律的法规进行修改、补充、撤销、替换和重新拟定。

（2）《缅甸联邦共和国法》第453条规定，"对本法相关词条，根据现代词汇释义法解释"。根据缅甸恢复法律与秩序委员会1988年第8号法令和内政与宗教事务部于1989年6月16日发布的1989年第2号政令，内政部下属镇区、县、省邦各级综合行政管理机构可宣布实施《刑法》第127、128、129、133、143、144、145、146、147等条例。据此，查灵吉镇区镇长授权宣布实施第144条例。

（3）宣布实施第144条例的过程

①发现情况：莱比唐铜矿项目区限制区，是依据1953年田地收归国有法从缅甸和平与发展委员会执政时期至今实施第144条例的。第144条例是由查灵吉镇区综合管理处处长宣布的。最后宣布实施第144条例的时间是2013年1月1日至2月28日。过去，在矿区出现偷采铜行为，为了这些偷采铜者的安全，在铜矿区实施第144条例。在经控与万宝签订合同，开始运营铜矿项目后，为了当地人民、装备、外国人员的安全，继续实施第144条例。

②建议：委员会认为，第144条例是为了保护人民安全、地区安宁、法制而制定的条例，在必要的情况下应继续实施。

（4）宣布实施第127条例和第128条例过程

委员会建议，在实施第144条例的地区范围内，如出现违反规定继续进行集会，为了驱散集会人群，应按国际防暴标准，继续实施第127条例和第128条例。

委员会认为应该审查的有关铜矿项目事宜

89. 调查委员会认为，调查警察对项目区示威营地清场情况时，需要调查缅甸警察部队清场行动过程。

缅甸警察对实施第 144 条例的矿区范围和有争议区域的示威游行所采取的行动。

90. （1）从 2012 年 2 月起，有些村民开始进行阻止项目施工的行动。初期，他们为了自己的生活安全，只要求赔偿和不要搬迁村庄。后来，社会团体参与进来，提出了环境影响评估（EIA）、社会影响评估（SIA）、透明度（Transparency）等问题，并提出停止整个项目的要求。虽然镇区管理处努力协商解决当地人民的诉求。由于有关人员处理方式的错误、言词粗暴、当地人民的情绪激烈等现象，导致了情况更为恶劣。

（2）当地民众闯入矿区范围之内，将 2 名中国专家和 1 名翻译强行带到舍得村寺庙，从上午 10 时拘禁至下午 6 时。同时，唯美村示威村民 2 次破坏矿门，闯入矿区内。由于外界团体的参与，在矿区项目范围内开设了 6 个示威营地。从 2012 年 3 月 3 日起至 11 月 15 日，发生了 124 次阻挠、谩骂、威胁、破坏、示威事件。为此，经控公司报案 22 次，警察立案 5 次，村民报案 4 次。在这种情况下，曼德勒、帕科库、蒙育瓦等地区的一些僧人又进入了示威营地。

（3）2012 年 11 月 21 日到 23 日，从曼德勒、勃古、蒙育瓦前来的僧人们，在报彬营地门前和废石料堆场上，建立了两个示威营地，与村民一起不分日夜进行示威。

（4）2012 年 11 月 27 日晚上 8 点，缅甸内政部在缅甸电台和电视台播报："示威人群必须于 2012 年 11 月 27 日夜 12 点前撤离示威营地，否则将依据缅甸宪法和现行法律加以追究。"依据上述声明，蒙育瓦警察局局长在 2012 年 11 月 27 日晚上 8 点对示威者发出警告：国家电台和电视台已经播报了"示威人群最迟于晚上 12 点之前必须离场"的声明。因此，要求示威者尽快离开，否则警察将依法行事。在警告以后，警察依据刑法第 127、128 条在 2012 年 11 月 29 日凌晨 3 点进行强制清场。

（5）警察向村民及僧侣远距离投放催泪瓦斯，人群仍然没有离开，反而聚集得越来越多。因此，第 16 武警使用烟幕弹、消防水管驱散人群。当晚共计使用了 55 枚烟幕弹。

（6）在投掷烟幕弹以后，示威据点人群全部散去。但在此过程中，有 99 名僧侣和 5 名平民共计 104 名人员受伤。

（7）调查结果

①根据缅甸警察部队、警察总监和实皆省警察局长报告，凌晨 3 点是人群聚集最少，强制驱散带来伤害最小的时候。现在使用的烟幕弹，在 2007 年也使用过。以前使用的并不会像现在这样造成烧伤。他们认为，目前所使用的烟幕弹与之前所用的有效成分不一样。

②此外，依据调查委员会的检测，这次使用的烟幕弹在成分上没有什么不同。但是，调查委员会认为，虽然在现场没有发现会着火的情况，但是发现了一些可燃的物品，如帐篷棚子就是可燃聚丙烯塑料。

③调查发现：警察在使用烟幕弹上缺乏经验。因为不了解可能带来的其他危险。此外，在警察采取行动的时候，民众与和尚没有离去，也没有躲避，只是坐着、躺着。因为烟幕弹的火苗引燃了塑料彩棚，因而彩棚被烧着，火星掉到棚子下的袈裟、被子上，引起燃烧。

调查委员会关于烟幕弹的调查发现

91.（1）委员会测试了烟幕弹的各种使用方式和产生的效果，不管是在比较硬的地面还是软的地面上，用手砸向地面和滚动出去，效果都是一样的。在接触地面的一刹那，不会发生爆炸，而是要过了 4—6 秒钟才爆炸，火花出现后大约一秒钟，冒出白烟团，烟雾持续时间为 90 秒钟左右。有风的话，几秒钟白色烟雾就消失了。爆炸时，火花能够溅出 8 米远的距离，极个别的火星能够持续 30 秒到 90 秒的时间。在砸向硬地时，还有不发生爆炸的情况。

（2）烟幕弹发生爆炸时，在 8 米范围内能够引发燃烧，比如涤纶衣料、聚丙烯篷布和编织袋等物品，不管干的还是湿的，只要是碰到了火星，就能够燃烧。

（3）如果烟幕弹直接落在了聚丙烯篷布上，在爆炸溅出火花的时候，碰到了聚丙烯之类的物品后，产生一个大洞，然后就燃烧起来。由于烟幕弹温度很高，聚丙烯融化后，掉到地上继续燃烧。地面如果有易燃物的话，不管是干的还是湿的，火势都会迅速蔓延。化学纺织品比棉制品更容易起火，燃烧时间也会更长。

（4）我们看到，由于大量地使用了烟幕弹，在8米以内有易燃物和衣物等，很容易起火燃烧。

（5）如果大量烟幕弹同时使用，火势会很大，同时燃烧时间取决于四周的易燃物品。

建议

92.（1）警察部队在驱散人群时，使用的任何东西应该事先测试使用，研究它的危险、效果和副作用。此外，如果需要的话，建议从国内外寻求帮助，可以派人到国外学习。

（2）建议警察部队根据自己的计划，或者借助国外的帮助，尽快开始练习如何驱散人群，或者派人到国外参加训练。

（3）据了解，缅甸警察部队在维护治安和执法方面已经跟随时代开始变革。建议在此方面能够尽快出现显著的改变。

和平集会与游行法（2011年缅甸联邦议会法律编号15）

93.（1）调查分析

①《缅甸联邦共和国宪法》第354条第2款规定："每一位公民均可以在不妨碍国家安全、法治以及当地稳定的前提下，依法自由地行使集会游行示威的权利。"为保障民众行使上述权利，议会颁布了《和平集会与游行法》。为充分尊重公民意愿并依法行事，该法案第24条及第27条规定，公民有权依法行使表达公民意愿的权利。然而，缅甸在这方面并未达到国际水平。

②尽管对于莱比塘铜矿项目实施了第144条例，然而未经申请进行集会游行。2012年3月3日至11月25日期间，共爆发骚乱示威124起，在万宝公司周边建立僧俗示威营地6处。在2012年11月17日至29日期间，共发动示威13次。对此，内政部于2012年11月27日发布通告，要求各营地在11月27日夜12时前全部撤离。如不撤离，将根据宪法及现行法律，按步骤采取行动。

③据调查，尽管发布了上述公告，示威人群并未撤离，11月28日，查灵吉镇区镇长根据刑法第127、128条的规定，通告示威人群，如拒不

撤离，则将根据法律规定实施强制清场。实施强制清场的警察部队在规定时限前，通过扩音器多次恳请示威者撤离，直至超过规定时限后，又多次广播恳请示威者撤离。然而，示威者拒不撤离，缅甸警察部队按照防暴治安程序，于2012年11月29日凌晨3时开始按步骤对示威营地清场，使用了消防水管和烟幕弹实施驱散行动。

（2）建议

①在和平集会与游行法的遵守和宣传方面有很多不足的地方，建议相关官员加强对民众的教育和培训。

②如果民众来申请和平集会和游行，只要没有违反其他的法律规定，建议不应拒绝，应该按照法规第16条给予批准。

③《和平集会与游行法》第18条规定：省或者邦警察局长有权批准或者拒绝。能够批准集会和示威的警察部队在关键的时候，也要担负起驱散的责任，把批准的权力给予警察部队是不合适的。建议适时修改法律。

调查委员会的总结论和建议

94．调查委员会在履行职责时，考虑的是国家的长远利益和民众的利益。综合铜矿项目反对者不满的基本原因，我们给予以下建议：

（1）在征地过程中存在一些不足，应该制订计划，改正不足，补偿村民们的损失。具体如下：

①虽然说按照法律的规定给予了赔偿，但是赔偿金并不是按市场价格计算的，村民们受到了损失。因此需要重新考虑土地赔偿，应该按照市场价格提高赔偿金额。

②莱比塘铜矿项目总共征收了7867.78英亩土地，委员会认为此面积超过了项目实际需要的土地面积，我们发现不仅征收了有矿的区域，还大量征收了其他农田。因此，需要重新考察矿区用地情况，把可以退回的土地退回给农民。

③为了能够给村民们一些替代农田，应该把他们村庄附近的1900多英亩的荒地平整后分给他们。

（2）在铜矿项目执行过程中，公司应该按照国际标准制订环境保护计划，并有步骤地实施。具体建议如下：

①目前，莱比塘项目执行过程中，为保护环境，没有制定和执行环境管理体系、作业区管理体系和社会管理体系。公司在以前 MICCL 时期制定的项目前期研究的基础上，开展工作。现在执行的国家标准比当时采用的标准要高很多。因此，缅甸万宝公司应该要求承担此项任务的澳大利亚公司尽快完成 ISO14001、ISO9001 和 OHSAS 三个国际证书的认证，并开展相应的工作。莱比塘铜矿项目现在才刚刚开始，如果现在没有做好环保的话，以后将出现严重的环境破坏问题。

②虽然跟莱比塘铜矿项目没有直接的关联，位于甘宫村附近的经控公司硫酸厂没有得到工业部的许可，也没有环保方面的 ISO 证书。村民们担心硫酸厂会影响他们的健康状况。因此，该厂应该取得工业部的许可和符合国家标准的环保 ISO 证书的认证。

③在莱比塘地区，导致环境受到污染的一个事件是 1984 年至 1997 年，附近村民们从废弃的土石里面挖取矿石，自己用土法炼铜。虽然此土法炼铜是有些村民们赖以生存的谋生手段，但是已经影响到了村民们的身体健康，土壤被污染后，水源也被污染了。应该安排他们做一些没有任何危害的谋生工作。

④为了保证国家的利益和经控公司的利益，应该修改经控公司与缅甸万宝公司签订的合同。委员会任用的经济专家总结认为，双方签订的合同是矿业部颁布的产品分成合同 PSC，在与外国公司签订铜矿项目合同时，不应该是普通的 PSC 合同，合同里应该包括很多细节内容：环境影响评估、社会影响评估等。在合同里，也应有条款说明可以照此修改签约。我们看到，经控公司根据与调查委员会的商谈内容正在修改合同。

（3）宗教古迹建筑事项：莱比塘的村民们认为，矿区用地是莱蒂高僧修行过的地方，山上的那些佛塔和禅房是莱蒂高僧建造的建筑物，不能够有丝毫的损坏。但是根据调查委员会自己的调查和委员会委托的缅甸环境大学的文化专家的报告发现，这与莱蒂高僧曾经修行过的都亚辛江寺庙有很大的出入。根据记载，我们只发现了莱比塘山间的寺庙叫作都亚辛江寺庙。我们还发现，莱蒂高僧只接受用竹子建造的简易临时寺庙（只能熬过一个雨季的寺庙）。上述佛塔和禅房找不到是由莱蒂高僧修建的宗教古迹的证据。

（4）缅甸警察部队应该改正的事项：

①缅甸正在进行改革，建立民主制度，缅甸警察也应按国际标准进行改革。委员会认为，从缅甸警察对反对莱比塘铜矿项目的示威者进行清场过程来看，缅甸警察部队有必要进行改革和学习。

②我们了解到，选择凌晨3时对示威营地进行清场，是为了尽量减少受伤事件，但这一决定并没有考虑其可行性。由于在光线不足的情况下执行任务，以致发生了僧人被烧伤事件。委员会建议，今后如发生需对示威者采取驱散人群措施时，应在明亮的时候进行。

③现在国家已经颁布了和平集会与和平游行法，人民群众开始出现一些示威活动。因此，也出现了警察部队在关键时候驱散人群的情况。在清理莱比塘示威现场时，警察使用了含有硫化物的烟幕弹。这种烟幕弹主要是用于制造烟雾障碍的。调查委员会调查发现，此烟幕弹在广场上使用，不太可能引发燃烧，但是烟幕弹发生爆炸的话，在8米范围内能够引发燃烧，比如涤纶衣料、聚丙烯篷布和编织袋等物品，不管是干的还是湿的，只要是碰到了火星，就能够燃烧。这些烟幕弹没有在临时建筑物上测试过，警察不清楚烟幕弹的特性。在不清楚的情况下，使用了此类烟幕弹，意外引发了大家不希望发生的僧人和部分民众被烧伤的事件。根据此情况，我们建议警察部队应该主要加强驱散人群的演练。在训练时，除了自己安排计划外，也可以适当地寻求国外的帮助。

（5）法治建设

法治对于国家的安定很重要。民众需要遵守法律规定，制定法律的国家机构也要遵守法律规定。在莱比塘事件中，有的当地村民有违法的行为。调查委员会认为，在建设民主国家的过程中，民众需要遵守法律规定，需要普及法律知识和训练培养。另外，法律的制定需要跟上时代的步伐，有些法律也需要修改。制定法律的国家机构也必须依法治理，并培训相关的公务员。

总结

95. 莱比塘铜矿项目目前出现问题的根本原因是缺乏透明度。此外，项目实施者、当地村民、附近地区民众、地方政府各级机构之间信息沟通不足，相互交流太少；当地村民们没有拿到合适的土地赔偿金，也没有得到合适的就业机会。因此，村民们产生不满，开始出现示威活动。

在土地征收时，相关部门工作人员没有透彻地解释，因此，村民们以为这只是对农作物的赔偿。在赔偿的时候，一些工作人员没能友好地与村民们打交道，导致问题严重化。在这种情况下，该地区外部的多个组织介入，示威活动升级。根据委员会的调查，虽然铜矿项目有些不足，但是可以整改。因此，从经济、社会、环保和国际关系等各个角度综合考虑，调查委员会建议采取整改措施，继续实施莱比塘铜矿项目。

96. 调查委员会在执行任务期间，得到了总统府和总统府六部的大力支持。与调查委员会工作相关的政府部委、实皆省政府、仰光省政府也给予了必要的协助。对此，委员会已经记录在册。特别是委员会成员到现场考察时，当地民众热情地参与协助，弥足珍贵，我们对此表示感谢。

文件号－01/铜矿（委员会）/2013－59
日期：2013年3月11日

后 记

我个人认为，即将出版的《中国国际社会责任与缅甸个案研究》是一本很有价值，也很及时的著作。这并不是"王婆卖瓜，自卖自夸"，而是这本书真的适应了形势的需要。

从宏观方面来看，随着中国经济的不断崛起，尤其是中国企业"走出去"步伐不断加快，中国应该担负什么样的国际责任越来越成为中国处理与世界各国关系时的重大问题。对于这一问题，我们需要从历史的视野、全局的角度、理论的高度来思考和研究，但是仅有理论和理论上的说教并不能使政府、企业和其他社会各阶层对如何履行国际责任有更深入和实际的体会。因此，国别个案研究和项目个案研究既是中国扶贫基金会推出的中国国际责任研究丛书的重要组成部分，也是增强履行国际社会责任各个层面主体的意识和能力的重要参考资料。

从微观上看，缅甸是中国最重要的邻国之一，在过去的20多年间，两国交往非常密切，尤其是中国在缅甸有伊洛瓦底江上游电站开发、中缅油气管道、莱比塘铜矿等一系列重要投资项目。自2010年11月缅甸大选和2011年3月新政府成立以来，中缅关系发生了较大的变化，其中最重要的一个方面是缅甸民众对中国政府和企业在缅甸履行国际责任有了新的认识和诉求。如何准确理解缅甸政府和民众对中国国际责任诉求的变化，如何采取有效措施适应这种新的变化，就成了一个迫在眉睫的重大课题。

中国扶贫基金会的领导们在这个问题上做出了非常合适的选择。在国外，基金会委托以缅甸总统吴登盛的首席政治顾问吴哥哥莱为首的课题组对中、欧、美、日在缅甸履行国际责任的状况进行梳理和比较研究，并提出对中国政府和企业在缅甸履行国际责任的具体诉求；在国内，则委托国内唯一的也是实力最强的缅甸研究机构——云南大学缅甸研究院具体设计新形势下中国在缅甸履行国际责任的模式和路径。这应该是一种强强联合。

由于我们的水平有限，对于中国在缅甸政治经济转型的背景下，如何在缅甸履行国际责任的模式和路径设计乃至效益评估等内容尚显稚嫩，但是作者们明确提出，在当下，仅靠政府和企业履行国际社会责任是不够的，必须充分发挥非政府组织的作用。这是贯穿于全书的主要观点，也是考察美、欧、日等履行国际社会责任的实践经验后得出的结论。

全书分为上、下两篇，上篇是由缅甸总统吴登盛首席政治顾问吴哥哥莱领衔的缅甸战略与国际问题研究中心（CSIS）和缅甸发展资源研究所（MDRI）研究部联合完成的，课题组成员主要有缅甸总统政治顾问吴奈辛拉及三名同事辛桑达乌女士、赞谭连先生和司徒翰先生。上篇由翻译公司翻译，李晨阳研究员的博士研究生张荣美对译稿进行了初步的校对。下篇是由云南大学缅甸研究中心完成的，其中李晨阳和卢光盛教授共同设计了课题提纲。下篇的第一章、第二章由卢光盛和李晨阳共同完成，第三章由毕世鸿教授执笔，第四章由罗圣荣副研究员执笔。下篇初稿完成后，李晨阳研究员进行了认真的统稿。各章执笔人根据评审专家的意见进行修改之后，李晨阳研究员再次对下篇做了完善，云南大学博士研究生杨祥章、宋少军帮助做了部分的文字校对工作。

根据中国扶贫基金会的意见，云南大学缅甸研究院对本书的上篇也进行了统稿，把原译者遗漏的人名、地名进行了翻译，更正了个别的错译，并对文字部分进行了必要的调整。由于工作繁忙，这些调整和校订工作拖延了比较长的时间，因此本书写作虽于2013年底结束，但于2016年6月始得出版，导致本书的数据都是2013年及以前的，特此说明。

感谢中国扶贫基金会资助中缅两国学者共同完成了这项有重要实际意义的研究。感谢中缅友协会长耿志远先生、北京大学国际关系学院翟崑教授、北京大学社会学专家包胜勇等评审专家的批评指正。也感谢中国新华社驻仰光记者站站长张云飞先生介绍《金凤凰》报纸的负责人，使我们顺利取得昂山素季领衔的莱比塘铜矿调查委员会最终报告的中文版权。最后要感谢的是中国扶贫基金会执行会长何道峰先生、秘书长刘文魁、已经离职的秘书长助理李利以及国际部主任伍鹏、秦茹、林有有等人对本课题的关心和支持。

我和吴哥哥莱先生 2012 年年初在香港城市大学的研讨会上相识，2012 年 4 月又邀请他和吴乃辛拉先生到云南大学访问并发表演讲。此后，我们又在多次研讨会上会面，我和一些中国同事也多次到他在仰光的办公室拜会。每次见面，吴哥哥莱先生和吴奈辛拉先生都非常热情。这次能有机会与吴哥哥莱先生合作主编这本书，我非常高兴，也深感荣幸。由我来撰写后记，纯属是为了方便中国读者了解这两个课题以及这本书的来历，或者说我是占了能用中文写作的便宜。我相信，我们和吴哥哥莱先生的交流与合作不会终止，如同中缅友谊一样，将会永远持续下去。当然，本书上、下两篇的错漏由两个课题组各自负责。

李晨阳
2013 年 11 月 21 日初稿于仰光
2016 年 3 月 18 日于昆明补记